DUIWAI HANYU

LUN CONG

对外汉语论丛

第八集

陈慧忠 主编

DUIWAI HANYU LUN CONG

学林出版社

目　　录

研究生论文

我校来华留学教育回顾与展望

徐宝妹

乘着我国改革开放的春风，始于20世纪80年代初的我校来华留学工作已整整30年了。遵照国家"扩大规模、提高层次（现为优化结构）、规范管理、保证质量"的来华留学十六字工作方针，在国家教育部和的上海市教委的正确领导下，在学校党委的高度重视和大力支持下，在学校各院系所和各职能部门领导的积极配合下，在1994年国际文化交流学院成立前的留学生办公室、对外汉语系的历届领导以及学院成立后历届领导和全体教职员工奋力拼搏下，我校的来华留学工作，工作从无到有，规模从小到大，层次从低到高，内涵从单一到全面，取得了全面长足的进步，实现了跨越式的发展。2010年我校各类留学生3800余名，已连续3年排名全国第10，规模比办学初期的1981年29人扩大了126倍，比1998年第三届全国来华留学工作会议时扩大7倍。生源已从来自日本、韩国等东亚单一国别发展到来自欧美、澳新、中亚、美拉、非洲等80个国家，建立了从短期培训、长期进修、汉语本科、其他专业本、硕、搏士生培养有序发展的来华留学生教育全方位“一条龙”完整的办学体系。

为了落实教育部颁布的中长期《留学中国计划》以及上海市教委的使上海成为留学目的城市、留学生占中国在校学生15%的发展目标,谋求我校新时期的新发展,对我校的来华留学工作做个总结并找到前进的方向,以谋求未来可持续更好的发展。归纳起来,我校来华留学工作主要有以下几个特点:

一、关系顺畅的办学体制

全校来华留学生教育工作在校党委统一领导及部署下,有一个副校长主管,国际文化交流学院归口管理。学院是独立的教学实体,下设留办和院办(含教务办),分别负责留学生的招生、办证、入住协调、下院系学生安排、突发事件处理及学院内的教学教务等工作;另设留学生中文教研部、中国语言文化教研部及语言学教研部,分别负责两个校区中外学生的中国语言文化的教学、语言学及应用语言学专业等本、硕、博士生、专业学位生的教学及科研工作。学院自主招生,全权负责,经费独立核算。在主管校长的领导和协调下,保持了与外办、教务、研究生部、财务等学校职能部门及各院系所的交流沟通,能做到“快”——面向市场需求快速获得信息,及时决策并付诸实施;“便”——简化工作程序、加强细节管理,杜绝扯皮推委;“合”——举全校之力,整合优质资源,协调各方工作。

二、国交院党政领导团结和谐,建章立制,工作有效推进

作为来华留学工作的办学主体单位,国交院的党政班子不辱使命,团结和谐、发挥了部门的领导核心作用。班子坚持党政、工会每周一次的联席会议,集思广益,集体决策,各司其职,分工合作,团结凝聚广大教职员工,使各项工作得到有序有效开展。

随着来华留学生规模的扩大,各类教育项目的增加,本着以学生为主,以教师为中心,以解决“三教”为抓手,建章立制,不断进行制度建设,规范管理完善服务,大力发展了来华留学工作:不仅积极参与教育部及上海市的教育展宣传推介,并大力抓细节管理,改善管理服务水平。无论短期留学,长期进修、还是汉语本科生、以及下院系本科生和研究生留学生的教学管理规定面面俱到,插班、跳级、毕业条例都有章可循,包括教师出国任教、教职员工科研经费使用、以及班长班主任制度、班长班主任联谊制度等,都与时俱进,不断修订。正在实施的管理规章制度达 158 条。每学期有学院工作计划,有各教研部室部门工作计划,留学生行政工作计划,教学科研管理都严格按计划实施,使每年近 4000 多留学生进出、紧张繁忙的各项工作都能有条不紊地进行。制度建设是我校来华留学工作得以规范管理、从而扩大规模和保证质量的有效举措和切实保证。

三、持续扩大的办学规模

我校主动对接国家的“请进来”和“走出去”战略,以及上海市教委的“吸引更多来华留学生,使上海成为外国学生的留学目的城市”的发展目标,紧密围绕我校的“四三二一发展战略”,加强对外宣传,提升内部管理,不断开发设计开发新的课程项目,同时充分利用国家留基委奖学金、孔子学院奖学金、上海市政府奖学金和本校奖学金,拓宽招生来源并提高招生层次,如前所述,我校来留学生人数保持了稳定增长,年增长率达 5 ~ 10% 。2010 年各类留学生已近 3800 余人次,形成了从短期培训、长期进修、汉语言本科及其他专业本科、硕、博全方位“一条龙”的办学体系。

在稳定长期生规模的同时,我校积极开发短期项目,2009 年共接待来自美国、澳大利亚、韩国、日本、西班牙、墨西哥、意大利、马来西亚等国家的短期团队 31 个,共计 963 人次。2010 年更是借着世博会的东风,仅到 8 月底就已接待短期团队 28 个,共计 1176 人次。近几年,为了吸引更多英语背景国家的留学生,努力打造全英语课程项目,搭建全英语课程平台,目前已开发数门"中国社会文化"方面的英语课程,正在全力开发"当代中国"系列全英语课程,使之既可作为学分项目,又可作为讲座内容,灵活选取。

四、广受欢迎的汉语本科学历教育

自 1994 年开始招收留学生汉语本科生以来,我校坚持"主攻汉语,兼学别样"的办学理念,走上外的培养"复合型、应用型、高级外语人才"路子。不仅开设了汉语言"复合经贸"专业,还开设了汉语言"复合英语"专业,聘请英美籍教师承担英语会话课教学工作,"老外教老外"取得来广大留学生的好评。与海外相关教育机构合作,走"3 +1"中外合作办学的路子,为在校期间留学生前往英美留学提供机会。我校顺应时代发展的潮流,针对留学生不断的需求变化,于 2009 年开设国际经济与贸易(汉语)专业,并于 2010 年增设工商管理(汉语)专业。新设专业一、二年级以强化汉语为主,目标为 HSK8 级,三、四年级以攻读经贸及管理专业为主,目标是达到中国学生该专业的水平。今年汉语本科一年级新生近 180 人左右,新设专业的学生已达 70 来人,已引来学生的积极响应。这两个专业的开设,为具全校之力,整合我校复合型学的本科专业,更大程度满足留学生多样化的本科学习需求走出了新路子。

我校坚持"宽进严出"的原则,在留学生汉语本科学历教育中严格实施升留级制度。虽有留学生觉得我校的本科要求高,取得学位难,但实践证明,严格、规范、周到的管理与服务,不断提高的教学质量,赢得了良好的市场效应,吸引了越来越多的留学生就读。汉语专业的本科目前一个年级开设8～10个班级，总人数近600人，截至2010年7月，我校已培养14届留学生汉语专业本科毕业生共计625人。毕业生活跃在上海及我国其他城市乃至国际舞台，正在发挥应有的作用。

五、丰富多彩的第二课堂　蓬勃开展的校园文化

除充实完善专业课程之外，免费开设的汉字书写、书法、太极拳、中国历史与文化、证券投资、国际金融等形式多样、层次丰富的选修课程供留学生自由选择，也吸引并留住了留学生。每星期三下午组织的"汉语角"活动，为中外学生的交流提供了平台，还为学习困难的留学生提供了有效帮助。

我校留学生朗诵演讲比赛，至今已举办了14届，近几年增设的留学生作文比赛、留学生唱中文歌曲大奖赛、留学生乒乓球比赛等文艺、体育活动也广受学生欢迎。中秋节、春节举办的中国传统节日的各类联欢会，留学生积极参与主持和表演，为学生们提供了展现自我的空间与舞台。近几年，我校留学生每年都在华东赛区胜出，得以参加全国比赛。2011年夏天CCTV举办的汉语桥留学生汉语比赛，我校的英国留学生还入围全国20强。

此外，每学期一次的班主任、班长联谊活动及班级联谊活动，加深了师生感情，增强了班级凝聚力，有力地保证了维稳工作的实施。定期组织的短期语言实践活动等，使留学生有机会走出校园，探访中国大好河山，让学生在提高汉语的同时，感受中华文明的博大精深。

六、坚实的学科支撑

我校来华留学生教育有坚实的学科支撑。作为留学生办学主体单位，国际文化交流学院有一级学科中国语言文学硕士点、二级学科外国语言学及应用语言学博士培养点，二级学科中国语言学及应用语言学硕士点、二级学科现当代文学，以及专业学位汉语国际教育硕士学位点,在汉语言文字学方面的研究也卓有成效。我校具有第二语言教学的强势,并一直很重视汉语作为第二语言的教学研究,20 世纪 80 年代初已提出建构主义外语教学论以及与之相应的对外汉语教学论。1981 年培养出新中国第一批语言学硕士,1986 年成为国内语言学及应用语言学专业最早的博士点之一。中国语言、文学、文化以及对外汉语教学法等各种类型的课程,其教学内容和教学经验为我校留学生教学提供了深广的基础。承担课程的教师各有专门之学,其研究成果丰富了我校对外汉语教学的学术内容。此外,中国学生以辅导留学生中文作为教育实践,也大大提高了留学生运用汉语的实际能力。

七、精良的师资队伍与活跃的学术活动

我校来华留学生教育已建立起一支富有活力的教学科研管理队伍,其年龄、职称、学历等结构科学合理,学有专长、术有专攻。国交院目前在职教师 33 人,与合同制及兼职教师的比例为 1∶0. 3∶3,这样一支“混合编队”的师资队伍,承担了国际文化交流学院每年进出数千人留学生的繁重的教学工作。目前在职教师的近 50% 具有副教授以上职称,48% 的中青年教师具有博士学位,极大部分教师有在海外执教的经历与经验。有在海内外享有学术声望的老一辈专家,在学术界具有一定影响的中年学者,在科研上很有潜力的青年教师,老中青三代教师活跃在教学、科研第一线,是学院教学科研的主力军。在教学科研工作以外,参加各级各类国内外的学术活动,还积极组织各类国内国际学术研讨会,仅 2009 年就举办了“上海市高校对外汉语教学研讨会”、“汉语国际教育专门人才培养学术研讨会”等高层次学术研讨会。

每学期一次的高级专家论坛,聘请国内外具有宽广深厚学养、学术水平高超的专家学者作报告，较好地开阔了广大教职员工的视野，提高了教师们对科研工作的积极性和研究能力。优良的学术传统、丰硕的科研成果和活跃的学术活动，使从事来华留学工作的师资队伍的教学科研有了坚强的支撑，业务水平日趋精良，有力推进了“请进来”和“走出去”传播中国语言文化的工作。

八、“请进来”和“走出去”全面互动的中国语言文化国际推广

为了对接“汉语国际推广、增强人文外交”的国家战略，我校积极开拓海外合作渠道，在国家汉办的大力协助下，已分别在意大利、日本和秘鲁合作建了3所孔子学院，搭建了新的加强国际教育交流和增进中外文化交流的桥梁和平台。国际文化交流学院及相关学院的教职员工克服困难，勇挑重担，承担了海外孔子学院院长、汉语教师定期赴海外教授汉语并从事文化推广工作。海外孔子学院的学生也充分利用国家奖学金、地方奖学金及学校的奖学金，以各种形式来学校继续学习和提高，形成了“请进来”和“走出去”互动、全方位传播中国语言文化的良好局面。

毋庸置疑，我校来华留学教育开展30余年来，无论办学规模、办学质量、学生结构、国别分布以及管理服务水平有了全方位、较大幅度的提升，成绩得到了充分的肯定。如前所述，这是我校举全校之力共同努力的结果。适逢“十二五”规划的开局之年，为了全面落实教育部颁布的《留学中国计划》及上海市的使上海成为来华留学目的城市的发展目标，实现国家和地方的关于来华留学的目标任务，实现我校未来5~10年的目标任务，除了总结过去，很有必要展望未来。凡事“预则立，不预则废”，应对今后较长时间的来华留学工作有战略的思考和策略的选择。结合我校的具体情况，笔者以为以下几个方面值得继续予以重视：

1. 结合学校国际化办学的目标定位,全力打造来华留学工作的新局面

根据有关研究报告,我国高等教育的大校名校的国际化办学的程度与一些发达国家相比还存在很大差距。所谓国际化办学即国际间学生教师的流动及面临的机遇挑战,国际化已成为衡量新世纪高校发展的重要指标。我校已制定并已付诸实施的“四三二一发展战略”把国际化办学提升到了学校生存发展的核心竞争力的高度,还在全力以赴打造国际化人才培养的平台,实施各种推进国际化办学的项目,同时提出实现30%左右的学生须在校期间走出国门学习。笔者以为,“以点带面”全面推进教师学生“走出去”应是关键所在。只有走出去,开放了,从而促进改革,才能全面提升“三教”(教师、教材、教法)的水平,从根本上解决国际化办学的思路和出路。当然,这是一个上下互动,既有领导力、组织保障和财力支撑,还有职能管理和基层部门积极参与的系统工程,需着力打造的一个推进学校国际化办学的核心平台。而在推进国际化办学的过程中,来华留学工作既可“借东风”(因学生对等交流从而扩大来华留学的项目和规模),也可“增砖添瓦”(充分发挥处于教育国际交流最前沿、归口管理、信息获取等优势),将我校中国学生大规模“走出去”与留学生大规模“请进来”形成互动互补的良好局面,可望形成来华留学工作的新局面。

2. 充分发掘学校综合办学优势,扩大来华留学的学历教育

我校的来华留学生教育始于20世纪80年代初,1994年成立主事来华留学生教育工作的国际文化交流学院,学院成立伊始就开始了面向留学生的汉语专业的学历教育,并逐步完善了汉语教学和语言及应用语言学教学研究的从短期留学、长期进

修到本科、硕士、博士的“一条龙”的留学生培养体系。尤其是紧密依靠学校人文社会学科教育资源和充分发挥办学优势的汉语本科，从5、6个自费学生开始，经过十几年的发展，已经形成了汉语复合经贸、英语及中国语言文化三个方向、培养“主攻汉语、兼学别样”的外国留学生的复合型本科专业，在校留学生规模已近600人。无论办学规模、教学质量、管理和特色，这个专业都已初步形成了品牌效应，值得总结经验，继续加强内涵建设并扩大外延。诸如增加专业方向（如工商管理、新闻传播、国际政治等其他人文社会学科的专业）。已经实施2年的面向留学生的本科经济学专业（汉语）是一个有着广阔发展前景的新的尝试，“酒香不用勤吆喝”，这个相当于汉语和经济学2个本科专业学位的内涵，已经吸引了众多留学生前来就读，发展势头迅猛，值得高度重视，加强并加快建设。在获得经验的基础上，即可“复制”到其他校内人文社会学科的相关专业。已有近百名留学生就读的我校传统的外国语言文学优势专业也将继续吸引更多留学生。如果面向欧美及各国学生的全英语本科专业能够尽快形成课程体系及专业方向，必将吸引大量没有汉语基础或不需要学习汉语但对了解中国、需要相应学分的外国留学生学历生。努力扩大汉语复合专业方向的本科、人文学科的双学位内涵的本科、全英语授课的本科以及与国外大学合作的2+2、1+3、0.5+3.5等多种形式的本科教育，在“十二五”期间，可望实现国家对高校提出的“大力改善来华留学生结构，扩大学历生教育”的目标任务，实现学校在“十二五”期间扩大来华留学生学历教育的目标任务。如上所述，扩大来华留学学历教育关键在于充分发掘学校的办学综合优势，通过齐心协力，在现有的基于过去十几年的办学基础，能打造我校面向来华留学生的品牌专业，建设好对来华留学生更有吸引力的课程体系，提高国际影响力。

3. 积极利用海外资源,努力探索来华留学的"海外延伸"

教育部在去年底召开的来华留学工作会议上颁布了《留学中国计划》,在来华留学生的培养模式明确提出了"不断创新来华留学教育培养模式,鼓励来华留学教育机构积极探索,进行学历教育弹性学制试点,以多种形式将来华留学教育延伸到国外"。依笔者所见,这短短的几行字,蕴含着来华留学事业未来发展的一个新方向。经咨询教育部国际司相关领导,得到的信息是,来华留学教育尚处于大力发展阶段,国家鼓励计划外教育创新,以多种形式拓展来华留学,并支持条件成熟的院校到海外办学。根据这一发展的新思路,我校可充分利用现有的海外的教育交流机构或院校,并可开发有意合作的新的教育交流机构,探索到海外办学的可能性。如已与我校有近 10 年成功合作的澳大利亚莫纳什大学文科院,就有在中国以外第三国合作开展语言文化教学的国际交流项目。已有近 600 人规模办学效应、逐渐形成教育品牌影响力的外国留学生本科汉语专业可考虑再发展的创新模式。在对外交流的过程中,也接触到有意与我校合作办学的海外教育机构。综上所述,我校在未来的来华留学教育中,仍需一如既往地关注国家的战略和政策,关注地方的政策与出台的措施,结合我校具体情况,不但"请进来"扩大来华留学的办学规模,还要积极探索"走出去"的渠道和方式,努力把来华留学延伸到海外,发挥海内外的有效办学优势,利用海内外的教育资源,搭建海内外两个平台,内外结合,双向互动,实现来华留学教育的"无国界"国际化办学。

4. 开发各类教育项目,全方位充实来华留学的"内涵建设"

我校目前的来华留学教育形式已呈现多样性,今后还需不断与时俱进，开发更多教育培训项目。诸如海外院校的短期中国语言文化培训、以游学为主汉语学习为辅的短期项目、短期汉语强化项目、商务汉语项目、全英语中国文化体验项目、全英语当代中国系列讲座项目、国内汉语教师培训项目、海外汉语教师培训项目以及根据不同需要“度身定做”的各类培训教育项目。除了上述学历教育以外，在非学历教育方面，可学习并引进发达国家的“教育产业化”的理念及做法，把各类教育培训项目做大做强，实现社会效益及经济效益的双赢。

5. 提高管理服务水平打造来华留学教育品牌

回顾我校30余年来华留学的办学历史，可以看出，无论教育培训项目的探索开发，还是实施的具体过程，在来华留学工作的各个环节，无不体现了以良好的管理和服务力求办学质量和特色的上外办学精神。我校上乘的办学质量和鲜明的办学特色，完全建立在严格周密的管理和热情细致的服务上。按照教育部的《留学中国计划》，通过努力，到2020年我国将成为亚洲最大的留学目的地国家，各类在校的留学生将达到50万人次。这是来华留学的宏伟蓝图，需要全体从事这一工作的教职员工一如既往地焕发精神，全身心投入，再创佳绩。

“向管理和服务要效益”，规范管理和提升服务是永远的课题，是实现办学质量和特色的不可或缺的基础性工作。过去的30年，我校来华留学工作从管理服务的理念到具体的建章立制，从对外招生、教学科研、学生的学习生活管理，到教师任课、出国任教等建立健全的一系列规章制度，发挥了重要作用。这些制度除了有些根据现实的变化需作适度调整外，极大部分仍然有效可行，需坚持实施。但是，“细节决定成败”，有些工作须更仔细周密。例如，学院每年举行的汉语本科毕业典礼，如上所说，从开始至今已有十四届毕业生，随着毕业人数的增加，近百个毕业生上台领证这一环节就需再设计,有必要做到既让每个本科毕业的留学生都享受上台领证的权利,又保证会场的秩序井然。整个毕业典礼自始至终既庄重严肃又热烈隆重,使毕业生、从国外远道而来的家长、教职员工都满意,体现国际化办学水平,发挥良好的国际影响,这需要提高管理水平。

提高服务水平的关键在于确立服务意识,只有这样,才能真正把留学生当作我们办学的中心,把他们作为我们服务的对象,在不违反原则的基础上,事事为留学生考虑,处处为留学生排忧解难,使来华留学生虽然身处异乡他国仍然有在家的感觉。如上所述,管理和服务水平提高了,将有力推进来华留学教育品牌的打造。

对我校30年来的来华留学教育做好总结和前瞻,是积极谋划并推进未来中长期我校来华留学教育必不可少的一环。在学校党委的坚强领导下,只要全体从业人员坚持邓小平理论和“三个代表”重要思想,深入贯彻科学发展观,抓住机遇,团结一致,努力工作,我校来华留学教育这一使命光荣、责任重大的工作定可开创新局面。

参考文献

《2010年来华留学教育管理研究》,中国高教学会外国留学生教育管理分会编,北京语言大学出版社

《2010年来华留学生简明统计》,教育部国际合作与交流司

《2010年市教卫党委市教委教育考察报告选编》,上海是教育委员会国际交流处

《刘延东国务委员在全国孔子学院工作会议上的讲话》,2010年12月7日

《刘延东国务委员在第五届孔子学院大会上的主旨演讲》,2010年12月10日

对外汉语成语教学现状的考查、分析与反思

杨金华

[摘要] 成语因其自身一系列特性而成为对外汉语词汇教学的难点，至今尚有许多悬而未决的问题。本文在对汉语水平大纲、考试大纲、教学大纲、教材及学生掌握成语的实际情况作了多方位考察，对相关教师及留学生做了问卷调查之后，对上述诸大纲、教材及教辅教材以及课堂教学的一些基本问题提出自己的看法。

[关键词] 对外汉语　成语教学　教学现状　教学考察

成语是汉语词汇中的特殊一类，并因其言简意赅、结构定型、内部关系复杂、文言色彩浓郁，以及深厚的文化积淀而成为对外汉语词汇教学的难点。随着对外汉语教学进入中高级阶段，成语的数量和难度也逐渐加大，但至今成语在外汉教学、乃

至词汇教学中未受到应有的重视,尚有诸多悬而未决的问题。如:诸大纲如何确定成语的范围,教材依据什么标准收入成语,教师怎样进行成语教学,留学生较易习得哪些类别的成语,多少较为合适,如何提高成语教学的效率,等等。总之,成语教学有待于进一步深入探讨与反思。鉴于此,本文拟对成语教学的现状作全面考察,包括对水平大纲、考试大纲、教学大纲、教材、学生学习情况的考察以及对相关教师及留学生进行问卷调查,以了解教学过程双方的感受和意见,在此基础上,对外汉成语教学亟待解决的一些基本问题提出建议。

一、既有研究及其不足

1.1 既有研究

相对于语法、词汇、语音等其他方面的成果而言,关于对外汉语成语教学的研究成果为数不多,涉及对外汉语成语偏误及习得的也少有人探究,至于对外汉语成语教学内容和教学层面、教学方法等方面的探讨则更少。早期论文往往从单一的角度探讨成语的特点或成语教学,近年来根据学生成语使用的偏误状况多结合习得及偏误研究成语教学,涉及成语教学定位、成语的内部结构、功能分析、成语的教学内容和教学层面、教学方法、成语教学与词典编纂等诸多方面。相关研究文献主要有以下几方面:

一是从教学方法的角度研究:杨晓黎(1996)针对留学生在学习成语时所遇到的难题,介绍了自己的教学方法:即从成语的字面入手,偏重于字面分析,"说文解字",由表及里,由形式到内容,步步推进。

二是把偏误分析、习得与教学层面、教学策略乃至词典编纂结合起来研究:张永芳(1999)、王美玲(2004)、张亚茹(2006)、张文一(2006)、魏庭新(2007)的研究都涉及留学生的成语偏误,认为留学生使用成语出错的主要原因是对成语的意义、结构、语法功能和语用的理解不准确,把握不到位,提出成语教学是弘扬中华文化的重要窗口及培养学生交际能力的重要途径(王美玲),要把成语的文化涵义和中外文化的差异揭示给学生(张永芳),要从成语的语义、语法功能和语用等多角度进行教学(张亚茹、潘先军、张文一、成宁等)。

王若江(2001)和洪波(2003)主要把学生的偏误和成语词典的编纂联系起来,指出,使用汉语母语成语词典是外国人成语偏误的一大原因,认为编写以外国人为对象的成语词典势在必行(王若江);对外汉语成语词典的编纂要以第二语言学习为出发点,要编纂出为第二语言学习者学习和掌握汉语成语的外向型汉语成语词典(洪波)。

三是从汉语成语难易度及使用频率的角度研究:潘先军(2006)认为应该分国别、根据成语自身的难易度进行对外汉语中成语教学。刘长征等(2007)对国内主流报纸(2005)动态流通语料库的成语使用情况作了调查,按1000、500、100、50等各级词频统计出成语条目数量及占条目总数、总频次的百分比,并设想分成一、二级常用成语、三级成语,试图为外汉成语教学提供参考。

1.2　既有研究的不足

尽管上述研究已注意到了成语的各种特点并从多角度进行探讨,但研究仍显薄弱。其不足之处在于:一是未曾涉及成语语义、语法功能和语用等在教学中的具体策略;二是未就如何区分成语难易度作详尽的探讨;三是未涉及成语的教学标准和内容。至于成语频率统计更不是外汉教学的唯一参照,况且这个三级成语分类并未考虑外国人学习成语的需要和掌握成语的实际能力与我们本族人的差异。鉴于成语教学的问题很多,本文的讨论只涉及大纲、教材和教学的一些基本问题。

二、对外汉语成语教学现状

2.1 外汉各大纲的现状及其问题

对外汉语教学中各种大纲都涉及到成语,但多属原则性或点缀式的,与现实反差很大。1995 年出版的《汉语水平考试大纲(高等)》(下简称《考试大纲》)对留学生理解和运用成语的相关要求是:“能听懂口语中常用的成语”;(P.7)“凭借上下文,准确领会……成语的含义”(P.8)。《汉语水平词汇和汉字等级大纲》(修订本)(下简称《等级大纲》)收词量为 8822 个,但成语却仅有 146 条,占其词汇总量的 1.65%,且多属于丁级词。《考试大纲》列出常用词汇 5168 个,成语也仅仅 16 条。从属于上述两个《大纲》的《高等学校外国留学生汉语教学大纲》(下简称《教学大纲》)所收词语 8042 个,其中成语只有 244 条,仅占%3。(曹素冉 2008)而与此形成鲜明反差的是,在外汉教材、留学生的汉语水平考试模拟试题以及汉语水平考试的其他辅导资料中,成语不仅数量大,而且难度上也远不止“口语中常用的成语”。

众所周知,汉语成语范围广、数量多、难易度相差甚远。《考试大纲》中的寥寥数字难以框定外汉口语常用成语的基本范围,留学生考试通过了《考试大纲》上列出的 16 条成语也并不意味着他们的汉语已达到高级水平,可见《考试大纲》难以作为汉语水平考试所用成语语料的依据及标准。从理论上说,《等级大纲》和《考试大纲》应是对外汉语教材编写及对外汉语教学大纲的总纲,是外汉语教学的教材编写和教学大纲制定的重要依据,对外汉教材编写、课堂教学等工作有着直接的指导作用。但这两个大纲中所收入的成语数量与教材和教学中成语的现实状况形成强烈反差表明,这两个《大纲》与外汉成语教学现实的关系并未理顺:《大纲》中所收的成语既不能反映外汉教学的现实,也不能满足外汉教学基本需要,更不能对成语教学给出指导性意见。

2.2　教材及其他方面的现状及问题

笔者从对现行的对外汉语中高级教材的调查中了解到,无论是精读课、听力课,还是阅读课、新闻报刊课程,其中所选取的语言材料以书面语居多,而且从二年级上开始成语已不少见。尤其是在高级阶段的教材中,成语呈范围明显扩大、数量明显增多、文言色彩明显加重、难度明显加大的趋势。笔者曾对本校汉语言专业(经贸类和中英双语)本科教学使用的北京语言大学出版社外汉本科系列教材作过一番统计(课文中不列生词的除外),结果显示,各类教材中成语随着课文的加深而在数量上逐级递增。(详见下表)

表1　本科汉语教材成语情况一览表

程度	教材	成语数量	教材	成语数量
二年级	中级汉语教程,两册(杨寄洲)	159	汉语听说教程,两册(赵菁)	56
	经贸中级汉语口语,上(黄为之)	58	汉语写作教程,两册(邹昭华)	49
共计	322 个,4 部教材平均每部 80.5 个;8 册,平均每册 40 个。			
三年级	现代汉语高级教程,两册(马树德)	247	汉语听力教程,下(王新文)	40
	报纸上的中国,王海龙	99	汉语写作教程,两册(邹昭华)	96

续表

程度	教材	成语数量	教材	成语数量
	经贸中级汉语口语,下(黄为之)	91		
共计	573个,5部教材平均每部114.6个成语;7册,平均每册82个。			
四年级	现代汉语高级教程(马树德)	169		
共计	1部教材,169个。			

我们将本校留学生二、三、四年级所学汉语教材(不列生词表的除外)的成语统计之后再按平均数计算,得出每部、每册、每学年学生须学成语的数量。(详见下表)

表2 本科三个年级汉语教材成语统计表

年级	部	册	数量	平均	附注
二年级	4部	8册	322	40个/册	不列生词表的教材不计算在内。
三年级	5部	7册	573	82个/册	
四年级	1部	1册	169	169个/册	
总计	10部	17册	964		
平均	94个/部	57个/册	321个/学年		

教学大纲规定中的词语共“8042个,其中成语只有244条,仅占%3”。从绝对数字来看,这里所说的964个成语比大纲多出720个,这意味着教学大纲中的成语数量与现实教材中的成语相差近三倍,教学大纲对教材和教学无法发挥监控和导向作用。

教学本应按照教学大纲的计划按部就班、由浅入深、由少渐多、循序渐进，但目前外汉的成语教学却很难说有什么计划和规律。至目前为止，外汉教材对成语在数量上的录入以及具体成语的呈现都是随机的，即随课文的需要（说到底就是随教材编写者的意愿而定），而不是根据学习者的接受能力、认知水平、成语的难易度以及成语对留学生的实用程度来决定的，无科学性、规范性可言。尤其是在高级阶段，教材对成语的收入似乎呈失控状态，不仅有大量超纲成语，而且没有任何标准确定怎么收、收什么，没有统一的规则可循，可谓“呈现顺序、呈现数量杂乱无章”。（曹素冉，2008）究其原因，这一方面与《等级大纲》和《考试大纲》自身的滞后不无关系，另一方面《等级大纲》、《考试大纲》——《教学大纲》——教材/教学之间的关系没有理顺。

成语教学的这种无序状况在其他方面也有所体现。如，据笔者的粗略统计，《高等汉语水平考试样题》（1995）中成语出现了四十多个，分布在听力理解、阅读理解和综合表达三个题型中，但近几年出版的几部 HSK 模拟试题集成语数量与大纲的差异较大。这三部 HSK 试题集是徐昌火主编的《HSK 改进版模拟试题集（高级）》（2008，下简称《改进版（高级）》）、《HSK 改进版模拟试题集（中级）》（2008，下简称《改进版（中级）》），以及顾顺莲等主编的《挑战 HSK（初、中等）》（2004，下简称《挑战》）。具体情况如下：

表 3　三套 HSK 模拟试题中的成语统计

教材	试题套数	听力	综合阅读		总计
改进版（高级）	5	7 + 13 + 7 + 5 + 12 = 44 *	32 + 17 + 20 + 25 + 12 = 106		5 套/150

续表

教材	试题套数	听力	综合阅读		总计
改进版 (中级)	6	9 +0 +4 + 5 +0 +4 =22	15 +12 +7 +4 +5 +7 =50		6 套/72
教材	试题套数	听力	阅读	综合	
挑战 (初中级)	5	1	5 +4 +7 + 4 +6 =26	1	5 套/27
总计	16 套	67	182	1	16 套/249

* 说明:听力和综合等部分列出的多个数字是统计出的每一套习题中成语的数量。

我们在统计发现,不同版本的习题集之间成语在数量上差异较大,而且同一习题集不同套之间的数量差异也较大。只是高级的比初、中级的在数量上多很多,难度上也有所增加。但数量的分布和难度的递增有何依据、是否合理就不得而知了。

成语教学的无序状况同样波及外汉词典。如,北京语言文化大学汉语水平考试中心为 HSK 考试编写的《HSK 中国汉语水平考试词汇大纲汉语 8000 词词典》,(1999)在释词的同时给出一部分构词以扩大学习者的词汇量。这个做法无可非议,其用意值得首肯,但其中提供的成语真会让留学生“望而生畏、望而却步”。仅以“望”字条目为例,其【构词】下 13 个组合全是成语:“望尘莫及、望穿秋水、望而却步、望而生畏、望风而逃、望风披靡、望梅止渴、望门投止、望文生义、望闻问切、望眼欲穿、望洋兴叹、望子成龙。”从难易度及内部关系看,这些成语难易程度差别很大,但词典不加区别一股脑儿全都罗列出来,对外国学生无甚助益,恐怕供我们本国学生查阅的词典也不过如此。据考察,该词典条目的【构词】部分列有成语的不少,但值得思考的问题是,成语的给出是否应根据留学生的认知特点和接受能力与我们本国人的差异而制定某些原则,在数量、范围及难度上有所限制,是否考虑这些成语的常用性和口语化?如何从循序渐进的角度有效控制成语呈现过程中无序行为?如何使【构词】列出的成语真正成为帮助学习者理解词目、学会构词、增加词汇量的手段之一?总之,词典呈现成语应以有利于留学生的学习、记忆及掌握为出发点,而不应违背这一原则随意取舍。

上述教学过程、教辅材料及教学工具书中出现的问题提示我们,成语在外汉教学中的定位、与其他要素的关系、成语教学等一系列问题亟待解决。

2.3　留学生成语测试及问题分析

本文在此引用冯艳艳硕士论文中关于成语教学测试及其结果。(2008)该测试用以考查留学生掌握成语的情况,主要分为对成语的理解和运用两个方面。目的是要了解留学生对教材中已学过的成语的掌握情况(不涉及语法功能等)。试卷中涉及到的成语均出自上述外汉本科二年级系列教材。参加测试的留学生均系本校及外校的外国留学生,HSK 程度为 6 - 9 级。试卷共涉及 35 个成语,包括组合性成语、综合性成语及融合性成语三类。试卷共分三个部分:选择题、同义句改写、选择填空,具体考察学生对近义成语的辨别能力、对成语语义的理解和把握程度以及在语境中运用成语的能力。测试的有效试卷 80 份,其中汉字文化圈及非汉字文化圈学生试卷分别为 60 份和 20 份。

表4　留学生成语测试统计表

题目	测试方式	正确率%	错误率%	附注
一	选择	56	44	
二	同义改写	80	20	
三	选择填空	54	46	
总平均		63	37	

从测试结果来看,留学生对成语的掌握情况不很理想,且之间也存有差异。由于80%的学生都能用同义句对成语进行改写,说明他们基本能理解(或猜对)成语的语义。成语的难点似乎在近义成语语义上的辨别以及对色彩上。选择和填空题的错误率比较高说明留学生对这两部分不能很好地把握。大部分答题错误率分别在52%～63%、58%～63%之间。这在某种程度上说明成语教学中,教师对意义相关的成语、成语语用意义及其他方面的讲解投入不够。

关于留学生学习成语效果不理想的原因,笔者同意冯艳艳的分析,认为大致有以下三方面:

其一,认识上不够重视,教学时间上也有限。教师在对成语进行教学时,往往不充分展开,没做到细致讲解,只是一带而过;很少对成语的来源和出处、结构特征、适用对象和范围、语用义及附加色彩等进行具体分析,而且只是就事论事,最多举些例子,但不做练习,结果导致学生听后就忘,整个学习过程似蜻蜓点水,浮光掠影,教学效果打折扣在所难免。

其二,教学中对成语的各种特性揭示不足。“对外汉语中成语教学主要以精读课为载体,贯穿于精读课的词汇教学中,没有比较有效的成语教学途径。”(冯艳艳)教师在讲解成语时通常把它们当作一般词汇,没有根据成语的特点分析其内在关系，讲解其在句中的功能等，以致无法收到应有的教学效果。

其三，师生的态度及成语自身难度。上述分析显示，从水平大纲，考试大纲到教学大纲对成语都没有予以合理的定位，没有给予成语教学以足够的重视，没有将成语作为词汇中的特殊的一类进行教学。此外，成语作为词汇的组成部分，有其语义、语音、语法、功能、语用上等一系列的特殊性，并常因这些独特之处而不易为留学生理解和掌握。这些方面都会增加学生学习的畏难情绪，加之教的一方也不够重视，留学生学习效果不理想也就不难想象了。

三、对教师与学生的调查与分析

本文曾对担任中高级汉语精读课程的教师和留学生做过问卷调查，试图了解其对成语的态度及教学中的问题。从调查统计结果可窥见教师与学生的各方面的情况。

3.1 教师问卷结果及其分析

被调查的教师人数有 10 位，其中担任中级精读课程的有 6 位，担任高级精读课程的由 4 位。虽然被调查的人数较少，但也能在一定程度上反映教师的态度及教学情况。

表 5 教师问卷调查一览表

问题	百分比%	百分比%	百分比%	百分比%	注
1. 关于成语教学的地位	重要，60	一般，40			
2. 关于成语教学的不便之处	讲不清，60	超出能力，20	还好，20		
3. 对成语处理的办法	简单讲，10	讲意思，40	细讲，50		

续表

问题	百分比%	百分比%	百分比%	百分比%	注
4. 是否增加课外的成语	不,很少 40	会,40	经常,20		
5. 学生对待成语的态度	感兴趣,60	一般,40			
6. 课文中出现成语的难度	大部分难,20	有些难,30	不太难,40	不常用,10	
7. 成语教学是否有规律	有,20	没有,60	不重要,20		
8. 是否可能规范教材中出现的成语	可能,80	不可能,20			

上述问卷题目虽然不多,但统计结果至少能反映几点值得注意的问题:

1) 大部分的教师和学生对成语教学的认识是正确的,对成语的态度也是积极的。

2) 但实际教学中忽视成语教学的情况却普遍存在:一是大部分教师自认为讲不清楚,说明备课不够认真和充分;二是一半的人讲解比较简单或不到位,说明对成语不够重视;三是近一半的教师不会主动增加课外的成语,说明教师态度不够积极或至少认为不必要或不愿增加学生的负担;四是一半以上的人认为课文中的成语很难或比较难或不常用,这恐怕是导致教师不认真、不仔细讲解成语的主要原因。

3) 绝大部分教师认为目前课文中大部分成语与留学生的

汉语水平不符,并清楚地看到目前的外汉成语教学并非循序渐进式的。这说明对外汉语成语教学的确普遍存在着一些问题,且这些问题并没有引起相关部门的重视。

3.2　学生问卷结果及其分析

本文的调查对象主要是本校及周围几所大学在校的外国留学生。为了详细了解留学生对成语及成语教学的具体情况和态度,我们先后进行了两次内容不同,但呈互补的问卷调查。第一次被调查的学生汉语水平为 6 - 8 级,回收有效问卷 168 份,回答问题形式限定为选择题。在问卷调查的过程中,笔者发现两个带有普遍性的问题:

1）同一个班的学生选的答案常常是具有一致性,这说明学生对成语的倾向和评价似乎与教师的引导有一定关系。

2）学生几乎是普遍认为在交际中会用到成语。有一位学生特意写道:"中国人和我们说话时,会用我们明白的话;但是,当我们和中国朋友在一起时,我们发现他们之间说话时会用到很多成语,因此我们常常因为成语听不懂他们的话。"

表 6　留学生汉语成语教学问卷调查(1)

问题	百分比%	百分比%	百分比%	百分比%	注
1. 对成语的兴趣	没兴趣,6.5	一般,51.2	有兴趣,42.3		
2. 精读课老师对课文中的成语	不讲,2.4	简单讲,37	详细讲意思,31.5	全面讲,29.2	
3. 非精读课老师对课文中的成语	不讲,12.5	简单讲,64.3	详细讲意思,16	全面讲,7.1	

续表

问题	百分比%	百分比%	百分比%	百分比%	注
4. 对课本中出现的成语	不注意,36.3	尽量理解54.2	记住并试着用,9.5		
5. 对课外阅读中遇到的新成语	不知道是成语,6.5	能判断出,84.5	无所谓,7.7		
6. 看新闻、听广播时遇到的新成语	不知道意思,听不懂,44	大概能猜出意思,46.4	无所谓,9.5		
7. 留学生是否应学习成语	没有必要,1.8	应该学,58.9	很重要,33.3	无所谓,6	
8. 汉语成语是否难学(可多选)	难和有点难,87.5	不太难,54.8	不难 7.1	有的难,66.7	
9. 成语难在哪里(可多选)	容易记住,28.6	不易记住,57.2	理解容易用时难,84.8	想不到用,89.9	
10. 是否应开设成语选修课	有必要,39.3	没必要,22.6	无所谓,38.1		

第二次调查的学生的汉语水平为 5 -9 级,收回有效问卷 84 份,答题形式不限,但要求根据个人实际情况回答问题,目的是希望发现一些深层次的问题。由于学生是自由回答问题,因此,答案五花八门。本文经过整理只能就主流情况作一展示。

表7 留学生汉语成语教学问卷调查(2)

问题	百分比%	百分比%	百分比%	百分比%	主流答案
1.是否反感成语,什么原因	不,73.8	11个理由	是,15.5	5个理由*	共计89.3
2.是否特别喜欢学习汉语的成语,什么原因	是,45.2	5个理由	否,35.7	7个理由**	共计80.9
3.是否经常听到人们说成语	有时候,19	常常,32.1	没有,32.1		共计83.2
4.说话写文章时是否经常用成语	有时候,38	是,18	不经常,37		共计93
5.成语主要学习的地方	学校,74	外面,8.3	两者都有,10.7		共计97
6.留学生应该学习哪些成语	常用的,64.3	都应该,7.1	不知道,14.3		共计85.7
7.课本里每课的成语是否多,合适的数量为多少	多,39.3	正合适,28.6	不多,14.3	合适的数量平均为8	共计82.2

续表

问题	百分比 %	百分比 %	百分比 %	百分比 %	主流答案
8. 成语最难的是什么	难记,21.4	理解意思难,35.7	用法难,17.9	太复杂,7.1	共计 82.1
9. 对成语教学的建议	没有,60.7	多用多练,8.3	用简单的方法,10.7	教口语用得上的,6	共计 85.7
10. 是否更喜欢学习口语性强的谚语、惯用语或俗语	是,55	否,10.7	都喜欢,15.5		共计 81.2

星号说明:* 笔者在教学中发现有些同学一提到成语就有一种逆反心理,故出此题目以了解实情。归纳起来,其反感成语的原因主要为:一是觉得没用或少用;二是词典里查不到;三是难记。

* * 关于不喜欢学习汉语成语的原因归纳起来有 4 个:一是虽然很有意思,但不喜欢背;二是难学;三是记了不用或不常用,容易忘;四是很难理解。

四、我们的分析与思考

外汉成语教学的现实和对教师及留学生的调查问卷均表明,无论是教师还是留学生对成语及成语教学都抱有较大的热情和积极的态度。留学生希望学好成语的愿望尤为强烈,在学习过程中也能积极猜测新成语,主动运用所学成语。

然而,有两方面的问题值得注意,首先是成语教学效果不很理想。这也表现为两个方面:一是尽管大部分学生有学习的热情,但实际上却收不到灵活和正确运用的效果;同时,由于某些成语过难而使一些学生抱有畏惧或逆反心理,回避学习和运用。

二是,现有的教学大纲对成语教学不能发挥有效的引领作用。对诸多大纲及外汉成语教学现实的考察结果表明,《等级大纲》和《考试大纲》明显滞后,其基本纲领不足以支撑对外汉成语教学的基本原则及确定其范围,不能从总原则、大方向上把握对外汉教材、教学及水平考试,并发挥指导作用。因此,两个大纲与《教学大纲》、成语教学的关系自然也就没能理顺,致使至今成语教学仍为无序的自由状态。下文我们将结合上述的考察及调查换位思考,讨论诸大纲及成语教学中应注意的一些基本问题。

4.1　关于诸大纲基本原则的制定

既然成语教学的对象是外国人,那么,首先应该了解教学对象。等级大纲、考试大纲均应以对成语的相关特点、外国人的认知能力以及对教学现实的充分考量为前提,在此基础上再确立留学生汉语水平考试中成语的等级及其基本原则和范围,借以指导外汉教材、教学辅助资料及工具书的编写。教学大纲也应据此进一步细化相关原则,如制定较为具体的教学细则、划定成语的层次和难度范围、规定学年及学期的总体数量以便规范成语教学。鉴于此,本文提出以下几点以供参考:

1）初级阶段的成语选择及成语教学应从生活出发,贴近日常生活。因为贴近生活的东西是实际用得上的或可能用得着的。因此下列参数不宜忽视:(1)口语性强;(2)日常生活中常见;(3)内部关系简单;(4)意义浅显,语素义与成语义映现力强。我国目前主流报纸动态语料库的成语频率反映的只是我们本国人成语的书面使用情况,不宜作为留学生成语教学的主要参数,它基本不包括口语交际的实际情况,更不会考虑留学生的认知能力与习得特点。

2）中高级阶段成语及其教学应在初级阶段的基础上,围绕常用性、通用性、口语性逐渐向各个领域及各个语域延伸,循序渐进,难度逐渐加大。但无论从范围上,还是从数量上都不宜与我们本国人成语使用情况同日而语、相提并论,不能指望他们能像国人一样掌握占有总频次85%的两千多条成语。上述对本校汉语本科所用教材统计显示,留学生从二年级开始到四年级,三年共接触成语量达960多条,数量不算少。如若排除重合部分,成语数量则会有所减少。此外,如从难易度、常用性、口语化等角度科学合理安排成语,不同教材之间的成语再有一定的重合或复现率,减少过难、艰深、罕用、书面色彩强、政治色彩浓的成语,学生学习、理解及记忆的负担也会有所减轻。

3）至于具体成语的呈现,则需要在对留学生的汉语成语大量测试及对成语难易度加以分析的前提下进行筛选、调整,外加考虑其内部语义关系、语法关系、常用性以及透明度等诸多因素,分出成语的甲乙丙丁诸等级。在这个基础上制定的成语基本范围和具体数量,才能成为指导汉语成语教材和教学的总原则。

4.2　关于外汉教材等的相关原则

1）关于外汉教材的相关原则

有了成语的基本范围和大致数量这个指导性的总原则,外汉教材编写就有了成语取舍的基本依据。但落实到一部教材、一篇课文中,仍有许多具体的问题需要考虑和解决。如:首先,成语应在哪个阶段导入才与留学生的汉语认知水平相匹配?适合他们的接受能力?每一册、每一课教多少个成语为理想状态?其次,成语在教材中该怎样先后排序?哪些先教哪些后教?是以其内部成分的难易度、语法关系、与整个成语的语义关系为标准,还是以成语的语域(政治、文化、生活等),或者其他什么标准为准绳?这些交叉关系如何处理?其三,不同程度的教材怎么衔接才能做到循序渐进?精读课教材和其他教材(听力、会话、阅读、报刊等）如何形成合力及互补关系，而不是各自为政？各层次、各科目的教材是以温故知新、滚雪球的方法安排成语，以帮助学生加深理解、正确把握、有助记忆，还是各做各的、徒增学习难度和负担？诸如此类的问题在教材编写之前都值得认真加以考虑。只有对这些问题加以深入的思考，才能制定有效的原则进行有计划及有序教学。

2）关于其他相关辅助材料的相关原则

凡是中高级汉语教辅材料或工具书，都会遇到如何处理成语的问题。汉语水平考试辅导材料，模拟试题中等都有一部分成语。至今这类辅助材料中成语如何呈现主要决定于材料编写人员，没有什么其他依据和原则。外汉工具书也存在类似的问题。目前这些材料和工具书中的成语与考试大纲及成语教学互不衔接、缺乏相互照应，因而形成了考试、相关辅助材料及工具书中成语安排的不科学、互不关联的不合理状况。有了等级大纲、考试大纲及教学大纲的成语教学细则，这种局面可望得到控制和扭转，使外汉教学的辅助材料、相关工具书中成语的呈现有所依附、有所控制、合理布局、协调一致、妥善安排的良性局面。作为教辅材料，在具体成语取舍的问题上应坚持宁少勿多，宁浅勿深，宁实用勿虚化的原则，形成充分考虑外国留学生的认知特点和习得规律的科学合理良性循环，使之真正成为有助于留学生学习成语助推器。

4.3　关于教学中的相关原则

上述多项问卷调查统计显示，除少数学生外，绝大部分的人都认为成语难学、难理解、难记、难用。经分析，其中的原因不外乎教材中成语失控（数量多、不合理的布局）、讲解不到位，以及缺少相关练习等三个方面，以致留学生学过之后，成语在其大脑语义网络中仍未占有一席之地。这说明虽然学习过，但大部分成语仍不能像普通词汇那样成为他们心理词库中的成员,甚至连消极词汇都不是,交际中更无从激活。只有少部分留学生在汉语水平达到一定程度后,能自行判断并努力猜测新成语的意思。这些情况表明只要学习环境和条件到位,留学生还是能学好成语的。问题的关键在于:一方面教材中出现的成语难度及数量应符合学生的认知能力,另一方面教师应科学合理地加以引导,详细地分析,耐心地讲解,多多地练习,以激发留学生学习成语的积极性、持久的热情,以及坚持不懈的毅力。我们相信,只要科学合理地制定相关原则,正确面对,积极引导,对外汉语教学中的成语问题定能迎刃而解。

参考文献

北京语言大学汉语水平考试中心.中国汉语水平考试大纲(高等).北京:北京语言大学出版社,2003

北京语言文化大学汉语水平考试中心.《HSK中国汉语水平考试词汇大纲汉语8000词词典》,1999

北京语言学院汉语水平考试中心.《高等汉语水平考试样题》.现代出版社,1995

曹素冉.对外汉语成语教学研究.北京师范大学.硕士论文,2008

成宁.探讨汉语成语习得在对外汉语教学中的作用.语文学刊,2006(1)

冯艳艳.对外汉语教学中的成语教学初探.上海外国语大学.硕士论文,2008

顾顺莲等.挑战HSK(初中等).北京大学出版社,2004

国家汉办.高等学校外国留学生汉语教学大纲.(长期进修附件).北京:北京语言大学出版社,2002

国家汉办汉语水平考试部.汉语水平词汇与汉字等级大纲.(修订本)北京:北京语言大学出版社,2001

洪波.对外汉语但与成语学习词典编纂的几个问题.云南师范大学学报,

2003(6)
洪波.对外汉语中成语教学探论.中山大学学报论丛,2003/2
焦毓梅等.HSK考前30天冲刺.北京大学出版社,2005
刘长征,秦鹏.基于中国主流报纸动态流通语料库(DCC)的成语使用情况调查.语言文字应用,2007(03)
潘先军.简论对外汉语教学中的成语问题.汉字文化,2006(1)
王美玲.试论对外汉语教学中的成语教学.湖南师范大学.硕士论文,2004
王若江.留学生成语偏误诱因分析——词典篇.暨南大学华文学院学报,2001(3)
魏庭新.外国学生学习汉语成语的难点分析及对策.云南师范大学学报,2007(3)
徐昌火等.HSK改进版模拟试题集(高级).北京语言大学出版社,2008
徐昌火等.HSK改进版模拟试题集(中级).北京语言大学出版社,2008
杨晓黎.由表及里,形神俱生——对外汉语成语教学探论.安徽大学学报,1996(1)
张亚茹.试论高级阶段的成语教学.语言文字应用,2006(1)
张永芳.外国留学生使用汉语成语的偏误分析.语言文字应用,1999(3)

中国古诗词英译方法新探

王雪婷　黄建滨

［摘要］　中国古诗词是音、形、义三者的高度统一。传统英译方法一般是取“义”而舍“音、形”。本文试图提出一种新的翻译方法，将音、形、义三部分都尽可能贴切地诠释出来。为了验证新译法的有效性，本文还进行了实证研究。尽管样本较小，但调查结果还是在一定程度上证明了新译法的优越性。

［关键词］　中国古诗词英译　诗词译法　实证研究

语言学大师索绪尔认为，语言符号由能指(signifier)和所指(signified)构成，前者是符号的音响形象或其可见形式——书写，后者是我们头脑中的关于世界上种种存在的“概念”。一般的文本，能指作为载体存在，与其所承载的内容，即所指是可以分离的。如果能将原语信息在译语中用最切近而又最自然的对等语再现出来,那么该文本就可以说是可译的。作为文学创作的最高境界,诗歌是音、形、意三者的高度统一。也就是说,在诗歌中,能指本身就蕴含着某种意义,能指和所指须臾不可分离。梁宗岱先生精辟地指出:“在创作最高度的火候里,内容和形式是像光和火般不可能分辨的。”(转引自:赵彦春,2005)爱伦·坡也说道:“诗是美的有韵律的创造。”这表明旋律与节奏美是诗歌的重要审美特征。(转引自:赵彦春,2005)由此我们认为,从一定意义上来说,诗歌的可译性是相对的、有限度的,不可译性才是绝对的。古典诗歌是中国文学中的一块瑰宝,承载着中国悠久的文化历史。要传播中国文化,古诗词是无法跳过的一个重要部分。因此,我们必须译不可译之译,尽量使得译文能够接近古诗词的本来面貌。

一、中国古诗词传统英译方法归纳

早期西方译者在翻译中国古诗词时,大多不得要领,甚至连“信”这一基本的翻译准则都无法达到。如庞德在翻译李白《长干行》中的“郎骑竹马来”时,译成了“You came by on bamboo stilts, playing horse.”将原诗中儿童游戏时当做马骑的竹竿译成了“高跷”。Bynner 在翻译张继《枫桥夜泊》中的一句“江枫渔火对愁眠”时,译为“Under the shadows of maple trees, a fishman moves with the torch.”(黄荣春,2008)。原诗中所说的渔火是指渔船上的灯火,译者的“torch”(火把)是误译。之所以会产生此类误译,主要原因是某些西方译者对于中国古代语言文化,特别是古诗词中的字义词义掌握不准确。

随着结构主义思潮的兴起,许多译者主张张扬自由意志,将古诗词的形也舍弃了,变成了作者的自我表现。如翻译家王红公的翻译是基于中国古诗词的再创作。不可否认,他的译文本身是非常杰出的英文诗歌,但却极大地偏离了原诗。译者以西方的文化审美模式为尺度对中国古诗词的美感形式和经验进行了理解,由于两种文化审美模式以及语义层面的错位,译文必然也就失去了汉语古诗词的面貌和特点。我国的翻译学者翁显良也持王红公同样的观点。他认为:"文学翻译是艺术,主要表现在灵活运用译文语言,在不违原文本旨的限度内进行再创作,力求取得与原文相似的效果。""形似的是内容,是思想感情,是境界气象;不形似的是形式,是表层结构,是文词句法。"(郦青. 2009)他认为诗歌翻译应重视其内容意境,当音、形、意不能兼顾的时候,应当只取其内核部分——即思想意境,而舍弃其他。然而古诗词的音、形本身富含了丰富的意义,是诗歌中不可分割的部分。如果在古诗词英译中舍弃了音、形,那么这个作品本身已经不完整。纵使译文的辞藻再出色,韵脚再整齐,意义再深远,也只能说它是一首优秀的英文诗歌,而不能称其为有中国文化特色的诗歌作品了。

也有译者认为译诗应忠实于原文,力求使译诗在形式和意义上都与原诗尽可能的接近。C. H. K 和 V. MCH 就认为:"译者如果对原诗想怎么办就怎么办,这是译者借助于原诗在进行自我夸耀。那样的话,不如直接创作一首诗。翻译应尽可能做到与原诗一字不差。除了译者不做创造性发挥外,忠实的另一个涵义是,尽可能在译诗中运用中国古典诗歌的句法结构。"(郦青,2009)叶维廉甚至为了忠实于中国古典诗歌独特的语言表现方式,而独创了被称为"定向叠译"的翻译方法。比如他在翻译李清照的《如梦令》时,先将原文逐字翻译,然后再叠加成通顺的译文。

1. 昨夜雨疏风骤,
2. 浓睡不消残酒。
3. 试问卷帘人,

4. 却道海棠依旧。
5. 知否，
6. 知否，
7. 应是绿肥红瘦！
1. last night rain sparse wind sudden
2. deep slumber not dispel remaining wine
3. try ask roll - blind - person
4. but say begonia — remain— the - same
5. know?
6. know?
7. should - be— green fat red thin
1. Last night, scattering rains, sudden winds.
2. Deep sleep abates not the remaining wine.
3. Try ask he who rolls up the blind:
4. Thinking the begonia looming as before.
5. Know it?
6. Know it?
7. Fatterning leaves' green, thinning petals' red.（郦青，2009）

这种方式虽然在字面意义和句式、格式方面都做到了尽量接近，也能够在一定程度上给读者一定的开放空间，但是"音"还是被舍弃了。

有些译者也考虑到了诗词的音乐性特征。唐安石就在译诗中除了运用行末押韵外，还在译诗中采用类韵（词中元音相似或相似的元音重复）甚至行内韵等手法。比如他将李清照的《声声慢》首句"寻寻觅觅，冷冷清清，凄凄惨惨戚戚"译为：

"I pine and peak

Andquestless seek
Groping and moping to linger and languish
Anon to wander and wander, glare , stare and start
Fleshchill'd
Ghost thrilled
With grim dart
And keen canker of rankling anguish"(郦青,2009)

这样的译文的确有一种音乐美感,但是相比其中文原作的音韵来说,差别还是非常大的。叶嘉莹女士指出,这首词开首十四个叠字的声音从柔婉到迫切,感情一步步加深。"凄凄惨惨戚戚"都是唇齿间的声音,真是悲切呜咽。但是英译文失却了这样的音响效果,无法诠释出作者的心境之悲凉。其他的译者如许渊冲、林语堂、欧阳桢、徐忠杰等,在翻译中也都存在同样的问题。这些翻译名家一般都能较为准确把握住原作的核心思想,并忠实地反应到译文里,有些能够在译文中创造出与原文相似的联想空间,有些甚至能够使译文也具有韵律感和节奏感,但是这种韵律感和节奏感却是以英文诗歌的押韵方式呈现出来的,也就是说,对于诗歌来说不可分割的"音、形、义"中的"音"被译文语言的"音"取代了。那么这样翻译出来的诗歌还能称其为中国古典诗歌么?它的民族特色将如何体现呢?

二、中国古诗词英译的一种新方法

基于上述思考,本文试图提出一种新的中国古诗词的英译方法。由于古诗词音韵结构的复杂,内涵的丰富,该翻译方法恐怕也无法做到尽善尽美。权作抛砖引玉之用,希望能够引起学界对于古诗词翻译这个领域的全新探索和尝试。

本文选取李清照的《如梦令(昨夜雨疏风骤)》和《声声慢》这两首词为实验对象。(为节省篇幅,内容详见附录中I和II各自的(1)和(2)中的①②③④部分,不含问题选项。即:①中文原文,②朗读,③诗词翻译,④注释)。由本例可以看出,我们的做法是,每首中国古诗词的翻译由四部分组成:中文原诗(词)、朗读(用中文的音进行朗读)、诗词的英语翻译和注释。

此翻译方法试图将音、形、意三部分都尽可能贴切地诠释出来。首先是"形"的部分。由于中文独特的方块字,使得诗歌整齐的外在形态成为可能。词又被称为长短句,句式没有那么严格意义上的齐整,但也不失美感,而诗,特别是格律诗,就特别讲究齐整,五言、七言甚至限定了每行字数。我们认为,那种有规律性的形式上的美感,是首先可以传达给读者的,因此译文第一部分是中文原文,使读者对中国古诗词有一种视觉上的直观感受,在对诗词进行阅读理解之前就营造出一种中国古典文化气氛。

接下来是"音"的部分。众所周知,中国古诗词的韵律和节奏非常重要。五言诗的节奏与散文就有很大的区别。比如"客路—青山下,行舟—绿水前",它是"二、三"的节奏。分的再细一点就是"客路—青山—下,行舟—绿水—前",是"二、二、一"的节奏。七言诗的停顿一般是"四、三",细分为"二、二、二、一"。这是诗歌的节奏和停顿,而另一个重要的特点则是四声和平仄。古代汉语分"平、上、去、入"四声,其中上声、去声、入声属于仄声。格律诗在声调上注重平声字和仄声字的搭配,通过声调的交替变化形成诵读时的声音之美。古诗虽没有平仄的规定,但往往有一种自然形成的"天籁"之美。另外,不管格律诗还是古诗都要押韵。"在诗、词、曲中,诗的押韵要求最严,一定要押同一个韵部的字,不可以出韵也不可以四声通押。曲可以四声通押,词则只可以上、去声通押。以诗的韵为例,杜甫的《秋兴》:'玉露凋伤枫树林,巫山巫峡气萧森。江间波浪兼天涌,塞上风云接地阴。丛菊两开他日泪,孤舟一系故园心。寒衣处处催刀尺,白帝城高急暮砧。'双数句结尾的字一定要押韵,首句结尾的字可以入韵也可以不入韵。这首诗首句入韵,所以共有五个韵字:林、森、阴、心、砧。"(叶嘉莹,2008)这些"音"上的特点在英文译文中是绝对无法表现的。因此我们采用给古诗词标音的办法,目的是为了让不懂汉语的外国人能够像中国人一样诵读。当然,无法要求外国人能够念出四声——这对他们来说非常困难。也许就有人会质疑,如果在诵读时不注意四声的区分,那么是否还能感受到诗歌的音乐美感。我们认为在一定程度上还是可以的。其实现代汉语已经没有入声,但是我们现代人在诵读诗歌的时候同样能够感受到诗歌的音乐美,觉得朗朗上口,音韵绵长,这是因为中文字发音本身的美感和韵律的美感引起了我们听觉上的共鸣。古诗词能带给我们的如此美妙的听觉享受,为何不能传达给外国人呢?即使美感有所流失,不那么完美,那又何妨?

最后是"义"的部分。有人提出中国诗歌中的意象是不可译的。比如"鸿雁"、"飞鸿"是表达相思之情,如果译成"wild swan"或者"wild geese",对于外国读者来说,引不起任何联想。但是我们认为这个问题是可以通过注释来解决的。即使是一个现代中国人在学习古代诗词的时候也是需要注释的帮助的,否则在理解上也会有偏差甚至不解。其实最大的难题是诗词文本中的多义及潜能。中国的诗还有一个"言志"的作用,所谓"诗言志,文载道"是古人一直恪守的准则。因此诗的优劣还与诗人的品格关系甚密。杜甫的诗历来为人所称颂,这不仅因为他的诗在句法上突破传统,还因为他的很多诗都立意很高忧国忧民,关心民间的疾苦。以《秋兴八首》中的"玉露凋伤枫树林,巫山巫峡气萧森。江间波浪兼天涌,塞上风云接地阴"为例。表面看起来只是对景物的描写,但是了解过背景以后,深层次的意义就显现出来了。杜甫经历了唐朝首都长安的两次陷落,他终生都处于战乱流离之中。写这首诗的时候,他满心牵系朝廷,从四川顺江而下,想要回到北方。他所看到的是"江间波浪兼天涌,塞上风云接地阴",波浪风云写的如此之动荡,如此之阴惨,如此之不平安,作者心中对国家灾难的悲痛,对国家命运的不安由此可见一斑"(袁行霈,2009)。这里面充满了感发的力量,在翻译中是极难表现的。我们所能做的,是将该诗词的创作背景,作者的个人信息,以及作品中意象的意义等尽可能完整地传达给读者。至于感发和共鸣,则需交给读者来完成。正如袁行霈提出的"宣示义"和"启示义"的概念。他说:"宣示义,一是一,二是二,没有半点含糊;启示义,诗人自己未必十分明确,读者的理解未必完全相同。""一首诗艺术上的优劣,在一定程度上取决于启示义的有无。一个读者欣赏水平的高低,在一定程度上也取决于对启示义的领会能力。"由此可见,对于诗歌的欣赏,是一个作者与读者共谋的过程。对于本语言读者是如此,对于母语非汉语的读者来说也是一样的。本文提出的实验翻译中还需要补充说明的一点是,本文提出的翻译方法适用于非汉语专业(即完全不懂汉语或者对汉语了解不深)但对中国古诗词有兴趣的外国人。我认为在翻译这个事件中,受众也是相当重要的。如果要较为深入彻底的理解中国古诗词,那么就必须对中国的文字、文化等等都有很深入的了解和掌握。这不仅是针对外国人来说,对于中国人也一样。如果一个中国人对于一首诗的创作背景不了解,对于其中的典故和意象所知甚少的话,他除了能够直观的感受到音乐和形式上的美感外,对于诗歌的思想内涵是很难把握的,而诗歌中的感发力量也就很难引起共鸣。那么对于外国人来说,我们首先要传达给他们的就是中国古诗词形式和音乐上的美感,这是能够做到的。至于"义"的部分,则做到尽可能地提供作品的背景、典故、意象的知识,使得读者能够综合起来理解诗歌,并且有自己的感悟。

三、对新译法的实证研究

当然,以上只是我的一己之见,至于究竟该方法是否比现存的翻译方法更有效,则需要经过事实的检验。现以李清照的《如梦令(昨夜雨疏风骤)》和《声声慢》这两首词为实验对象,制作调查问卷,对非汉语专业的外国人进行了随机抽样调查。之所以采用李清照的词是因为如许渊冲先生所说的,她的词"口语入词、形象生动、富有形美、音乐性强、借景抒情"。此翻译方法的最大特点是将古诗词的"音"美重现到译文中,所以我们认为李清照词"音乐性强"的特点符合该实验的要求。

本次调查在美国丹佛大学随机抽取了11个样本,其中有学生也有教授。调查结果如下表所示(调查问卷见附录):

第一首:

Name	Age	Major	Career	如梦令(by 许渊冲)					如梦令(新译法)				
				a	b	c	d		a	b	c	d	
Almalimon	20	Marketing	Student	5	5	3	3	16	4	5	3	3	15
Gary Kamicik	23	Real Estate	Tutor	4	4	3	4	15	4	5	3	2	14
Mike	28	MBA	Student	2	2	5	3	12	3	4	2	3	12
Colleen	24	MBA	Real estate	4	5	5	5	19	5	4	5	5	19
Whitney Hake	24	Real Estate	Real estate	4	4	5	5	18	4	5	5	5	19
Blake	41	Accounting	Lawyer	3	4	3	4	14	3	4	3	3	13

续表

Name	Age	Major	Career	如梦令（by 许渊冲）					如梦令（新译法）				
Kush	28	Accounting	Biology	4	3	3	4	14	4	4	3	4	15
Buie Seawell	70	Professor	Management	4	4	4	4	16	4	5	4	4	17
Stephen Martin	30	Lecture	Management	3	4	3	3	13	3	4	4	3	14
Paul Books	23	Real Estate	Student	3	4	2	4	13	3	4	3	4	14
Geoge	52	Computer Intelligence	Psychological consulting	3	4	2	2	11	4	4	3	2	13

第二首：

Name	Age	Major	Career	声声慢（by 许渊冲）					声声慢（新译法）				
				a	b	c	d		a	b	c	d	
Almalimon	20	Marketing	Student	4	5	4	4	17	5	5	5	4	19
Gary Kamicik	23	Real Estate	Tutor	3	5	4	4	16	3	5	3	4	15
Mike	28	MBA	Student	3	3	4	4	14	3	3	4	4	14
Colleen	24	MBA	Real estate	4	4	3	3	14	4	5	4	3	16
Whitney Hake	24	Real Estate	Real estate	3	4	4	4	15	3	5	4	4	16
Blake	41	Accounting	Lawyer	2	5	3	3	13	4	5	4	3	16
Kush	28	Accounting	Biology	4	5	5	4	18	4	5	5	4	18
Buie Seawell	70	Professor	Management	3	4	3	3	13	3	4	3	3	13
Stephen Martin	30	Lecture	Management	2	4	2	3	11	3	4	4	3	14

续表

Name	Age	Major	Career	声声慢 (by 许渊冲)					声声慢 (新译法)				
Paul Books	23	Real Estate	Student	4	4	3	3	14	4	4	3	4	15
Geoge	52	Computer Intelligence	Psychological consulting	3	4	2	2	11	3	4	3	3	13

(问题 a：enjoy the reading process；b：easy to understand；c：emotionally moved by the poetry；d：inspire your interests in ancient Chinese poetry or Chinese culture. 每题满分 5 分)

尽管该调研的样本较小,但还是具有一定的参考价值。《如梦令》的译文实验结果是:从总分来看,11 个调查对象中,3 位认为许渊冲的译文(代表传统翻译方法)比新译法好,2 位打分一样,其他 6 位认为新译法比较好。《声声慢》的译文结果是:从总分来看,11 位调查对象中,1 位认为许渊冲的译文(代表传统翻译方法)比新译法好,3 位打分一样,其他 7 位认为新译法比较好。从这个结果里可以粗略的看出,新译法更容易理解,读得过程也更有享受感,特别是音韵感比较强的《声声慢》,新译法在问题 a:"是否享受诵读过程(enjoy the reading process)"这一选项中得分普遍比许渊冲的译法高。

四、结语

当然,要进一步确认本文提出的译法是否优于传统译法,还要经过大量的实证调查。但是我们认为,无论结果如何,对于新方法的尝试是必须的。希望本文的尝试能为中国古诗词的翻译提供一个新的视角。

参考文献

黄荣春. 2008.《试谈中国古代诗歌英译中的真实性问题》. 成都大学学报.

第 1 期。

郦青. 2009.《李清照词英译对比研究》. 上海三联书店。

许渊冲. 2004. 汉英对照宋词三百首. 高等教育出版社。

叶嘉莹. 2007.《迦陵说词讲稿》. 北京大学出版社。

叶嘉莹. 2008.《叶嘉莹说诗讲稿》. 中华书局。

袁行霈. 2009.《中国诗歌艺术研究》. 北京大学出版社。

赵彦春. 2005.《翻译学归结论》. 上海外语教育出版社。

The green (leaves) must become fat and the red (flowers) should be thin?"

④ Note: In ancient China, it was common to use "落花" (Fallen flowers) as an image to express poets' subtle feelings. Li Qingzhao, a well - known female poet, wrote this poem to express her sentiment over the bygone youth. But literally we can only find her concern for the Begonias. "风雨" (wind and rain) in the first sentence and "残酒" (aftertaste of wine) are all images which can express gloom and pain. The repetition of "知否" (don't you know) intensifies the emotion. The exellent one is "绿肥红瘦" (The green (leaves) must become fat and the red (flowers) should be thin). "红" (red) stands for the flowers and "绿" (green) means the leaves. "肥" (fat) and "瘦" (thin) are words that lack literary flavor, but they vividly depict the scene that the flowers languish and the leaves become thriving after the rain and thus make the delicate emotion alive.

a. enjoy the reading process ○ ○ ○ ○ ○

b. easy to understand○ ○ ○ ○ ○

c. emotionally moved by the poetry ○ ○ ○ ○ ○

d. inspire your interests in ancient Chinese poetry or Chinese culture ○ ○ ○ ○ ○

Ⅱ(1)

Slow, Slow Tune

I look for what I miss;
I know not what it is.
I feel so sad, so drear,
So lonely, without cheer.

How hard is it
To keep me fit
In this lingering cold!
Hardly warmed up
By cup on cup
Of wine so dry,
Oh, how could I
Endure at dusk the drift
Of wind so swift?
It breaks my heart, alas!
To see the wild geese pass,
For they are my acquaintances of old.
The ground is covered with yellow flowers
Faded and fallen in showers.
Who will pick them up now?
Sitting alone at the window, how
Could I but quicken
The pace of darkness which wont thicken?
On parasol – trees leaves a fine rain drizzles
As twilight grizzles.
Oh! what can I do with a grief
Beyond belief?

(translated by 许渊冲)

a. enjoy the reading process ○ ○ ○ ○ ○
b. easy to understand○ ○ ○ ○ ○
c. emotionally moved by the poetry ○ ○ ○ ○ ○
d. inspire your interests in ancient Chinese poetry or Chinese

culture ○ ○ ○ ○ ○

(2)

This translation consists of four parts:

1The original text

声声慢

寻寻觅觅,冷冷清清,凄凄惨惨戚戚。
乍暖还寒时候,最难将息。
三杯两盏淡酒,怎敌他、晚来风急?
雁过也,正伤心,却是旧时相识。

满地黄花堆积,憔悴损,如今有谁堪摘?
守着窗儿,独自怎生得黑!
梧桐更兼细雨,到黄昏,点点滴滴。
这次第,怎一个愁字了得!

② Recital: recite the paragraph below and you'll find that you are pronouncing those words very close to a native Chinese when he is reading this poem.

Sue - wing sue - wing me me, lung lung qing qing, qi qi ts - ahn ts - ahn qi qi.

Jah new - ahn who - ahn han shu ho, zway nan jee - ang she.

San bay lee - ang jahn dan jee - o, zun dee ta, wan lie fung jee?

Yan gu - wah yeah, jung shang she - ing, que shu jee - o shu she - ang shu.

Mahn dee who - ang whowa duh - way jee, qi - ow tsway su-when, roo jing yow shway can zuy?

Show juh chwang ur, doo dzuh zhun shung dey hey!

Woo tong gung jen she yoo, dow (as in cow) huang hoon, dien dien dee dee.

Juh tsuh dee zhun ee ge chow dzuh leow de (du)!

③ Literal meanings of this poetry (The words in the ( ) are added to make the meaning clearer.)

Slow, Slow Tune

Seek and search, (find nothing but) desolation and loneliness, (I feel) so sad and so grieved.

In this lingering cold, it's hard to go to sleep.

How can several cups of wine keep me warm when confronting with the swift wind?

It breaks my heart to see the wild geese pass, for they are my old acquaintances.

The ground is covered with yellow flowers, (which is getting) languishing, who will pick them up now?

Sitting alone at the window, how could I but quicken the pace of darkness which won't thicken!

On parasol – trees leaves a fine raindrizzles, as twillight grizzles.

How can (I) depict this situation just with the word ofmisary!

④ Notes: It is necessary to learn about the backgrond of this poem in order to understand it. In August of that year, the poet's beloved husband passed away, which made her fall apart. . furthermore, the country was on the brink of a war. She totally got into a misarable situation. Thus this poem contains many images which stand for sorrow and pain such as "酒"(wine), "秋日的急风"(a drift of autumn wind), "南飞的大雁"(wild geese flying for the

North),"满地黄花"(ground covered with yellow flowers), and "梧桐细雨"(Chinese parasol - trees and drizzling rain).

The first sentence has been considered as a classic from then on. It consists of senven Chinese characters, each of which is repeated once. As a result, not only the meaning but also the pronunciation brings about the agony of a broken heart.

Then the poet said that in autumn, when the cold was lingering, it was hard to fall asleep. Even the wine couldn't warm her up. The wild geese flying for the north reminded her of her husband (in ancient Chinese, wild geese was used to deliver letters. So this image presents the emotion of missing for the beloved ones).

"落花"(fallen flowers) is an image usually used to express poets' subtle feelings of sorrow. In the second paragraph, "满地黄花堆积"(ground covered with yellow flowers) turns on a bleak scene. Then "到黄昏"(in the twilight), "梧桐更兼细雨"(the Chinese parasol - trees standing in the drizzling rain), "点点滴滴"(with the tick - tack sound of the rain), all add to the feeling of desolation. The last sentence express the strong agony which can't be depicted by the word "愁"(sorrow) in a rarely direct way.

a. enjoy the reading process ○ ○ ○ ○ ○

b. easy to understand ○ ○ ○ ○ ○

c. emotionally moved by the poetry ○ ○ ○ ○ ○

d. inspire your interests in ancient Chinese poetry or Chinese culture ○ ○ ○ ○ ○

Thanks a lot for your help!

汉语国际教学中的同义词语用差异教学

刘　芳

［摘要］ 外国学生在汉语交际中所犯的错误有相当一部分来源于同义词语。因此,汉语国际教学中的同义词语用差异教学显得十分重要。我们认为,同义词语用差异教学,应分别从区分同义词语理性意义、语法意义、修辞意义三方面的细微差异着手。

［关键词］ 同义词　语用差异　理性意义　语法意义　修辞意义

1. 引言

1.1　本文的理论依据

语言的意义比较复杂,可以分为不同的类型。国内外语言学家对语言的意义进行了不同方式的分类,例如:英国语言学家利奇(Geoffrey Leech)(1987:13)把意义分为七种类型:理性意义(conceptual meaning),内涵意义(connotative meaning),社会意义(stylistic meaning),情感意义(affective meaning),反映意义(reflected meaning),搭配意义(collocative meaning),主题意义(thematic meaning);美国翻译理论家奈达(Eugene Nida)把意义分为两种类型:认知意义(cognitive meaning)和情感意义(emotive meaning)。词的认知意义包括词的所指意义和语法意义两种;我国学者王德春先生(1997:91)将语言的意义分为三种类型:词汇意义、语法意义和修辞意义。本文综合以上学者的观点,把语言的意义分为理性意义、语法意义和修辞意义。

1.2　本文对同义词的界定

汉语同义词的研究历史久远,可以追溯到最早的词典《尔雅》。现代汉语的同义词研究于20世纪40年代以后逐渐引起学者的注意,后来,现代汉语词汇学成为一门独立的学科。同义词在中国的词汇学界一直是研究热点,学者们对现代汉语同义词的性质、判断标准、分类、同义词与词性的关系等4个方面进行了大量的研究,取得很大成绩。王惠在其《现代汉语同义词研究述评》①一文中认为,学者们对同义词性质上的界定,以及对同义词和词性之间的关系等问题存在着不同的观点。

1)对同义词性质上的界定

学者们对同义词性质上的界定主要有三种观点:

①“义近说”。伯绰(1951)最早明确提出了:“在意义上相近的词叫同义词”。持这种观点的学者很多,如高名凯(1955)说:“同义词就是意义相近的词”;张世禄(1956)认为,“只要意义相近,也就可以属于同义词”。

②“义同说”。有一些学者所持有的观点与上述的“义近

① 王惠《现代汉语同义词研究述评》. http://www.pkucn.com/viewthread.php?tid=170246

说”不同，即“义同说”。如王力(1953)说“同义词，就是意义相同的两个词或更多的词”。

③“义同义近说”。更多的学者主张“义同义近说”。他们认为同义词包括两类：一是意义完全相等的词；一是意义不完全相等的词。如周祖谟(1956)指出，同义词是“意义完全相同或意义极其相似的词”。《现代汉语词典》(2005)对同义词的解释也采用了这一观点：【同义词】名意义相同或相近的词。目前，各大高校流行的现代汉语教材也都采用了这种观点，如邵敬敏的《现代汉语通论》；黄伯荣、廖序东的《现代汉语》；胡裕树的《现代汉语》等等。

2）同义词是否要伴随着词性一致

对于“同义词是否要保持词性一致”这一问题，学术界各抒己见，主要存在以下三种看法：

①“一致说”。持这一观点的学者认为，同义词的词性必须相同。代表者主要有高庆赐等。

②“不一致说”。这种观点认为，同义词的词性可以不同。代表者主要有张世禄、陈炳迢、高名凯等。

③“折衷说”。持此种观点的学者主要有周祖谟、方文一等。他们认为，，同义词最好是词性一致，但也承认词性不同的词可以同义。

本文采纳的是现代汉语和语言学教材所广泛采用的观点，即同义词为“意义完全相同或意义极其相似的词”，同义词可以伴随着词性的不一致。

1.3　本文研究的主要方面

在汉语国际教学中，我们发现，对于已经学过汉语基本语法，并且掌握了一定的汉语词汇量的外国学生而言，在汉语交际中所犯错误有相当一部分来源于词语，尤其是同义词语。因此，汉语国际教学中的同义词语用差异教学显得十分重要。本文将从词语的理性意义、语法意义、修辞意义三个方面来探讨同义词语用差异的教学。我们将分别从同义词语的语义重点、语义轻重、语义范围、语义搭配四个方面探求同义词语理性意义的细微差别;从词性和句法功能两方面阐述同义词语语法意义的差异;从感情色彩、语体色彩两方面分析同义词语修辞意义的差异。

2. 同义词的语理性意义差异教学

词语的理性意义表现为词与语言外部的物质实体或抽象概念(即所指对象)之间的联系,反映了语言使用者对语言外部世界的认识和概括,又称为所指意义、外延意义、认知意义等,这是词的基本意义。我们在汉语国际教学中,可以从语义重点、语义程度、语义范围、语义搭配四个方面讲授同义词语理性意义的细微差别。

2.1 语义重点差异

一些同义词语的差别主要表现在语义的着重点有所不同,它们反映不同事物的特征或同一事物不同侧面的特征。如"寂静"和"沉静"都是形容词,都指没有声音,很安静的意思。但"寂静"的语义重点一般在"环境的静";而"沉静"的语义重点一般在"形容人的不多言,形容人在性格、心情、神色等方面的静";"沉静"也可用来形容环境,一般和趋向补语连用,如:"喧闹之后,这个城市慢慢地沉静下来。"在以下语例中,"寂静"和"沉静"是不能互换的:

夜深了,周围一片寂静。

一个人走夜路,越是寂静,心里越不安宁。

她的性格很沉静。

他神色沉静。

2.2 语义程度差异

有相当一部分同义词语的差别主要表现在语义程度的轻重方面，有些词语义程度强，语气重，而一些词语义程度轻，语气平和。语义程度的轻重一般体现在动词性和形容词性的同义词语上。如“爱”和“热爱”都是动词，都指对人和事物有很深的感情。但“热爱”的语义程度深、语气强烈。如：下列句子中“爱”和“热爱”是可以互换的，但是表达出的语义程度有轻重之分。

爱祖国，爱人民，爱唱歌，爱自己的工作。

“热爱”后面的宾语一般不是具体的人或物，也不能是动宾词组。以下例子中，“爱”是不能由“热爱”来替换的：

我爱你。他爱他的妻子。

他爱听摇滚乐。

2.3　语义范围差异

有些同义词语的差异主要表现在语义范围的大小方面，一般体现在名词性同义词语上。“边疆”、“边境”都是指远离内地靠近国界的地区，但“边疆”是指靠近边界的领土（包括国与国接壤的边界），范围比较大；“边境”是指紧靠边界（国界）的地方，范围比较小。

“弊端”和“弊病”都指坏处、缺点、毛病。但“弊端”的书卷语体色彩相对较浓，且“弊端”使用的范围窄，多用于制度、工作、管理方面，而“弊病”使用范围相对较广。在以下语例中，是不能使用“弊端”的。

这种衣服的弊病是容易产生静电。

这是人类共同的弊病，任何社会都可能产生。

2.4　语义搭配差异

同义词语的差异还表现在与不同词语的语义搭配方面，即搭配习惯有所不同，通俗说，即为词语的“左邻右舍”有所不同。如“沉重”和“繁重”都是形容词，都指分量大，但与他们形成习惯搭配的词语却不同,不能互换。一般来说,“繁重”指接受的任务、工作等数量很多。如:“繁重的劳动,繁重的工作,任务繁重,繁重的训练”等;“沉重”着重指事情分量重,适用范围大,还可指程度深、关系重大,引申为心情不畅、精神不愉快等。如“沉重的心情,沉重的脚步,沉重的打击,沉重的负担”等

3. 同义词语的语法意义差异教学

词语的语法意义是从词的结构、词组结构、句子结构中抽象出来的更为概括的意义,是语法单位(词、词组、句子)在聚合和组合中所产生的关系意义。如,词可以根据其语法特点而划分为名词、动词、形容词等不同的词类;名词有格的变化;根据词在句子中所担任的功能可以划分为主语、谓语、宾语等等。我们汉语国际教学中,可以通过讲授同义词语词性的差异、句法功能的差异等使外国学生掌握同义词语在语法意义方面所体现出的细微差别。

3.1 词性差异

学者对于“同义词是否伴随着词性的一致”这一问题,主要存在着三种观点,其中,大部分学者持“不一致说”的观点,即同义词可以是不同词性的词,只要意思相同或相近,即为同义词。我们本文亦采用这一观点。很多同义词的差异主要表现在词性的不同。如“比方”和“比如”都指“用一个容易懂的事物来说明另一个不容易懂的事物”。“比方”既是动词又是名词,可以做宾语;而“比如”只是动词,不能作宾语。

比方说。(比如说。)

以下各例都不能使用“比如”:

打个比方来说吧。

你的比方不对。

不能这么比方。

这个比方很恰当。

我们可以拿学习汉语来做比方。

3.2 句法功能差异教学

一部分同义词语的差异主要表现在句法功能上的不同。词的句法功能主要是指词在句子中的作用,即词充当句法结构成分的能力,如名词一般做主语、宾语,动词一般做谓语,形容词一般做定语等;词的句法功能还指词的结合能力,即词与词之间的组合能力,如副词不能修饰名词;数量词修饰名词等。句法功能上的不同一般是由词性的不同引起的。

"缓缓"和"缓慢"都指不快、慢的意思,但"缓缓"是副词,只能作状语;而"缓慢"是形容词,既可以作状语,也可以作谓语、定语和补语。

一轮红日缓缓(缓慢地)升起。

溪水在缓缓(缓慢)地流着。

以下语例中,只能使用"缓慢":

工程的进展缓慢。(谓语)

工程进展得很缓慢。(补语)

他迈着缓慢的步子向车站走去。(定语)

4. 同义词语的修辞意义差异教学

词语的修辞意义,或称为词的情感意义,是指词的主观感情意义,主要包括感情色彩、语体色彩和联想色彩。修辞意义一方面表现为词的修辞分化,如,对老年妇女的称呼,"老太太"带尊敬色彩,含褒义;"老太"带中性色彩;"老太婆"在一定语境中略带轻视色彩,含贬义;俗语词:"老妖婆、老东西、老家伙、老不死"带鄙视色彩,含贬义;另一方面表现为词在特定的言语环境中形成的语境意义,分为上下文意义和社会文化意义。如,"好一个英雄,欺负这么大的一个孩子"中的"英雄"一词就具有上下文意义,含有贬义,它同原来"好汉"的意义正好相反。词的意义受一定社会文化背景的影响,从而形成社会文化意义。一定语境中的文化意义又会固定在词的语义体系中,从而形成"国俗语义"。如,英语中的"red"(红色)一词有"亏空"的意思,这与英语民族习惯用红色的笔墨表示亏损有关。而汉语中"红色"却没有,但因文化的交流,汉语中也借用了"赤字"来表示"亏损"。

在汉语国际教学中,我们可以分别从修辞意义的感情色彩、语体色彩两个方面入手,利用现实生活中生动的语例,对一些同义词的差异进行详细的解析。

4.1 感情色彩差异

词语的感情色彩就是主体对所谈对象的主观感情评价和态度,感情有褒、有贬、有中立;态度有庄、有谐,有直、有曲,有敬、有谦。一般来说,同义词语的感情色彩的差异是历史形成、全民公认的、约定俗成的。如"妈妈"给人以亲切感,"母亲"给人以庄重感;"结果—成果—后果"这组同义词语,都是指事情发展到最后的结局。依次分别是中性词、褒义词、贬义词。"奇怪"和"古怪"都是形容词,都形容和一般情况不相同,但"奇怪"属于中性词,修饰人、事物及自然现象等,修饰范围广;而"古怪"一般含有贬义色彩,多修饰样子、脾气、衣着、性格等少量词语。

4.2 语体色彩差异

"人们每次都是在特定的言语环境中,为特定的目的进行交际。由于不同类型的言语环境,就各自形成一系列运用语言材料的特点,这就是语体。语体可分为:日常谈话语体和公众书卷语体,公众书卷语体 - -般可再分为科学语体、艺术语体、政论语体和事务语体几种。"(王德春,1998:240—242)

语体色彩是受各类言语环境制约而产生的。同义词语的语体分化也是历史形成的、全民公认的。如“天亮”、“黎明”、“拂晓”是同义词语，从语体角度区分，“天亮”为谈话语体，而“黎明”和“拂晓”是书卷语体。如果在现实生活朋友之间的随意交谈中，我们一般都只会用“大家说说笑笑，不知不觉天亮了。”而不会说“不知不觉是黎明时分了”。再如“盐——氯化钠”、“小气——吝啬”、“害怕——畏惧”是三组同义词，“盐”、“小气”、“害怕”一般是日常谈话语体，而“氯化钠”、“吝啬”、“畏惧”一般是公众书卷语体。

5. 结语

汉语国际教学中，尤其是高年级的汉语教学中，同义词语的教学是重要的环节，作为汉语教师，需要适时地根据情况，选择适当的教学方法，运用生活中的实际语例，为外国学生深入浅出地讲解同义词在语用上的细微差异，使他们能够真正掌握这些同义词语，并能具体运用到实践中。

参考文献

伯绰. 同义词例解[J]. 语文学习,1951(2).

高名凯. 普通语言学(下册) [M]. 上海:东方书店,1955.

杰弗里·利奇. 语义学[M]. 李瑞华等译. 上海:上海外语教育出版社,1987.

王德春. 语言学概论[M]. 上海:上海外语教育出版社,1997.

王了一. 语文知识[J]. 语文学习,1953(8).

张世禄. 词义和词性的关系[J]. 语文学习,1956(7).

中国社会科学院语言研究所词典编辑室. 现代汉语词典(第5版)[Z]. 北京:商务印书馆. 2005.

周祖谟. 汉语词汇讲话(八)[J]. 语文学习,1956(2).

从跨文化视角看书法教学

何　晖

[摘要]　在对外汉语教学的课程设置中，书法课是深受留学生青睐的一门选修课，很多教师和学生把上书法课作为学习汉字书写、体验中国文化的有效途径之一。中西文化差异所造成的好奇心促使留学生走进书法课堂。然而，他们很快发现字帖上的汉字有点儿怪，使用毛笔并不容易，机械练习让他们渐渐失去热情，漂亮的文房四宝最终被束之高阁。这些现象以及海外的书法教学经历促使笔者思考：书法教师该如何打破书法受热捧又被冷落的悖论？

本文认为面向留学生的书法教学既是一种技能教学也是一种跨文化教学，我们尝试从跨文化的视角来探讨面向西方留学生的书法教学，以期帮助教师培养跨文化教学意识，运用有效方法引导学生积极探索奥妙无穷的书法世界，从而助推学生在语言学习和文化学习上取得更大进步。

首先,书法教师要有文化敏感性,主动了解留学生对中国书法的不完全认知,意识到本国本民族文化对他们学习书法的影响,从而采取有效的方法引导他们认识书法学好书法。长久以来中国小孩练习书法时,老师都会说“师傅领进门,修行靠个人”,认为凭借个人领悟和刻苦练习就能练成一手好字。这种传统做法面对留学生并不完全适用。

我们知道书法并非中国所独有,拼音文字也有书法。英文中“calligraphy”一词源于希腊语,意为“优美的书写”,比如那些手写或印制在请柬上的花体字母,一般侧重于外形上的优美齐整和装饰功能。当留学生面对中国书法时,他们以同样的眼光来审视,看到的是许多优美的线条,于是在书写时尽量用描绘的手法体现美感,让中国人感到他们是在画画而不是写字。甚至有留学生觉得汉字就是图画,书法就是把图画尽量画得完美。他们极其认真地拷贝字帖上的例字,一笔没画好就多画几笔,作品就像复印的副本。即便老师反复强调要注意运笔的方法,仍是收效甚微。如果老师能从“形”“神”两个方面讲解中国书法的审美趣味,引领学生欣赏中国书法形美背后的神韵,那么学生会对中国书法以及中国哲学有更深入的了解,书写时也就不会一味纠结于外形的描画了。

留学生在学习书法时受到本国本民族文化影响的现象是很普遍的,就像他们在学习汉语时会受到母语负迁移一样。再比如执笔的姿势,老师都会强调笔杆要竖直,可是学生写着写着就歪了。西方学生大多熟悉油画,习惯拿画笔的姿势,而毛笔的英文翻译恰好跟油画笔的英文一样都是“brush(刷子)”,其实毛笔的外形、特点和功能跟“刷子”很不一样,执毛笔的姿势也另有讲究,老师不仔细区别容易令学生混淆。工欲善其事,必先利其器。连工具也不会用,又怎能写好书法呢?当学生表现出这些困惑时,老师应该意识到他们遇到了文化认知障碍,单靠模仿老师的动作不能使他们认同新的书写姿势,不能体会中国人所说的"心正则笔正"的意义,不能领悟书写姿势与身心修养的关系。老师有责任帮助他们辨别中西文化差异,顺利接受不同的书写姿势并转化成自觉的书写习惯。

西方留学生毕竟不是在中国文化背景中长大的,他们对于中国书法的认识必然是有限的,学生闹的很多笑话其实是受到本国本民族文化影响的结果。我们做老师的要时刻认识到这一点,主动倾听并理解他们的观念和习惯,善于启发学生辨别中西文化差异,适当地加以对比和讲解,引导学生全面深入地认识中国书法,并且走近中国文化的核心价值,帮助他们认同并接受中国文化。

其次,面向留学生的书法选修课本质上是文化活动课,而不是单纯的技能训练课。西方留学生对书法的好奇往往出于两个原因:一是好奇书法与汉字的渊源,二是好奇书法与中国文化的联系。老师不应该满足学生这样的好奇心吗?我们觉得教师可以把书法训练和汉字、文化结合起来,丰富书法课的教学内容,采用灵活的教学方法,使书法课兼具知识性和趣味性。

先说说书法课的教学内容。通常分书法知识简介、书写笔画、临摹练习三个部分。笔者认为这样的安排过于强调技能训练,忽略了书法课的文化课性质,而西方学生期待了解的正是对于书法的文化解读,尤其是书法和汉字之间的关系。笔者在意大利期间曾尝试以文化话题为切入点,选取蕴含文化深意的汉字,把书法作为表达文化和思想的方式来学习和操练,受到了学生的欢迎。比如我们探讨家庭,先由学生来表述他们所知道的中国人的家庭生活,他们可能会说到集体主义、家长制、男尊女卑、独生子女等等,反映了他们对中国家庭的理解。然后,老师展示汉字“家”的写法和字体演变过程,重点说明“宀”和“豕”如何象形,以及合体字如何会意,让学生对“家”这个汉字多了一层感性认识。接着,老师演示“家”的楷体写法,先侧重笔画,再侧重结构,学生当堂练习并由老师点评。最后,学生独立完成一幅作品,要求有“家”字和自己的落款,课后带回家送给家人。这样,书法课不再是机械重复横竖撇点捺,而成为一堂体验中国文化的活动课,生动有趣,寓教于乐。

再说说书法课的教学方法。通常以教师指导和学生自习的方式开展课堂教学,基本上还是沿袭了传统的师徒传授模式。很多老师认为这样能让学生体会到原汁原味的书法,但据笔者的经验,西方的学生对这样的书法课有很深的挫折感,因为他们认为自己永远达不到老师的境界。西方学生习惯于活泼自由的课堂气氛,乐于自己寻找答案。面对这样的学生,我们书法教师需要转变自己的课堂角色,从高高在上的书法权威转变为平易近人的课堂组织者,从指导转变为启发,从灌输转变为传递。比如学习笔画“一”,老师会特别强调起笔收笔,很多学生会写成两端圆滑的类似“∽”的样子,老师即使手把手地带着学生写,只要老师一松手,学生又画了一根骨头。碰到这种情况怎么办?笔者试过一个办法,用照相机分别录下老师和学生书写的过程,连接到投影屏幕上,请学生参与“找茬儿”游戏。学生很快找出了区别,明白了起笔和收笔的奥秘在于力量和方向的变化,而他们只改变了方向没有改变力量,就这么简单。这个例子说明与其让留学生去适应他们不习惯的课堂环境,不如采用他们熟悉的方法。当学生不能跨过文化的差异,那么老师就应该主动跨过去。

书法作为一门东方的艺术形式,承载着悠远的中华文明,在西方人眼里是美的,更是神秘的。面对充满热情的西方求学者,我们如何满足他们的求知欲望?把他们当中国人一样教是行不通的,只会给他们造成更大的学习障碍。所以,教师的职责是为他们铺设一座连接中西方文化的桥梁,从内容和方法上跨过文化的差异,促成互相了解,进行有效沟通。书法学习只是一种手段,提高语言能力和文化适应能力才是最终目的。

西班牙著名画家毕加索曾感叹道:“如果我出生在中国,我一定是一个书法家,而不是一个画家。”中西方文化差异之大,人所共知。对外汉语教师作为两种文化间的桥梁,具备跨文化意识是必须的。理解和承认文化差异的能力,并能乐于接受和正确对待文化差异,这是进行有效的跨文化交际的前提。对于对外汉语教师而言,跨文化意识体现在对外汉语教学过程之中,具体到书法课,书法教师在书法课教学中也应具备跨文化意识,时刻保持文化敏感,面向西方留学生能针对他们的学习需求,善于整合丰富的教学内容,运用恰当的教学手段,方能取得有效的教学效果。

参考文献

《对外汉语文化教学研究》,李晓琪 主编,商务印书馆,2006

《汉字王国》,(瑞典)林西莉著,李之义译,三联书店,2007

《汉字与书法》,王晓均,北京语言大学出版社,2009

《跨文化交际学概论》,胡文仲,外语教学与研究出版社,1999

《跨文化交际与第二语言教学》,毕继万,北京语言大学出版社,2009

《跨文化外语教学》,张红玲,上海外语教育出版社,2007

《中国书法》,任德山,高等教育出版社,2009

《中西文化比较研究》,郑春苗,北京语言大学出版社,1994

汉日音调差异及汉语上声教学

王　迈

[**摘要**]　声调是音节结构简化和辨义功能增强相互作用的产物。汉语声调存在丰富的调位变体，且实际调值与心理调值间存在显著差异，这是引起留学生声调习得偏误的重要原因之一。汉语四声的心理音值应为高平、上升、低平、下降。声调教学应该遵循以心理音值为主、实际音值为辅的原则，并适当变换教学顺序，让学生在对比中加深体会。

[**关键词**]　声调　词调　上声　心理音值　对外汉语教学

0. 语调、词调和声调

任何语言的语流都存在频率的高低变化，如果这种高低变化用来表达不同的语气，它是属于句子层次的，我们称之为语调；如果这种高低变化分布在音节与音节之间，那么至少需要两个以上音节同时出现才能表达其高低变化,这样的语言我们称其为词调语言;当频率的高低变化进一步紧缩,从而固定在音节内部时,就产生了声调,我们称这样的语言为声调语言。任何语言的语流都是带语调的,但是声调和词调却只能二者择其一。

声调、词调和语调在辨义上的作用是不同的:语调只能用于表示不同的语气,例如高兴、亲昵、急躁、粗鲁等等;词调可以区别词汇意义;声调则更进一步,它可以区别音节意义。布龙菲尔德就曾经使用“主音位”和“次音位”这两个术语来说明声调和语调在辨义方面重要性的差异。

声调的起源也是一个有趣的话题,一种观点认为,语言在产生之初都是没有声调的,后来随着语音内部结构不断调整和简化,声调才作为一种增强辨义功能的补偿物出现。也就是说,人类语言经历了语调→词调→声调的发展过程,这正好说明了超音段音位在辨义方面的作用由粗略向细致发展的过程。声调起源的直接原因也是一个研究热点,比较有影响的就有松紧元音说、声母简化说、韵尾简化说以及长短元音说等四类,甚至有学者认为声调直接起源于歌唱。我们可以这样认为,声调既然是作为一种补偿物出现的,它就不能是语言的冗余成分,必然在意义表达上起着非常重要的作用。

如果按照有无声调,可以把世界的语言分为声调语言和非声调语言两类。声调并不是汉语所特有的,在语言中它是普遍存在的,例如汉藏语系的绝大多数语言都是声调语言,此外,在非洲、美洲也发现了为数不少的声调语言。非声调语言的数量则更加庞大,我们熟知的印欧系诸语言以及日语、朝鲜语等都是非声调语言。由于声调在辨义方面所担当的重要作用,它已经成为外汉教学中一个重要而又独特的组成部分。

下面就日语的词调系统和汉语的声调系统做一个简要的对比分析。

1. 日语的词调模式

日语语流中,音的高低变化是分布在音节与音节之间的,每一个词有一个固定的词调,因此日语是典型的词调语言。

日语常和英语等印欧语言一起被称作重音语言,实际上日语的词调模式和英语是不同的:英语单词的音节之间的变化主要体现在音强的变化上,可以称之为强弱型词调;日语单词的音节之间的变化则主要体现在频率的变化上,因此属于高低型词调。汉语的声调机制虽然比较复杂,其主要成因也在频率高低的变化上,同日语有相似之处。据此推论,日本学生掌握汉语声调应该比较容易,然而事实却恰恰相反,这也许和日语词调所遵循的几种严格的限制规则有密切关系。

我们参看下表,日语一个假名就是一个音节,每一个音节都有一个音高,可以取高或低两种音值。下表显示,一个多音节的单词,可以构成头高、中高和尾高三种调型。

调型分类	例词	音高图示
头高型	ひ(火)	高
	あに(兄)	高低
	はかせ(博士)	高低低
	たましい(魂)	高低低低
中高型	こころ(心)	低高低
	たてもの(建物)	低高低低
	なつやすみ(夏休み)	低高高低低

续表

调型分类	例词	音高图示
尾高型	ひ(日)	低
	くつ(靴)	低高
	はなし(話)	低高高
	おとうと(弟)	低高高高

根据上图我们可以归纳出日语词调所遵循的限制规律:①单词的前两拍必然是不同的,只可能是“高低”或“低高”两种形式。②一个单词只能有一个部分是高读,它可以持续几拍,但是下降后就不能再升起了,即不会出现双峰现象。

假设日本学生在学习汉语时把母语的习惯带入,那么规律①的“高低”和“低高”应该与汉字的阳平和去声类似,而汉字的阴平是高平调,这和规律①似乎就有些抵触了,这样可以推论出日本学生应该比较容易掌握阳平和去声的发音,却比较难接受阴平的发音。再看规律②,汉字中上声明显是一个双峰现象,这与规律②也是相抵触的,据此推论日本学生接受上声汉字应该也比较困难。

有趣的是,以上的推论与事实不完全相符。据马燕华(1994)所做的统计分析显示,日本学生比较容易掌握阴平和去声,较难掌握阳平和上声,大部分偏误也都发生在阳平和上声音节上。看来实际情况还要复杂得多,其中必定还有诸多因素左右着日本学生正确习得汉语声调。下面我们从汉语声调系统本身的特点和难点寻找原因。

2. 汉语的声调及调位变体

现代汉语标准语有四种声调,也就是说有四种调位,这是就声调的区别音节意义的作用而言的,实际上在连续的语流中,声调所表现出的丰富的调位变体,其复杂性和多样性并不逊于汉语的音段音位。出于对语音教学实际应用的考虑,越来越多的学者趋向于区分普通话静态声调和动态声调,例如在汉字上声教学中区分全上和半上,认为全上是上声的原型,半上是上声在语流中出现频率相当高的一个调位变体,这是对传统声调教学中只重调位教学的一种反拨。在传统声调教学中,除了对四个静态声调进行细致的分析和教授外,很少涉及动态声调,在这种环境下学习的留学生,通常可以读准每个单独的汉字,可是一连成词或句子,马上就变得洋腔洋调了。因此,重视语流中音节的实际调值,在声调教学中引入调位变体教学,已经成为一个值得深入研究的课题。

20 世纪二十年代起,实验语音学的先行者刘复先生以浪纹计研究声调的频率变化,之后,又经过国内外学者几十年的潜心研究,基本达成了比较一致的结论,即,普通话声调乃是字音中带音段基本频率变化的表现。所谓带音段,指的是普通话中的浊声母和韵母。由于普通话中的浊声母很少,只有 m、n、l、r 四个,我们大致可以认为声调是黏着在韵母之上的。基频是另一个重要概念,实验表明,语音的频率中,基频具有最重要的声学特性,是声调变化的第一要素,因此声调频率通常是以基频作为主要参考对象的。按照测量得出的基频图像,我们可以大致确定各个声调的调值,进而划分出若干调类。赵元任先生创立了五度制声调符号,它以一个人正常语流中的频率范围为依照,把字调的平均相对音高分为五度,这样汉语的每个声调就有一个固定的调值 55、35、214、51。这套五度制声调符号十分有利于学习者掌握,得到语言学界的广泛认可和使用。

然而,五度制声调符号是抽象的调类符号,不能用来精确反映语流中某个音节的具体调值,现实中相同声调的不同汉字,其频率高低和走势往往有很大差别,甚至相同的汉字,在不同的上

下文中其频率也会发生微妙的变化。下面是郭锦桴(1993)实验测得的数据:

① 阴平字(某男子)

ma	190Hz
ba	200Hz
ji	210Hz
tan	220Hz
zhuan	230Hz
zhua	240 - 220Hz

② 阳平字(某男子)

ba	70 - 140Hz
bu	80 - 130Hz
bi	70 - 120Hz

③ 上声字(某女子)

bi	250 - 170 - 280Hz
pi	270 - 230 - 270Hz
liu	200 - 150 - 250Hz
niu	210 - 130 - 250Hz

④ 去声字(某男子)

ba	190 - 120Hz
bi	230 - 110Hz
jia	230 - 110Hz
jian	220 - 120Hz

先看阴平字,假设接受实验者的语音频率范围在 80 - 240Hz 之间,那么阴平的调值可以在 55 左右,也可以在 44 左右,甚至更低;阳平字也绝非都是 35,它的起始频率也许只在 1 或者比 1 高一点;上声也不全是 214,例如"pi"音的起始和结束

频率基本相同;只有去声比较稳定,接近于51,然而起始频率仍然可以有较大的变化。这些调值的差异虽然不起区别意义的作用,但是变化范围非常大,误用足以引起听话者的别扭甚至理解困难。所以,在教学中适当教授具体的调位变体是十分有必要的,特别是在相对复杂的上声教学中。

3. 实际音值与心理音值

在教授全上的同时教授半上的方法已经被广泛采用,问题在于如何处理全上和半上的关系。有的教师一开始就告诉学生上声有两种表现形式:全上和半上,然后分别加以说明。这种教法显然没有注意到两者重要程度的差异,学生眉毛胡子一把抓,容易误解为汉语存在五个实际的声调,大大增加了学习负担。

另一种方法是先教全上,告诉学生上升的典型调值是全上,待学生掌握后再引入半上。这种方法区分了两者的重要程度,较第一种方法有了进步,但是负面效果是学生误将全上当成了上声的典型调值,很多原本该读半上的音节都读成了全上。

有学者做过统计,正常语流中有 80% ~90% 的上声音节读半上,只有单念或者在句子末尾的上声音节,并且说话者意图强调时,才读全上。既然全上出现的频率如此之低,它就不应该作为上声的典型调值,之所以将全上定为上声的调位也许是出于单音节多发全上调的考虑。然而这种做法是不妥当的,我们知道音节在语流中所表现出来的状态才是最自然的,单音节的发音很多情况下反而是不自然的。立足于语流中的实际发音,我们认为,上升的调位不应该是全上,而是更接近半上的某个调值。

我们知道,无论是半上还是全上,都是通过语音实验仪器测量出来的,是我们实际发音的调值。那么它是否就是我们期望发出的调值呢?答案是否定的,这里尝试从音位的概念出发加以说明,为了强调语音在心理上的感知,我们姑且称其为“心理音值”。所谓心理音值,指的是说话者在发声时所期望达到的理想音值,与实验测得的“实际音值”相对。

人的发音器官是建立在生理物质基础上的,受其制约,我们实际发出的音和我们心理上期望发出的音应该存在着距离,这就好比我们写出的字总和字帖的样字有差异那样,我们发出的实际音值也总是偏离心理音值,造成实际语音的千变万化。这种变化的多样性可以很方便地通过仪器测量出来,却又通常被人的听觉感知器官忽略,这是因为语音仪器完全是从物理学的角度对语音进行测量,而人的感官系统的运作机制则是十分复杂的,它可以有选择性地获取语音要素,具有区别意义的功能的部分被很好地接收,无关紧要的部分则被忽略;甚至,当部分语音在传输过程中遭到破坏时,人的感知系统还会依照某种规则试图加以修复。下面的简图可以说明这一过程:

心理音值→(发音器官)→实际音值→(听觉感知器官)→心理音值

这是理想状态下的语音传递路径,此过程中,说话者发出的实际音值是心理音值的某个具体的变体,其中包含了心理音值中具有意义表达功能的部分和说话者个人的语音特点;听话者在接收到语音后,需要进行一个反向的解调过程,说话者的个人特色很多被忽略,而具有意义表达功能的部分则被保存下来。

上面的分析告诉我们,通过实验仪器测量的部分其实包含了很多无用信息,实验数据的复杂性大多源自这些无用信息的干扰,如果能找出分离这些无用信息的方法无疑是最理想的。然而即使用某种方法剔除了这些干扰信息,我们仍然无法得到心理音值,因为心理音值很可能并不存在于现实世界中,上声就是如此。我们认为,通过仪器测得的全上和半上都不是上升的心理音值,上升的心理音值有可能是低平调。目前这只是一个无法用实验证明的猜测。

4. 心理音值的求法

既然无法用实验验证,也许我们可以通过另一种方法尝试求得汉语声调的心理音值。我们知道,语音的时间轴和频率轴构成了声调的一个二维平面,在这个平面上,声调表现为从时间轴起点到终点的一段连续的线条,见下图:

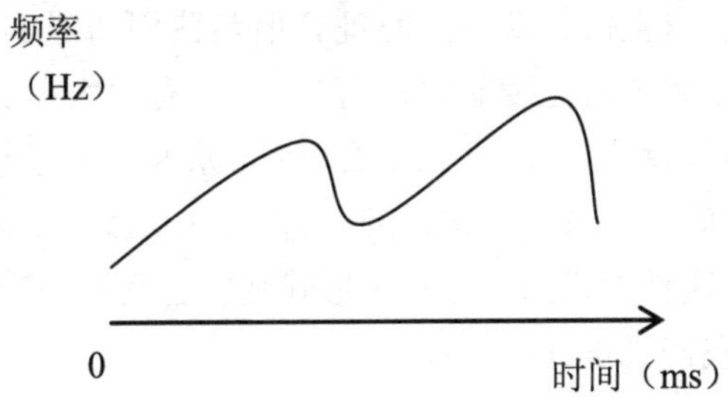

下面是我们设定的一组声调曲线必须遵守的限制条件和规律,它们是:

① 声调是在二维平面上的一条曲线

② 曲线是连续的

③ 曲线起始于 0ms,结束于 XXXms(依据音节长度)

④ 曲线只能沿时间轴正向前进,即每一个 x 只能有一个 y 与其对应

⑤ 曲线遵循经济原则,它的走势必须尽可能简单和容易被感知。

⑥ 不同声调的曲线之间必须有足够的区别度

遵循上面的六个条件,如果设定普通话为四个声调,那么我们得出这四个声调的最佳方案应该是:

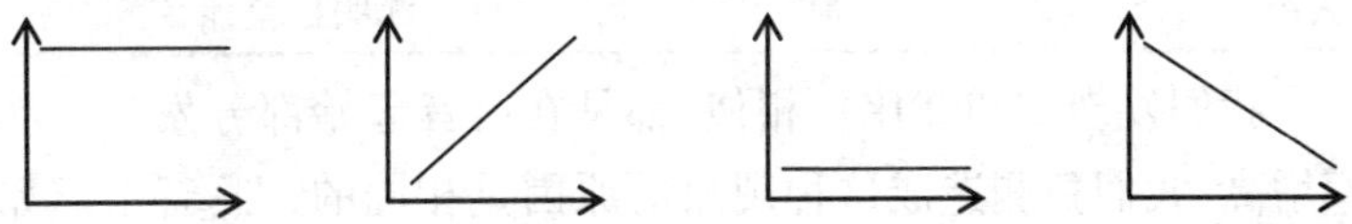

以上得出的结论可以用反证法加以证明,即:假设存在另外一种四声调组合,他们的经济性比图示方案更高,或者他们的区别度比图示方案更大,那么这种方案是怎样的呢?经过寻找,已经无法找出这样的四声调组合,所以我们姑且认为上面的结论就是最佳方案。这个最佳方案也许就是我们努力寻找的、隐藏在人们大脑中的汉语普通话四声的心理音值——四声的原型。

很明显,以上假想求得的心理音值与我们通过实验测得的声调调值、或者说与五度制声调符号之间,有很大差异,尤其是阳平和上声,这种差异的存在是必然的,原因上文已经说明,问题在于差异的具体形式是多样的,为什么在众多的形式中,实际音值选择了这种形式而不是哪种形式呢?这其中一定存在某种决定因素,我们尝试加以解释。

先看实际音值与心理音值的具体差异。阳平中,五度制符号的调值是35,心理音值的调值是15,因此:①阳平的头部明显比心理音值的频率要高。再看上声,五度制符号的调值是214,而它的心理音值却是低平调11,两者差异有两处:②上声的头部明显比心理音值的频率要高。③上声的尾部也明显比心理音值高。见下表:

	心理音值	实际音值	差异
阴平	55	55	无明显差异
阳平	15	35	①头部比心理音值的频率要高
上声	11	214(半上为211)	②头部比心理音值的频率要高 ③尾部比心理音值的频率要高
去声	51	51	无明显差异

我们发现①和②比较相似,都是在语音起始部分发生了频率增高,我们猜测造成这种现象的原因是相同的,即:音节起始

部分较强的气流和音强。

我们知道物理学可以将声音从音长、音强、音高和音色等几个互相独立的角度加以定量和分析，但是，声音一旦和人的发音器官联系起来，各个构成要素之间就不再是相互独立、没有联系的，而是非常明显地相互影响和制约着，例如，气流大小就和音强和音高有着密切关系。同音强的关系一般教材上都有详细的说明：气流强，声带振幅大，音强就强；反之，气流弱，声带振幅小，音强就弱。同音高的关系我们可以通过一个小实验来感知：将一张纸片放在口前，发[a]音，频率由最低到最高，我们会发觉，气流由小渐渐增大然后又渐渐减小，在发高平[a]时气流大致达到最大值。由于正常语流一般都不会超过高平调的音高，我们可以得出这样的结论：在正常语音的频率范围内，音高同气流的强度是成正比的。教科书中一般认为音高由声带的松紧和厚薄决定，上面的实验并不否认这一科学结论，音高仍然是由声带的松紧和厚薄决定的，只是在此之外，音高变化还和气流强弱表现出一种互动关系（非谁决定谁的因果关系）。

这样我们就可以比较容易地对①和②做出解释，在我们发声的一瞬间，气流一般都有一个冲出的过程，并且为了使听话者引起注意并能很好地接收语音，起始段必须达到足够的音强，受到较强的气流和音强的影响，原本很低的频率得到一定量的提高。①和②正是因为这个原因造成了起始段频率的升高。

③比较容易解释，因为前面已经说明，全上不是上声的调位，而是上声调位的一个变体，③的差别也就不复存在了。那么214这个调位变体又是因何存在的呢？我们猜测，由于上声音节出现在句子末尾，只有单方向有音节与其相连，听话者依据上下文加强理解的信息量减少，加之上声原本就是频率较低，音强较弱的音节，极易造成听解困难，于是说话者有必要增加其音强

来提高识别度,强气流除了带来音强的增加,也引起了频率的增高。

5. 声调的教学方法

前面一节,我们求证了四声的调位是55、15、11和51,这也许才是四声的心理音值,或者说四声的原型。声调的教学方法归结为一句话就是:以心理音值为主,实际音值为辅。

传统上我们是按照声调的顺序(55→35→214→51)进行教学的,后来发现学生在区分全上与半上中存在困难,于是又创造出把上声放在最后进行教学的方法,以及先教半上再教全上等方法,其目的都在试图解决上声教学这个难题,然而这些方法的效果并不令人满意。究其根本,原因就在于我们一直都局限在上声的表面形态而忽视了上声的心理音值。汉语声调的心理音值是十分整齐的,分别为高平、上升、低平和下降,这样无论是教还是学都比传统方法更加容易。

例如,我们在教上声时可以只教低平调,并在黑板上辅以图示,让学生体会上声的典型形态,待学生掌握后,再提示少数情况下(如单音节或句子末尾),为了起强调作用而令音节末尾略为加重并提高。也就是说,我们在教授拼音时只教每个音位的典型变体,其他变体让学生在实际运用中慢慢体会,老师只要略为点拨一下就可以了。

最后是顺序问题。前者采用最后教上声的方法是考虑到上声的复杂性,遵循最难的放在最后的原则,后经由直接教授心理音值的改进后,上声的学习难度已经有所降低,仍然可以回归到传统的一→二→三→四的顺序。只是在这里,我们还应该考虑另一个原则,即:教学内容中,越是有类比性或者对比性的东西,学生就越容易理解和掌握,观察四声的曲线图,阴平和上声、阳平和去声的差异无疑是最整齐和显著的,所以我们建议把阴平和上声放在一起、阳平和去声放在一起进行教学，即：高平、低平、上升、下降的顺序。这样的教学顺序经过初步的课堂实践，取得了比较满意的效果。

6. 声调进入语流

当一个孤立的音节进入连续的语流时，它的调值往往受到上下文的影响而发生变化，这就是动态声调。从句子中直接分析声调的动态变化是十分困难的，我们有必要把语流切分成更短的音段，而词语是语流中最自然的段落，双音节词又在汉语中占有绝对优势，因此，分析双音节词的声调变化成为很好的切入点。最常见的声调变化归纳为：

① 上声在非上声字前面变成半上，即由 214 变为 211（根据上一节的分析，上声的调位为低平，半上是十分接近自然状态的上声变体，本条变化不复存在）

② 上声在上声字前变得近于阳平，即由 214 变为 24

③ 去声在去声字前变为半降，即由 51 变为 53

这样我们就面临一个问题，我们是否有必要向留学生一一说明这些变化规律呢？答案是否定的，因为这么做不但会增加学习记忆的难度，还会干扰学生的正常认知过程。

我们说，动态声调本质上只是一个受到上下文影响而“变化了的”声调，这种“变化”是处在实际音值层面的东西，而它的心理音值并未发生任何改变。例如发“老李”这个词，我们在心理上是要发“上声 + 上声”，只是在发音过程中“老”字受到“李”的影响而变成了阳平，这是受发音器官生理局限的影响形成的结果，并非我们一开始就有意图地发阳平调。与此相同，我们在教学过程中也要遵循这个规律，把注意力集中在心理音值上，以教心理音值为主，实际音值为辅，让学生在发音过程中自然地完成变化。

日语中也有类似的情况,例如,五段变位是十分复杂难学的语法点,如果局限于表面的死记硬背往往效果不甚理想,如果我们采取教授心理音值的方法就完全不同了。例如“たのむ”这个动词,其未然型和连用型等的原型其实仍然是“たのむ”本身,只不过与后续助动词相互影响而发生了音变,天长日久才固定到语法层面的。试发“たのむ+ない”,重复并加快语速,“む”受到“な”的影响而渐渐变成了“ま”,再比如“たのむ+た”,“む”和“た”相互影响而变成了“んだ”。因此,在日语教学中也可以采取教授心理音值的方法,这点在各种语言中都是相通的。

回头再看传统的汉语动态声调教学,似乎过多地教授了实际声调,忽视了产生变调的根本原因,这种做法实际上是把原本应该由发音器官完成的变调工作提前到大脑中完成,无形中加重了学生大脑的负担,使学生在说话过程中不得不在声调变化上花费额外的精力,影响话语的流畅度。

具体操作上,由于双字节词的声调组合数量极其有限,仅为4*4=16种,加上4种轻声结尾的情况才20种,我们可以采取遍历所有组合的方法进行教学。下面是汉语中所有二字组可能的模式,所选词语在日语中都有相对应的同形同义词,日本学生很容易接受:

关心	guān xīn	结果	jié guǒ
公园	gōng yuán	活动	huó dòng
开始	kāi shǐ	名字	míng zi
机会	jī huì	老师	lǎo shī
关系	guān xi	可能	kě néng
时间	shí jiān	了解	liǎo jiě
食堂	shí táng	反对	fǎn duì

晚上	wǎn shang	代表	dài biǎo
录音	lù yīn	变化	biàn huà
大学	dà xué	爸爸	bà ba

教学中,应该让学生把注意力集中在声调上,熟记这二十种二字组声调模式,最后可以让学生更抽象地进行同音节二字组声调练习,例如:

ā	ā	á	ǎ	ǎ	a
ā	á	á	à	à	ā
ā	ǎ	á	a	à	á
ā	à	ǎ	ā	à	ǎ
ā	a	ǎ	á	à	à
á	ā	ǎ	ǎ	à	a
á	á	ǎ	à		

三字组和四字组,以及"一、七、八、不"等字的特殊变调,由于其复杂性更大,同时需要一定的语法能力作基础,不适宜放在语音阶段教学,我们可以有选择性地进行练习,而主要部分则放在课文中随用随教。

参考文献

布龙菲尔德. 语言论[M]. 北京:商务印书馆,1997.(袁家骅,赵世开等译)

马燕华. 初级汉语水平留学生的普通话声调误区[J]. 北京师范大学学报(社科版),1994,(03).

王汉卫. 声调性质作用的再认识与声调教学[J]. 语言教学与研究,2004,(03)

岑麒祥. 国际音标[M]. 湖北:湖北人民出版社,1982.

郭锦桴. 汉语声调语调阐要与探索[M]. 北京语言学院出版社,1993.

刘复. 四声实验录[M]. 群益书社,1924.

宋益丹. 汉语声调实验研究回望[J]. 语文研究, 2006,(01)
王韫佳, 李美京. 调型和调阶对阳平和上声知觉的作用[J]. 心理学报, 2010,(09)
刘俐李. 二十世纪汉语声调理论的研究综述[J]. 当代语言学, 2004,(01)
汤霖, 尹俊勋. 普通话声调的客观评测[J]. 中文信息学报, 2007,(06)
曹剑芬. 汉语声调与语调的关系[J]. 中国语文, 2002,(03)
王安红. 汉语声调特征教学探讨[J]. 语言教学与研究, 2006,(03)
渡辺実. 日本語史要説[M]. 岩波書店, 1997.

从报章体到新词语

——留学生报刊语言教学散论

俞灏敏

一

有学者认为:"从某种意义上讲,一个外国人通过汉语水平测试只说明他具备了一定使用汉语的能力,但能否看懂中国的报纸才是他真正理解汉语及中国文化的一种能力。"①其实,任何一种外语学习都是如此。在中国,托福考到600分以上,但一读英语报刊却不知所云的大有人在。

读懂报刊,是一种语言能力,这是大家公认的,所以在外语教学的课程体系中,包括对外汉语教学,报刊课一般归属于语言课。语言学习的基本要求有四项:听、说、读、写,都有相应的技

① 甘甲才《对外汉语报刊阅读教学的尝试》,《广东外语外贸大学学报》,2003(2)

能训练课程:听力课、会话课、阅读课、写作课,还有精读课的综合训练。为什么还要另设报刊课呢?因为事实证明,掌握了这四项语言技能,不等于会读报。

显然,报刊的的语言有不同于一般听说读写的地方,不加特别训练,是难以把握的。听、说的语言主要是日常口语,所以听力课、会话课上学的语言具有很强的口语化的特点;读、写的语言有口语,也有书面语,但在阅读课、写作课特别是精读课上学的大都是非常规范的文学语言。而报刊的语言则基本上是书面语,但又很具有自己的特点:非常实用,甚而为追求新闻报道的真实性而拒绝文学性,却又深为大众喜闻乐见,非一般实用文字可比。

这特点,使得报刊的语言成为语言中的一体,通常称之为"报刊语言"。在对外汉语教学中,报刊语言及其所承载的文化知识是其它语言课程和文化课程无法替代的,这是报刊阅读课在课程体系中占据一席之地的合理性所在。报刊阅读课的教学并不是仅仅让留学生多学一些汉语的语法词汇,也不是仅仅向留学生多教一些中国的文化知识,而是培养他们实际运用报刊语言的一种能力,这又是该课程开设的目的性所在。

二

中国报刊语言的形成,最早可以追溯到报刊创办之初的晚清,在当时桐城派古文占主导地位的文言中自成一体。如当时影响很大的《申报》,1872 年由英国人创办于上海,在其"本馆告白"中就明示天下自己的语言选择:

溯自古今以来,史记百家载籍极博,山经地志记述幕详。然所载皆前代之遗文,已往之故事,且篇幅浩繁,文辞高古,非荐绅先生不能有也,非文人学士不能观也。至于稗官小说,代有传书,若张华志物博,干宝记搜神,齐谐为志怪之书,虞初为文章之选。凡兹诸类,均可流观,唯其事或荒诞无稽,其文皆典瞻有则,是仅能助儒者之清谈,未必为稚俗所共赏。求其记述当今时事,文则质而不俚,事则简而能详,上而学士大夫,下及农工商贾,皆能通晓者,则莫如新闻纸之善矣。新闻纸之制,创自西人,传于中土。①

认为古文"文辞高古","典瞻有则",但"未必为稚俗所共赏",刊登时事新闻,当用一种"文则质而不俚,事则简而能详"的文体,以便让社会各阶层的人"皆能通晓"。

晚清报刊的新闻报道,主要是传达信息;又值西学东渐,西方的思想观念、物质文明不断涌入中国,传达这类信息就需要引入大量的新名词。典雅的古文显然难当此任,就算是勉为其难,不要说农工商贾,恐怕连学士大夫都看不明白。所以当时的报刊有鉴于此,用的几乎都是近于白话的浅近文言,不尚典雅,但求晓畅,逐渐形成一种新型的文体,即"报章体"。

谭嗣同还专门写了一篇文章《报章总宇宙之文说》,将天下文章的体例分为三类十体,认为能够兼容并包这三类十体的"厥惟报章",于诗赋词曲、歌谣戏剧、农谚里谈、甚至告白招贴之属也"无不有焉",故可雅俗共赏,并高度评价了它的价值:"斯事体大,未有如报章之备哉璀璨者也。"②在"报章体"的发展中,最能代表其成就、最能发挥其影响的是近代文化巨人梁启超,他在上海《时务报》上用这种新文体写出了一系列煌煌时文,其平易畅达、汪洋恣肆的文风风靡全国,他也因此成了一个时代的"舆论界之骄子"。

古文是很文学化的书面语言,桐城派又有很多所谓的"宗

---

① 《申报》第1号第1章(版),1872年4月30日。

② 《谭嗣同全集》,中华书局,1981,P.377

派家法”，致使古文的写作受到种种法则的束缚。“报章体”则基于信息传达的需要，突破束缚，解放文体，强调实用性而置文学性于一边，从而清除了大众传播的文本障碍。它的出现，说明中国的报刊语言开始自成一体，又独具一格，条理明晰，平易晓畅，这种风格一直承传至今。

三

从“报章体”的时代到今天，一个多世纪以来，尤其是最后三十年，世界巨变，中国社会更是翻天覆地，新的技术、新的事物、新的潮流、新的观念，层出不穷，目不暇接。作为社会变化的直接反映，自成一体的报刊语言也一直在以知识爆炸的速度扩容，如今就是国人也已觉得很难跟上它的步伐节奏，更何谈学汉语的外国留学生，要通过读报来了解当代中国社会，光凭听、说、读、写的技能训练，是根本无法升堂入室的。

对外国留学生来说，报刊语言最难就难在词汇上。这也是报刊语言区别于其他文体语言的最大特点，以前有人将此归纳为“四多”：一是追求标题设计、版面安排以及新闻报道简洁的简缩词语多，诸如“人大”、“外长”之类；二是反映中国国情特点的国俗词语多，诸如“超生”、“农转非”之类；三是表现庄重严肃的风格色彩的书面语词、文言词多，诸如“业已”、“值……之际”之类；四是涉及社会各行各业、方方面面的行业术语多，诸如“蝉联”、“出线”之类。①

简缩词、国俗词、书面语和文言词、行业术语，时间一久，用得规范了，会被词典收入，不懂还可以查。让留学生最犯难的，是其中的新词语。中国当代社会日新月异，相应的新词语也如雨后春笋不断涌现，最先就出现在报刊上。有的是旧词翻新，有

① 侯敏、王秀清《报刊课的教学设想与安排》，《语言教学与研究》，1996(2)

的是完全新造，或用缩略法，如“大巴”、“三包”之类；或用类词缀，如“追星族”、“炒房产”之类；或仿造，如“空嫂”之拟于“空姐”；或拿来，如“WTO”之取于英语。

新词语之所以难，一是难查，报刊上出现的新词语往往取自当下，因没有经过时间的过滤而形成规范，尚未被一般学习词典收入；有些虽被相关词典收入，如《新词语大词典》、《汉语新词新语年编》，但这类词典规模浩大，非留学生所能具备。二是难猜，词语的来源涉及社会生活的方方面面，新造的方式又是多种多样，有些新词语拆开来按字面意义解释不通，合起来又不知所云。三是难懂，有些新词语反映了中国社会独特的现象，如果不了解中国的社会文化，或者说国情，是很难理解的。

正因为有此“三难”，新词语成了报刊语言的难上之难，自然应该成为教学的重中之重；而且在教学过程中，应该从文化入手。新词语借以构成的字只是起到指示的作用，或可称为“符号”，它的内涵是由社会文化赋予的，所以要让留学生准确地把握新词语的意义，就必须向他们揭示其中的社会文化因素。如“保八”一词，最先出现在2009年的《人民日报》上，就是不关心国事的国人也难解其义，这是中国政府工作报告中提出的一个目标，即在全球金融危机的形势下，确保2009年中国的GDP要有8%的增长率。学生只有了解了中国国情，才能深刻地体会到这个词所包含的意义，即对扭转世界经济颓势至关重要。

四

词汇只是报刊语言最直观的层面，报刊语言还有其内在的一些特点。早先的“报章体”用的是浅近文言，语句结构接近白话，句子较长，与崇尚雅洁的古文颇不相类。同样，现在的报刊语言也有自己的句法特点，而且也较多地使用长句。报刊文章为了在有限的篇幅内增加信息的传递量，往往添上并列成分，以

及表示范围、过程等的附加成分,致使句子层层套叠,如《洋空调为何不怕价格战》这则经济新闻中末段有一句:

目前国内大多数空调企业都有着产品雷同的现象,全围着普通家用空调转,缺乏比较优势和技术含量,最终使空调的发展空间越来越窄,以至不得不动用“降价”武器,结果又陷入了价格降低导致企业利润减少,从而削弱了技术研发实力和持续发展后劲的怪圈。①

整个句子长达一百多个字,“因果句”中又套了个“因果句”,“最终……”、“以至……”、“结果……”、“从而……”,层层深入,将产品雷同现象的后果揭示得淋漓尽致。

这些长句在表达上有时也不是循规蹈矩的,为了节省篇幅,往往采用增加信息表达密度的方法,如承前省略主语,或略去可有可无的、根据具体语境可以推知的相关信息,从而重点突出必要的信息。如果是复句,各单句之间的种种关系,如因果、转折、递进、假设等,多用意合的联结,关联词能省则省,省不了则多选用简洁的书面语。这些语句特点都是需要在教学中特别加以关注的,通过持续的训练,培养出学生比较敏锐的新闻阅读语感。

除了长句外,报刊语言还有很多固定格式的套语。如在外事新闻中,经常可以读到这样的套语:“以……为团长/代表的……代表团”、“应……邀请前往/去……进行为期……访问”、“同……就……(问题)进行……会谈”。其它的套语,如“据……报道”、“据……预测”、“经……决定”、“就……而言”、“呈……之势”、“值……之际”等,出现频率都是非常高的。诸如此类的套语,留学生熟悉得越多,就越能把握句子结构,从而提高

① 王海龙《报纸上的中国——中文报纸阅读教程(上)》,北京大学出版社,2004,P.93

报刊阅读的速度。

在报刊语言中,比句式特点更内在的是语篇特点。新闻报道一般都采用倒金字塔式的结构,最前面的是标题,包括主题、引题和副题,最凝练地揭示出最重要的信息;接着是导语,即新闻的开头一段,对新闻的六大要素进行简洁的总体概述;最后才是正文,具体报道新闻事实,先叙述主要的,后附带次要的。这种写法与文学作品完全异趣,小说、戏剧之类的叙事文学都将故事一步步推向高潮,最重要的在最后,引人入胜;而新闻报道则为了抓人眼球,开门见山,最重要的在最前,然后依次递减。

五

报刊语言虽是语言中的一体,但又不仅仅是语言,还指报刊用来表达自己价值判断的手段,可以说是一种无声的语言。由此言之,报刊语言有狭义和广义之分。狭义的是指语言的一体,属于形而下的具体层次,前面所述都属于这个范围;广义的是指报刊的编辑手段,属于形而上的抽象层次。

报刊的编辑手段虽然具有全球范围的普遍性,但在具体的表现形式和技术处理上,每个国家因文化的不同又有各自的特点。如一版中最重要的版位,日本报刊因多竖向排版而在右上区,中国报刊因多横向排版而在左上区,如果不向日本学生指出这一区别,很可能会影响他们对新闻价值的判断。其它如版别的内容划分及识别标志、合版标目的方法及相应的版位配置、栏目的种类及其名称等等,这些编辑手段都在无言地向读者传达报刊自己的声音。再如标题的制作,中国报刊的复式标题与西文报刊常用的多层标题不尽相同,注重虚实配合,实题揭示最主要的新闻事实,虚题则往往透露出对事实的评价。

报刊本是一个独立于语言教学的系统,如果缺乏对其特点的起码了解,即便掌握了一些报刊语言在词汇、句式、语篇各个层面的特点,也只能读懂一篇篇孤立的新闻,而无法读出整份报刊通过编辑手段传递出来的信息,因而还称不上真正读懂报刊。反之,如果我们的教学对此予以充分注意,即可起到事半功倍的效果,让学生能够在工具的意义上使用报刊,达到自己特定的目的。

我认为,这才是真正的报刊阅读能力,一种具有实战意义的能力,报刊阅读课程的教学要达到的目标亦即在此,而非徒有虚表的应试能力。此也所以我上报刊课,一直坚持让学生直接阅读报刊,目的就是让他们尽快走出教材,走进报刊。当然,实现这一目标,报刊作为教学材料,只是提供了可能,要把可能变为现实,关键还在于课堂教学的实践,既要符合对外汉语教学的一般规律,又要遵循报刊阅读训练的特殊规律。留学生已有母语报刊阅读的经验,我们的教学应该因势利导,如以各版为搜索面,以标题为兴趣线,以文章为切入点,充分调动起这种经验,使之迁移到中国报刊的阅读中来(与语言习得经验的迁移相比,知识系统之间的迁移具有较大的辅助作用,负面的干扰则比较小,而且可以通过知识的传授加以消除)。

从报章体到新词语,从句式到语篇,再到抽象的编辑手段,中国报刊语言历经一个半世纪的历程,形成非常鲜明的特色。我们的报刊语言教学只有让留学生掌握这一特色,才能算是授人以渔,真正提高阅读中文报刊的能力。

汉语言专业留学生本科二年级写作课程设计

邵　菁　陈炜芳

1. 以往写作课存在的问题

写作这一门课在我院本科汉语专业建立之初(1992 年以后),并不是一门独立的课程,学生的写作技能是结合在汉语精读课中进行训练的。2002 年我院留学生本科汉语写作课开始从汉语精读课中分离出来,成为一门独立的课程,统一由一名教师担任整个年级所有班级的写作课程。然而,在教学过程中,并没有确立写作课的教学目标以及通过该课程的学习学生应达到什么样的写作水平;也没有针对不同体裁的文章,如记叙文、说明文、议论文等的写作方法的指导以及具体技能的训练,写作课并没有体现出其作为一门独立课程的特点,而更像是对学生所学语法和词汇的一种运用能力的检验,对学生所掌握语言点的汇总操练。考试方式也非常简单,往往是用一篇命题作文来评判优劣。

纵观 2002 年 ~2008 年留学生本科二年级历届学生的写作

课期末考试作文,以及本科四年级留学生的毕业论文,学生在写作方面存在以下几大问题:

(1) 对文章的文体分类没有概念。

无论是记叙文、说明文、还是议论文,学生一概都采用记流水帐的方式来写,而且文章没有详略安排,也没有重点,说到哪里是哪里。更不用说语言描写、心理描写、行动描写这些具体的描写手法了。

(2) 表达没有逻辑,条理不清。

这一点在四年级学生的毕业论文撰写中表现得非常明显。

(3) 语篇之间无过渡。

语篇之间缺乏自然的过渡,关系过于松散,或者没有联系。

(4) 书面表达口语化。

作文中文体不统一,口语和书面语混杂是常见现象。学生往往只能使用较简单的词汇和句子来表达意思,对书面语体的词语和句子掌握很差。

(5) 语法词法方面的错误多。

(6) 语句之间的衔接存在问题。

这些问题虽然有些是由于留学生自身思维水平和语言能力的原因造成的,但很大程度上是因为我们对写作课的认识不够,只把它作为语句表达训练的手段,而没有把它当作一门独立的课程来对待,缺乏系统的理论方法的指导和具体技巧的训练。例如:

(1) 对一些写作理论只作为知识讲解,学生只能知其然,而没有实际动手能力;

(2) 写作课缺少相关的技巧训练,如:表达方式,记叙的顺序,描写方法,修辞手法等;

(3) 作文评改只针对语法、词法等方面的问题,忽视写作方法和逻辑思维的训练。

针对这些问题，我们认为有必要对中级写作进行重新审视，并对本课程进行新的设计安排，以改变上述留学生写作的现状。

2. 写作课的课程目标

本院以往的写作课由于缺乏明确的课程目标，所以也无所谓课程设计。每个任课老师的教学不统一，教学的侧重也不同，测试方法也不够规范。因此，在对本科二年级学生的写作课程进行设计之前，我们必须制定明确的课程目标，这样我们的教学才能有的放矢。

我们认为，作为一门独立课程的写作教学应侧重于训练学生掌握构思立意、谋篇布局的写作方法。侧重于遣词造句的教学，虽能帮助学生提高语言水平，却并不能有意识地训练学生的写作技能。

《汉语水平等级标准与语法等级大纲》和《高等学校外国留学生汉语言专业教学大纲》对学生“写”的能力都作了要求和规定，包括：听写速度，写作的字数，汉字书写正确率，句法正确率，以及标点符号的使用正确率。而对写作方法和具体分项技巧的掌握并未作具体的规定。

朱湘燕(2007)提到了陈田顺曾对写作教学目标的确定提出了“阶段性”的观点。陈提出，中级写作有三个教学目标：①汉语书写格式和标点符号的使用，②纠正汉字、词汇和语法方面的偏误，③学习各种表达方法和修辞技巧。而高级写作有两个教学目标：①语言表达时，句子的连接、语意的照应和语气的配合，②与文体有关的写作方法和语言风格。

陈田顺认为，在中级阶段，“语言表达”的训练是主要的教学目标，写作的基本技巧应该到高级阶段才涉及。这一点，在我们教学实践的过程中发现并不合适。在二年级只进行语言表达训练,到三年级才进行文体和写作方法的训练,这样,学生到了四年级写毕业论文时,教师可以明显感觉到他们在写作方法和技巧方面的力不从心。这是由于写作方法技巧的训练并不只是知识性的,教师可以通过一套完整的可操作的手段,让学生一项一项地加以消化吸收,掌握运用,这是需要一定时间的,而不是像词典那样,拿起来就可以使用的。因此,我们认为,中级阶段就可以开始与文体有关的写作方法训练,当然中级阶段的写作方法训练应该和高级阶段的训练有所区别,应该是由易到难,由粗到精,循序渐进的。

另外,陈贤纯(2003)曾经在《对外汉语教学写作课初探》中提出这样的观点:

出一个题目叫学生写,在初中级阶段并不是一种好方法。因为它缺乏针对性,效率太低。……他们所缺乏的主要是对中文表达方式的了解。我们应该通过写作训练,使他们了解中文写作与他们的母语写作之间的差异。在句子层次上有语法和词语搭配问题,在段落层次上有句与句之间的连接问题,在语篇层次上有主题表达和篇章结构问题,等等。通过写作练习使他们形成习惯,形成技能。……在初中级阶段我们要避免让学生写长篇大论,可以多写小语段小语篇。

我们赞同陈贤纯的这一观点,我们主张将各种写作技巧进行分项训练,而不是追求让学生写一篇完整的、漂亮的习作。因此,我们将二年级写作课的课程目标定为:

(1) 学习和掌握各种表达方法和修辞技巧;

(2) 学习和掌握与文体有关的各种写作技巧和方法,以片段训练为主;

(3) 纠正字、词、句和语法方面的偏误;

(4) 掌握写作格式和标点符号的使用。

3. 二年级写作课程设计

3.1 课程设想及教学计划

如1中所提到的,本院以往的写作课经常是由同一位教师担任全年级的平行课,这样虽然教师不用重复备课,但是批改作业的量就很大。另外,以前教学上教师传授写作知识的比重过大,学生在教师指导下的操练不够。因此,从2009年秋季开始,我们将写作课的任课教师改为由每个班的精读课教师兼任。虽然这样的做法使每位精读课教师的备课量有所增加,但是也有明显的优势,那就是精读课教师对学生的汉语水平、学习态度、个人学习风格差异等因素较之副课教师更为了解,在课程设计方面可以根据学生的实际水平决定教学进度、删选教材内容和练习,还可将精读课的写作任务与写作课的写作任务结合起来设计写作作业,使得精读课的听说读写训练与写作课的写的训练各有侧重不会重复。比如,在课程改革之前,精读课每篇课文学完以后要求学生写一篇300字以上的与课文内容相关的命题作文。目的是想通过作文为学生提供一次写作的机会。那样的练习往往能让学生有机会使用课文中已经学过的词语和习惯表达,但在写作之前没有向学生提出篇章组织方面的明确要求,学生如果在作业中出现了篇章方面的问题,教师只有在讲评指出来,让学生修改作文时改正。因此,有关写作方法,如具体的技巧、篇章组织、有逻辑地表达等,我们现在都放在写作课中训练。也因为写作课每周都有一次作业,精读课每篇课文后的写作作业就被取消了,取而代之的是加重复述、复写课文和根据课文内容发表个人观点之类的语段训练。我们认为,这类练习比原来的目的不明确的写作练习更能训练学生将句子连接成语段以及怎样组织有中心内容的短小语段的能力。而篇章组织的训练就放到了写作课上。这样两门课的分工比较明确,训练的比重也比较符合二年级的水平。

另一方面,设计本课程的老师都承担过并正在担任本科留学生毕业论文的指导工作,非常了解学生写论文时缺乏哪些必要的能力。因此,在设计本课程时,我们有意识地加强学生写毕业论文时所需要的技能训练。比如,在应用文写作板块有一个“微型调查”的单元,我们就特意安排了比其他单元多一倍的课时,学习调查报告的组成部分、常用表达、格式、图表制作、调查问卷设计分析等内容。因为进行社会调查并撰写调查报告是学生写毕业论文时常常会用到的方法。

按照前文所述的既定的课程目标和课程设想,我们制订了本课程的教学计划。具体的做法体现在以下对教材内容和练习的删选、进度的调整、作业的要求和考试的方法等方面。

3.2 对教材的处理

本课程使用的教材是北京语言大学出版社出版的《汉语写作教程》中级 A 种本上下。上册教材的主要内容是应用文写作,下册的主要内容是记叙文写作,包括叙事、写人和写景。我们原来的计划是二年级上学期使用上册,下学期使用下册。在对教材的上册使用了一个学期后,我们发现其中有一些应用文对学生来说并不是太实用。比如说,“致答谢辞”、“致欢迎词”等。而下半学期的记叙文写作教学课时比较紧,其中的写作技巧相对来说是学生更需要接受训练的。于是,我们压缩了应用文写作的教学时间,挑选对学生来说比较有用的应用文类型,如,“留言”、“请假”、“简历”、“求职”、“微型调查”等。然后将记叙文中的记事篇提前到二年级上来学习。这样的安排是将宝贵的课堂时间用在学生最需要训练的写作方法上,也是用来训练学生生活中和以后的工作中最可能会用到的写作技巧。

《汉语写作教程》中级 A 种本上下册所编写的每个单元计

划要用 4 –6 课时，而我们的写作课每周只有 2 课时。由于课时相对较紧，我们对课文中的范文和练习作了删选。如果几篇范文所使用的写作技巧是不同的，那么就保留所有范文。如叙事篇中介绍记叙方式单元的范文 1、2、3 分别展示了顺叙、倒叙、插叙三种叙事方式，那么这三篇范文都得学习。如果几篇范文所展示的写作技巧是相同的，那么我们就选用最典型的一篇来学习。对表达的思想过于抽象，语言比较艰涩的范文，我们会选取教材之外既能清楚地展示该单元的写作方法，语言又比较简单的范文。教材中的练习质量也存在着参差不齐的情况，有些练习起到了训练学生写作技巧的作用，有些练习设计的目的不够明确，没有针对那个单元的教学内容。比如有一个练习让学生选择恰当的句子连接上下文，其中有一题比较合适，而另一题的 4 个选择项之间的区别并不是适不适合连接上下文的区别，而是一些用词上的区别。因此，我们就选做一题，将第 2 题删除。另有一些练习几题都是训练同一个技巧的，那么我们在课堂上就选择一题来练习。在删选练习的时候，我们比较重视训练学生急需的能力的练习，如用一二句话概括整个段落意思的能力等。总之，我们删除一些质量差、针对性不强以及重复训练同一个技能的练习，以保证完成计划中的教学进度。

3.3 课堂教学方法

因为以往的写作课存在着教师花较多时间讲解写作知识的问题，学生对较为枯燥的写作知识不感兴趣，但是有些知识却是必要的。因此，我们一定要通过具体的范文来演示抽象的规律和技巧。课堂上教师先带领学生学习范文，通过对范文的分析总结该单元要教的内容，然后结合练习来巩固该单元所学的知识。整个教学过程避免教师一言堂，尽量让学生多参与。比如在“写人篇”这个模块中有一个单元是学习“行动描写”。在学习范文1和范文2时,教师可以让学生将两段文字中描写人物行动的词划出来,然后问学生这些动词表达了人物怎样的心情。在学习范文3和范文4时,除了要求学生划出描写人物行动的词语以外,还要把动词前面的状语也找出来,然后体会这些状语对刻画人物形象的作用。学生通过阅读、回答问题等方式亲手操作,学到了行动描写的要求和方法。而且在学习范文和学生练习的时间分配上,学生的练习占用的课堂时间更多。通过范文学习知识的时间大致占整个课时的三分之一。除去讲评前一周的作业时间,用来让学生练习的时间有三分之一强。

对教材中的分解训练练习如前文所述我们作了删选。有些综合训练的要求过高,超出了学生现有的水平,我们也结合课后作业做了删选和修改(具体做法参见3.4)。

3.4 课后作业

每周一次写作课后有一个课后作业。在记叙文的三个模块中,即叙事篇、写人篇、写景篇,作业的写作任务是从分项训练到整体训练的。比如,在叙事篇这个模块中,作业从改写人称、将顺叙方式改为倒叙方式、写一篇记叙文要求有详有略,到最后要求写一篇完整的记叙文:记一次误会。从训练学生的单项技能到综合技能这样的过程对于本科二年级水平的学生来说是非常必要的。先掌握简单的又是必要的方法,最后综合运用到一项写作任务中,这比一开始就要求他们自己独立创作一篇完整的文章更有效。

对于作业,我们避免只是给学生一个题目,然后让学生去写。在写前我们要让学生明确这次写作的要求。比如说,在学习了记叙方式之一详写和略写后,课后的作业是写“我的寒假”。作业的要求是:1. 首先确立文章的立意,比如说这个寒假是有意义的,或是难忘的,或是愉快的,或是无聊的,…… 2. 要用两三件事例来说明你的立意,其中一件要求详写,其他略写。3. 注意几件事之间的过渡连接,文章最后要点题。4. 字数要求在500字以上。长期以来对外汉语教学的经验告诉我们,本科二年级水平的学生在写类似的记叙文时,文章往往没有中心,会写成流水账,把寒假做过的事报一遍。因此要求1是针对学生写文章缺乏中心这个弱点的。要求2是针对该单元所学的写作技巧。要求3是我们进行了第一轮教学后觉得应该加上去的。在学生的作业中,我们发现有的学生两件事情之间完全没有衔接。其实叙事模块的分项训练中已经有过上下文过渡衔接的训练,那么,在后面的整体训练中有必要将这项技能包括进去,而且这也是学生普遍缺乏又非常需要的技能。再如,叙事篇中的最后整体训练的作业:记一次误会,我们的要求是:1. 指出你写的这篇文章中记叙的六要素。2. 指出文中的线索。3. 说明你运用了哪些记叙方式。4. 字数要求在500字以上。要求1、2、3都是该模块中分项训练的要求,要求学生回答这三个问题的目的在于让学生在构思作文时就要考虑这些因素,而不是看到一个题目后想到什么就写什么。

3.5　考试与成绩评定

写作课每周2个课时,考试为期中考试和期末考试。我们将平时分项训练中较为有效的练习形式作为试题的主要形式,如应用文模块中改正格式错误、分析图表回答问题等,写人模块中的选择肖像描写词语填空等。当然试题的最后一部分是各种已学过的写作任务中的一项。因为写作课的平时作业很重要,所以平时每周的作业占课程总评分的50%左右,期中期末考试共占总评分的40%左右,课堂表现和出勤率占总评分的10%左右。

4. 本课程有待改进的地方

4.1 评改方式

由于课时过紧,我们只能采取教师评改作业,第二周上课之前将学生作业中普遍存在的问题讲一下,然后由教师或学生宣读一下写得较好的作业,给其他学生一个感性的认识。我们也认识到这样的评改方式是相当简单的。其实对写作作业的评改可采取多种形式,除了教师评改外,也可采用学生自评和互评的方式。另外,除了集体讲评以外,也应进行个体讲评(许国萍、王一平,2002)。我们认为,写作作业的个体讲评,特别是个体当面讲评是非常必要的。首先这是因为学生作业中所犯的篇章段落逻辑关系上的错误或衔接上的错误教师很难用书面的形式写在学生作业后让学生明白,需要当面解释说明。其次学生写作中会出现一些个体的系统性的错误,比如有的学生对人称代词什么地方该用什么地方不该用不清楚;有的学生在时体表达上存在问题等等。某个学生个人的成系统的错误很难通过书面评改得到纠正,需要多次的当面评讲才能有所改善。

目前,我们也没有要求学生在讲评之后修改他们的作业。没有要求并不是我们不主张修改作文,相反我们认为修改作文是写作中很重要的一个步骤。"过程教学法"就强调除了写前的准备外,在初稿写完后要进行修改和重写。写作是一种过程,利用这一过程可使学生改进写作技能。(唐曙霞,2003)如果写作课时增加到每周4课时,我们就应该考虑增加写前的讨论和写后的修改。在本科二年级阶段,写作课到底应该安排多少课时,这还值得从课程设置的角度加以考虑。

4.2 运用多媒体手段进行写作教学

运用多媒体手段进行对外汉语教学是目前为大家普遍接受的,对于写作教学来说,多媒体手段也是非常有用和必要的。比如在学习范文时，向学生演示进行过标引处理的范文，能方便教师解释、学生认知教学内容，更能使学生注意力集中。多媒体手段对作文讲评也非常有帮助，特别是在集体评改环节。可以让一篇作文同时展现在全班同学面前，可以选择篇、段、句、词等让大家进行评改。现在我们在朗读学生写得好的作业时，只能用听的途径，这样不利于学生认知好的篇章结构的特点。如果在听的同时，能让学生看到，应该能取得事半功倍的效果。鉴于目前硬件设施上的缺陷，本课程还未采用多媒体手段进行教学，这是我们今后要努力的方向之一。

参考文献

陈贤纯 2003 对外汉语教学写作课初探 语言教学与研究第 5 期

国家对外汉语教学领导小组编 1996《汉语水平等级标准与语法等级大纲》高等教育出版社

国家对外汉语教学领导小组办公室编 2002《高等学校外国留学生汉语言专业教学大纲》北京语言文化大学出版社

鹿士义 王洁编著 2002《汉语写作教程》中级 A 种本上 北京语言大学出版社

唐曙霞 2003 论运用“过程法”进行汉语写作教学，云南师范大学学报第 1 卷第 5 期

许国萍 王一平 2002 对外汉语写作教学中的重要一环——谈作文评改的现状和对策，暨南大学华文学院学报第 2 期

邹昭华 夏小芸编著 2003《汉语写作教程》中级 A 种本下 北京语言大学出版社

朱湘燕 2007 对外汉语写作教学调查及研究 现代语文（语言研究）第 6 期

关于留学生本科国际经济贸易（汉语）专业一年级汉语教学的一些思考

姚 远

经过三十多年的改革开放，如今的中国已经超越日本成为世界第二大经济体，中国的经济地位也成为了吸引越来越多留学生来华学习的主要原因之一。为了顺应新形势的变化，为了满足学生日益突出的需求，也为了对接学校复合化办学的方针政策，我们国际文化交流学院在原有的“对外汉语（经贸）”专业的基础上，于2009年与国际金融贸易学院合作开设了“留学生国际经济贸易（汉语）专业”（以下简称“国经贸专业”），旨在培养一批具有较高专业能力和汉语水平的留学生人才。

如今，这个新生的专业已经走过了两年的历程，正在逐渐的完善和壮大之中。笔者有幸参与了国经贸专业一年级汉语课的教学，在教学过程中，切身体会到这个专业独有的活力和广阔的前景，同时也深深感受到：原有的汉语课程设置对于已有的专业来说已然很成熟也很完善，但显然不能完全适应这个新专业提出的高要求,不能简单地“拿来”套用,而应该在此基础上进行一些改革和调整。因此,笔者打算把自己教学过程中的一些思考落笔成文,以期能为这个专业的发展做出一些小小的贡献。

1. 国际经济贸易(汉语)专业简介

我们国交学院从20世纪80年代就开始招收留学生,经过多年的发展和经营,如今已经形成了“入系、本科、进修”这三大块。其中“入系”招收那些用汉语生活、学习已经基本没有障碍,并且通过我校的入学考试,可以去松江校区与中国本科生一同学习的留学生;“本科”是我院留学生工作的重心,有“对外汉语——经济贸易”和“对外汉语——中英双语”两个专业,4年制,主要招收HSK水平在3级及以上的留学生,以学习汉语为主,到了高年级用汉语开设一些专业课程,但比起同专业的中国本科生,难度还是有所降低的;“进修”则指在国交学院进修汉语的短期留学生,时间从几个月到几年不等,程度从零起点、初级、中级到高级,共有9个层次。这些学生最后如通过考试,会取得在本院学习的结业证书。

十多年来,这三大块的招生制度基本满足了来华留学生的需求。但是,时代在变,留学生的需求也会有所改变。近几年,经过调研,我们发现有这样一批留学生,他们具有一定汉语水平,但是还达不到下系与中国本科生一起学习的要求,可是他们具有强烈的学习经济贸易专业的愿望。这批学生总是在我校进行了短期的汉语学习之后,就去其他大学(如财经大学等)学习经济类专业。为了吸引这批学生,我们学院通过充分论证之后,开设了“国际经济贸易(汉语)”这样一个专业。此专业既不同于传统的以学习汉语为主、专业为辅的本科生,也不同于在松江校区完全与中国本科生一起下系学习的留学生,而是采取了一种全新的思路:国经贸专业的学生先在我们国交学院通过一年左右的汉语学习、达到规定的汉语水平之后,从二年级开始逐渐加入专业课,三四年级完全由金贸学院的专业教师来进行授课,课程设置和难度都基本等同于中国本科生,最后颁发的毕业证书也是“国际经济贸易”,而非“对外汉语”专业。

思路是全新的,挑战也是全新的。培养的目标和要求不同,培养的方法势必也需要做出一定的调整。下面笔者打算先对此专业汉语一年级的汉语教学现状作一些分析,然后提出自己的一些思路。

2. 国经贸专业的现状分析

2.1 培养目标和要求

国际经济贸易专业的暂行培养目标是这样的:

本专业培养能熟练掌握掌握国际经济和国际贸易的基本理论,具备国际贸易业务的基本知识与基本技能,能在涉外经济贸易部门、外资企业及政府机构从事实际业务、管理、调研和宣传策划的复合型高级专门人才。

这个专业对学生知识能力的要求是:

1. 掌握宏观经济学、微观经济学、国际经济学的理论和方法;

2. 掌握汉语听、说、读、写、译技能;

3. 能运用数量分析与会计方法分析与研究;

4. 了解中国及与中国经济往来密切的各国与地区的经济发展状况、经济政策与法规;

5. 了解本学科的理论前沿与发展动态;

6. 掌握文献检索、资料查询的基本方法,具有一定的科学研究和实际工作能力。(参见“国际经济与贸易专业教学计划(留学生试用版)”)

从中可以明显看出,国经贸专业的培养目标不再是“可以熟练运用汉语进行交际、了解中国社会和文化"了,对学生知识能力的要求也是更上层楼,这与以往有了明显的不同。

2.2　学生人数

从2009年起,国经贸专业已经招收了两届学生。下表是2009年和2010年两届学生人数、班级数和升入2年级学生数等的对比:

	班级数	学生数	升入2年级学生数	升级比例
2009年	1个	27人	13人	48%
2010年	3个	69人	40人	58%

从上表可以看出,无论是报名人数还是升级人数,第二年较第一年都有了较大的发展,如今,2011年9月(第三届)的招生人数还没有最后确定,但是可以遇见的是,肯定不会少于去年。由此可见,这个专业的设置是符合学生需求的,将来也会有较大的发展空间。

2.3　学生国别

除了人数,国经贸专业学生的国别也发生了很大的变化,与之前的"对外汉语(汉语)"专业有了很大的不同。具体如下表:

	学生数	前苏联地区①	东南亚②	其他
2009年	27人	15人	8人	4人
2010年	69人	38人	25人	6人

显而易见,这个专业的学生,不再是以往的以日韩学生为主,来自前苏联地区以及其他非汉字圈的学生占据了半壁江山。教学对象的改变,意味着我们的教学方法和教学思路也应该作

① 具体指俄罗斯、乌克兰、哈萨克斯坦塔吉克斯坦、乌兹别克斯坦等国家。

② 指以日韩为主的学生,包括少量的泰国学生。

出相应的调整,正所谓“因材施教”。

2.4　HSK[①] 要求

前文已经提到过,国经贸专业要培养的是国际经济贸易方面的复合型高级专门人才,在这 4 年中,学生要能听懂专业教师的全汉语授课、用汉语完成课后作业、课外实践、课程论文以及毕业论文的写作,基本达到学校对同专业中国本科生的要求,这对他们汉语能力的要求是相当高的。因此,对这批学生的要求是:一年级结束时汉语水平要从原来的 HSK3 级提高到 6 级,二年级就要达到 8 级! 而原有的“对外汉语(经贸)”专业的要求是:一年级达到 4 级即可升入二年级,3 年级达到 6 级,而到了四年级,7 级是毕业要求,8 级是学位要求。所以,国经贸专业的学生,要用 1 年的时间达到对外汉语专业学生 3 年才需达到的要求,用 2 年的时间完成度外汉语专业 4 年才完成的任务。这无论对于学生还是教师来说,都有着不小的压力和挑战。而如果还是按照原有的汉语教学课程设置,要完成这个任务是相当困难的。

2.5　写作能力的要求

原来对“对外汉语(经贸)”专业一年级的学生是不做写作要求的,一年级第一学期完成语法阶段的教学,主要集中在单句句型教学,要求学生能运用所学语法生成正确的句子;第二学期进入词汇和短文教学阶段,加强关联词、句际之间逻辑联系的训练,要求学生能将单句组合成一段有意义、有逻辑性的段落。这

① HSK 是“汉语水平考试”拼音打头字母的缩写。汉语水平考试(HSK)是为测试母语非汉语者(包括外国人、华侨和中国少数民族人员)的汉语水平而设立的国家级标准化考试。1984 年由当时的“北京语言学院”开始研制,1990 年正式在国内推广,1991 年推向海外。为了适应新形势下汉语国际化战略的发展,2012 年,老版的 HSK 将被新版的 HSK 所取代,所以现在我们应针对新版 HSK 进行辅导。

样,到了二年级,就可以水到渠成地开展写作课的教学。

而原有的思路对现在的国经贸专业似乎并不适合,因为学生进入两年级后就要接触到一部分的专业课,很多专业课教师都要求学生提交小论文,而没有专门接受过汉语写作训练的学生对此是一筹莫展。

3. 对国经贸专业一年级汉语教学的一些调整思路

通过以上的分析和对比,我们清楚地知道国经贸专业与之前已经开设多年的“对外汉语(经贸)”专业有着诸多不同。作为关键的第一年,汉语教学也必须相应作出调整和改革,“因材施教”,才能使学生顺利达到既定的目标,为他们今后的专业学习打下坚实的基础。

笔者认为,可从以下几个方面进行调整:

3.1 加强语言强化

从上文的分析可以看到,国经贸专业要在一年之内达到以往两到三年才能达到的教学目标,难度是可想而知的。不过中国人常说“勤能补缺”,唯一的办法,就是增加课时、严格训练,开展强化教学,才能完成既定的目标!

几年前,我院就招收过专门针对哈萨克斯坦学生汉语强化班,很多原来没有任何汉语基础的学生,在一年的强化之后,甚至可以达到HSK7至8级!后来又再接再励,开设了如今发展势头良好的汉语强化班,将每周课时量从进修班的20课时增加到28~30课时,增加了1/3,对一些希望短期内迅速提高汉语水平的学生具有相当大的吸引力。

以往成功的经验给了我们信心和底气。所以我们可以借鉴强化班的做法,将课时做出调整,删繁就简,突出重点。其中笔者认为,最主要的是增加汉语精读课的课时,从原先的每周12课时增加到16课时,将以往一学期完成的语法阶段教学集中到

10 周左右完成,同时辅以充分的练习。之后在词汇阶段教学和 HSK 辅导课中,继续滚动和巩固重要语法点。

在完成语法阶段教学之后,就进入了第二阶段——词汇教学阶段。原本这一阶段是在本科一年级第二学期完成的,任务是完成《汉语教程》第三册的(上)册。如今在第一学期的后半期就可以开始,同时因课时量有所增加,所以可以考虑完成第三册(上、下)两册的教学。也就是说,原来一学年要完成《汉语教程》第二册(上、下)和第三册(上)三本教材的教学,现在可以增加一本,即第三册(下)。增加了教学内容,可以相应增加学生的词汇量,对提高他们的汉语水平是有积极作用的。

3.2 调整课程设置

如果把国经贸专业汉语教学的思路定为强化教学,那么课程设置当然也要进行相应的调整。而且根据上文的分析,我们发现学生的国别等情况也都有了很大的变化(见 2.2),根据这些新出现的情况,可以将课程调整如下:

3.2.1 增开 HSK(新)辅导课

前两届是在一年级刚开始的时候就开设 HSK 辅导课,这样就产生了由于学生知识系统不完整而经常"丈二和尚摸不着头脑",而教师也要不时地将他们未学过的语法讲一遍才能完成练习的现象,既浪费了时间也影响了教学活动的开展。因此,笔者的思路是:先集中进行语法阶段的强化教学,等这一阶段完成之后,学生脑海中有了一套完整的汉语语法系统知识,再引入 HSK(新)辅导。精读课上的语法教学是按照点来讲的,一个个项目讲得非常详细。而 HSK 辅导课上,教师可以根据考试的特点,按照"词—句—篇"的顺序再将语法分专题综合起来讲练,这样纵向和横向的教学,再辅以大量的练习,就等于将刚学过的鲜活的知识从另一个角度又巩固和复习了一遍,对打造他们坚实的语法基础非常有好处。

另外,由于进校时学生的水平各不相同,所以应该将学生分为高班和低班,这样便于教师有的放矢地开展教学,收到预期的效果。

3.2.2 变听力和口语为听说课

原先的汉语课程是将听力和口语分开的,这样在时间上不经济,而且学生也经常觉得这样比较枯燥。其实,听和说本来就是一个有机的整体,不该人为地分割开来。因此,笔者觉得可以顺应如今的潮流,将听力和口语课结合起来,开设听说课。当然,为了配合完成考试任务的需要,听力是绝不能放松的。

3.2.3 增开汉字课

从上文也可看到,如今的学生有一大半来自前苏联等非汉字圈地区。通过实际的教学,笔者发现,这批学生的听说能力并不弱,可是汉字的认读和书写已经成为他们前进道路上的一大障碍。而我们以前的本科生都是以日韩为主的,汉字也不是教学的主要任务,并且精读课内容很多,不可能在精读课上花大量时间专门进行汉字教学,所以笔者建议应该增开汉字课。

考虑到学生的情况不尽相同,所以可以把汉字课开设为选修课,专门针对那些需要加强汉字训练的学生。此外,汉字课也不该以纯粹的讲授汉字知识为主,而应根据精读课本,将精读课上学到的汉字归类、集中讲解和训练。在讲解和训练的同时,教师可以根据每堂课所集中讲授汉字的特点,给学生讲解一些汉字的知识。

3.2.4 增开写作课

鉴于学生到了二年级就要进行小论文的写作,所以应把二年级开设的写作课提到一年级下学期来上,并且增加论文写作的辅导。

综上所述,具体的课程调整可以用如下表格来表示:

<table>
<tr><td>专业</td><td colspan="6">第一学期开设课程</td></tr>
<tr><td>对外汉语（经贸）</td><td>精读</td><td>听力</td><td>口语</td><td>阅读</td><td colspan="2"></td></tr>
<tr><td>国经贸</td><td>精读</td><td colspan="2">听说</td><td>阅读</td><td>汉字(选修)</td><td>HSK 辅导（后期进入）</td></tr>
</table>

<table>
<tr><td>专业</td><td colspan="7">第二学期开设课程</td></tr>
<tr><td>对外汉语（经贸）</td><td>精读</td><td>听力</td><td>口语</td><td>阅读</td><td colspan="3"></td></tr>
<tr><td>国经贸</td><td>精读</td><td colspan="2">听说</td><td>阅读</td><td>汉字(选修)</td><td>HSK 辅导</td><td>写作</td></tr>
</table>

3.3　完善淘汰机制

09 和 10 两届学生都是在学习一年之后才予以淘汰,这样浪费了教学资源,而且学习的效果要在一年之后才体现出来,也会使部分学生产生松懈,不易形成你追我赶的良好学习氛围。因此笔者认为,可以在 HSK 和课程之外,在第一第二学期末各设置一次淘汰考试。另外,其他专业的优秀学生如果希望学习本专业,也可以考虑流动进来

3.4　进校时把关

要达到高标准,学生的素质也很重要。随着本专业影响的扩大,招生时选择面也有所增加,因此在可能的时候,招生方面严格把关也是保证质量的关键之一。

4. 前景展望

国经贸专业在如今的新形势下应运而生,作为一个新兴的专业,她具有着广阔的发展前景,尤其是对于一些来自中国周边,或者与中国有着良好贸易关系国家和地区的留学生,这个专业切切实实地符合了他们的需要,对他们具有很大的吸引力。相信随着各方面的不断成熟和完善,国经贸专业必将能成为我

院,乃至我校很有特色的专业之一!

参考文献:

1. 对外汉语教育学引论　刘珣著　北京语言文化大学出版社　2000年1月

2. 对外汉语教学概论　赵金铭主编　商务印书馆　2004年4月

3. 汉语水平等级标准与语法等级大纲　国家对外汉语教学领导小组办公室　汉语水平考试部　刘英林主编　高等教育出版社　1996年6月第1版

4. 汉语水平词汇与汉字等级大纲　国家汉语水平考试委员会办公室考试中心制定　经济科学出版社　2001年6月第1版

5. 高等学校外国留学生汉语言专业教学大纲　国家对外汉语教学领导小组办公室编　北京语言文化大学出版社　2002年1月第1版

6. 国际经济与贸易专业教学计划(留学生试用版)　国际文化交流学院　2009年制定

最后,由衷感谢国际文化交流学院教务办公室陈灼芬老师提供的相关数据!

论暑期留学生汉语教学

郑振贤

[**内容提要**] 暑期汉语教学是一种在特定的时间,就特定的学习对象和特定的学习目的进行的教学。本文通过对教学语境的分析探讨暑期汉语教学的组织,根据暑期汉语教学的语境特点,制定教学计划,开展汉语教学。

随着中国经济的发展,学习汉语的人越来越多。利用假期来中国学习汉语的人数也不断增加,成为国外学生学习汉语的重要途径。暑期汉语教学是一种在特定的时间,就特定的学习对象和特定的学习目的进行的教学。留学生利用暑假来中国学习汉语,了解中国文化,亲身体验和亲眼目睹中国的发展和变化。

暑期汉语教学是在特定的教学语境中进行的。教学语境包括教学时间和地点,教学目的和教学任务,教学对象;与教学对象相联系的身份、职业、性格、修养、习惯等；由教学时间和地点、教学对象和教学目的不同而采用的教学方法、选择的教材、配备的师资。这些教学语境因素制约和规范着整个教学的进行。不同的教学语境引起了丰富多彩的教学变化，产生了不同的教学过程或教学类型。比如2010年上海外国语大学的暑期留学生短期汉语教学。教学时间：假期/相对集中（相对于国外的教学每周若干个课时）；教学地点：中国上海外国语大学；教学场合：课堂；教学对象：世界各国人员；学习动机：学习或提高汉语，并且附带旅游、探亲或工作；教学对象的身份有中学生、大学生、在职人员；学习对象的年龄从十几岁到四十几岁；教学对象的其他教学语境因素更是各不相同。通过对教学语境认真仔细地分析，制定教学计划，并在教学计划的实施过程中，根据对教学语境的不断认识和教学语境的变化，不断修正教学计划，从而不断提高教学质量和教学效果。暑期来上外学习汉语的留学生主要有两方面的来源，一是国外大学或教学机构组团来校学习汉语，这一部分学生的国别比较单一，学生的年龄比较接近，学习目的和任务比较明确，有关学生的各种因素也比较相近；二是国外学生自己报名来我校学习，这部分学生的差异比较大，本文探讨的教学主要涉及这部分学生。

一、教学时间和地点

根据国内大学的放假时间和国外大学的放假时间，暑期汉语学习时间从7月初到8月底，分为三期，7月初到7月底为一期，7月中旬到8月中旬为一期，8月初到8月底为一期，这样可以满足不同假期学生的需要。学生可以连读7月和8月两期。也可以第一和第二期六周连读，也可以第二和第三期六周连读。上课时间上午8点30分开始，上午4课时。上课时间是根据调查确定的，有百分之五十的留学生赞同上午8点30分上课，这同我们的生活习惯基本吻合。下午1点开始开设选修课。周末安排参观访问。教学时间对大部分留学生来讲,是相对集中,因而这种教学就有一些强化教学的特点。暑期在上海外国语大学每周有二十课时,在原来的学校每周只有几学时,他们就有一个适应过程,要适应新的教学节奏。教学地点是在目的语国家的上海外国语大学,教学场合是课堂。这种教学语境非常适合作为外语的汉语教学,他们可以在现实的汉语言语环境中学习和运用汉语,把汉语作为一种交际工具在学。既可以在课堂上学习汉语,又可以在现实的汉语言语环境中运用和学习汉语,不断完善和建构个人的汉语语言知识。这样的教学地点要求把语言学习和语言运用紧密地结合起来。课堂教学内容同现实的交际需要紧密结合起来。这些语境因素影响到教学方法的运用和教学内容的选择以及教师的配备。

二、教学对象、教学目的和教学任务

教学对象。国外学生自己报名来我校学习,这部分学生我们称之为散客团。散客团的留学生国籍差别大,年龄差别也大,其他学生本身的因素也各不相同。从国别来看,2005年暑期的调查显示,散客团,从欧美来的留学生占百分之五十五,从日本来的留学生占百分之十六点五,从印尼来的留学生占百分之十三。其他占百分之十五点五。从年龄段来看,19岁以下占百分之十八,20岁到29岁的学生占百分之六十四,30岁到39岁的学生占百分之十五,四十岁以上占百分之三。由此可见,年轻人占绝大多数。2010年暑期的调查显示,散客团,从欧美来的留学生占百分之五十八点四,从日本来的留学生占百分之九点六,从印尼来的留学生占百分之二点四,其它占百分之二十九点六。2010年暑期的调查还显示,29岁以下的学生占百分之九十点四,其中20岁到29岁的占百分之五十三点六,由此可见,年轻的暑期留学生越来越多,来自欧美的留学生成为主要教学对象。

留学生来我校前汉语学习的年限,从2005年暑期散客团的调查来看,零起点占百分之十九,只学过一个月的占百分之二十,三个月到半年的占百分之二十六,一年的占百分之十五,一年半以上的占百分之二十。从2010年暑期散客团的调查显示,零起点的占百分之十七,只学过一个月的占百分之十三,三个月到半年的占百分之十四,一年的占百分之十二,一年半以上的占百分之四十三。从中可以看出已有一定的汉语基础的留学生越来越多。

根据教学对象的各种因素,建立不同的教学层次,又在不同的教学层次中建立带有不同教学特点的平行班,以最大程度适应教学语境的需要。

2005年暑期的调查显示,散客团留学生来我校学习的主要途径是亲朋好友的介绍,占百分之三十二;国外大学的介绍,占百分之二十五;通过上网,占百分之十八;中介机构,占百分之十二;同学的介绍,占百分之七;百分之六为其他。2010年暑期的调查显示,亲朋好友的介绍,占百分之十五点二;国外大学的介绍,占百分之三十三点六;通过上网,占百分之二十三点二;中介机构,占百分之十三点六;同学的介绍,占百分之八;百分之三点二为其他。从中可以看出优良的教学质量和周到的服务能带来良好的口碑,真所谓慕名而来,与国外大学保持诚信友好的合作能保证稳定的生源。

学习目的。从2005年暑期散客团的调查来看,留学生参加暑期学习汉语的共同目的是学习和提高汉语,同时又同旅游、探亲、工作(做生意)等相联系。其中百分之六十九的留学生是学习与旅游。因为是利用假期,所以学习的目的往往不是单纯的。从2010年暑期散客团的调查来看,百分之七十一点二的留学生参加暑期汉语学习的目的是学习与旅游。

根据暑期汉语学习的教学对象和学习目的特殊性确定教学任务和选择教材和确定教学内容。

教学任务。暑期汉语学习的目的是,在假期较短的时间里,学习或提高汉语,感受了解中国,参观游玩。教学任务主要学习汉语口语,根据不同的汉语等级,完成四方面的教学任务:通过词汇和语法的学习,掌握基本的词语和句子,能进行日常生活的交际;能进行问答对话和简单的讨论;能进行叙述和描写;能发表自己的意见和进行讨论。

教材的选择和教学内容。根据教学对象和教学目的选择口语教学为主的教材,教学内容为主要为初级汉语和中级汉语。初级汉语分为三个层次,中级汉语也分为三个层次。不同的教学层次完成不同的教学任务。相同的教学层次的不同班级的教学任务也有所不同。

教学内容要具有实用性,就是尽量贴近学生的日常生活,学了就能用,无论是例句还是话题,要有实用性;教学内容也要有亲密性,就是学生对教学内容亲近熟悉,教学内容同当代社会和现实生活又密切性。

现有的教材内容,同在不同的时间和地点举办的暑期班的教学需求还有一定的差距,需要补充教学内容和编写补充教材。

学生的参观访问同教学有一定的联系,除了历史文化知识的介绍以外,还要作语言上的准备。

在初级阶段开设综合课和听说课,在中级阶段开设综合课和阅读课。综合课占总课时的百分之八十。

三、教学方法

由于教学语境的差异,教学方法的运用也要同每个班级的具体的语境相适应。暑期汉语学习要在轻松愉快中学习。教学方法以听说为主,在听说中学习语言知识,进行语言运用的训练。使学生能运用学到的语言知识和语言运用的知识,完成实际的交际任务。在课堂上除了教师简练的讲解外,更重要的是通过运用汉语学会汉语。不仅是学生和教师的互动,而且还要学生与学生的互动,在互动中学习汉语。

教学方法的运用除了受教材本身和教师本身的影响外,要根据各种语境因素恰当地运用各种教学方法,其中也要注重学生学习外语的学习习惯。做游戏,唱歌,表演;运用小组分工合作完成某一任务;堂上运用图片和多媒体教学,这些教学方法的运用都同一定的教学语境因素相联系。

四、教师的安排

教师的安排也要同教学环境(学生的特点,学习的目的)相适应。选派年轻的、能与学生保持良好沟通能力的和能积极参与学生课外活动的教师担任教学工作。每个教学班由两位教师承担。由于留学生在中国的时间短,大多数为第一次来中国,需要老师的帮助和指导。担任综合课的老师担任班主任,班主任不仅负责教学工作,还组织课外活动,指导学生在上海的生活。老师参与的活动,学生参加的就多,因为老师参加的活动,不仅仅是参观访问,也是一种语言实践活动。要求教师具有良好的英语交际能力。

五、选修课和课外活动的安排

由于暑期汉语教学时学生的学习目的不是单纯的,因此非常重视课外活动的安排。选修课的安排体现中国的传统文化。选修课主要开设书法课、剪纸课、太极拳、中国电影欣赏、学唱中国戏曲、中国文化、上海风俗等。课外活动开展语伴活动,观看杂技演出,举办参观旅游(世博会、朱家角、豫园、杭州、苏州、乌镇等)。

为了满足留学生的不同需要,以适应留学生的不同学习习惯,开设汉语辅导课和汉语角活动。开设选修课能够满足带有不同语境因素的学生的需要;安排课外活动和汉语辅导既是扩大或延伸课堂教学教学,也是考虑到带有不同语境因素的学生的需要。

六、教学的管理

综合课教师负责整个教学班的教学,协调各课型的教学内容和教学进度。开学前任课教师得到一份教学计划,开学第一周内任课教师修改和确定教学计划,并上报和向学生公布教学计划。每年暑期班教学进行一次问卷调查,为来年暑期班的教学作准备。

近几年来上外的暑期汉语教学有了较大的发展,学生的数量不断增加,教学水平不断提高,形成了一定的教学规模。组织好和管理好暑期汉语学习,不仅仅是学习汉语,了解中国文化,而是要进一步激发起学生学习汉语的热情和信心,培养学生对汉语学习的持久性和增进对中国文化的了解。因此办好暑期汉语教学意义非常重大。

参考文献:

1.《多角度语言研究》王德春 清华大学出版社 2002 年 1 月

2.《对外汉语教学入门》(第二版)周小兵主编 中山大学出版社 2009 年 9 月第二版

3. 汉语速成教学研究第一辑[C] 北京语言文化大学汉语速成学院 北京大学出版社,1997 年

4. 汉语速成教学研究第二辑[C] 北京语言文化大学汉语速成学院 北京:华语教学出版社,1999 年

现代汉语“固然”的多平面分析及其教学

翟保军

[摘要] 现代汉语中的“固然”意义及用法相对复杂,对语境有一定要求,所以在对外汉语教学中难度较大。本文通过对真实语料的分析,描写了“固然”在语法分布上的特点,其主要出现在主语后、谓词性成分前;在语义上,“固然”后的“但是”部分是说话人表达的重心,这两部分具有四种语义关系;在语用上,“固然”用于阐述观点、劝说别人和说明情况或原因,对前文表述具有一定的依赖性。基于真实语料的考察以及学生使用的偏误,我们认为应该加强该语言点的语篇教学与实例教学。

[关键词] 固然　语法　语义　语用　教学

在对外汉语教学的中高级阶段,关联词语的教学显得比较重要,对这个阶段的留学生的要求,不仅是要能正确地说出一句一句的话,而且要尝试较为流畅和紧凑的成段表达。汉语中的关联词语有的比较简单,如"因为……所以"、"一方面……,另一方面…"、"如果……就……"、"不但……而且……"等等,这些关联词语一般成对出现,逻辑关系比较清楚,大多又能在学生的母语中找到基本对应的词,所以教学起来并不太困难。而另外一部分关联词语,如"固然……可是"、"连……都/也"等等,意义相对比较复杂、表达了特定的语气、用法较为特殊,对语境有一定的要求。这类词语的教学难度较大,学生的出错率也远远高于前者。

"固然"在《汉语水平词汇等级大纲》属丙级词,作为一个表达特定语气、用法较为特殊的连词,在教学中是个难点。刘月华(1994)以"固然、于是"为例探讨了虚词的用法研究。关于"固然"的用法,她提出三点:第一,用"固然"时所承认的事实应该是对方刚刚提出或很多人公认的一种看法。第二,用"固然"时,"但是/可是/却"等所在的分句都表达作者或说话人的看法。这个看法正是针对前面包含"固然"的分句的,而且不同于那种看法。第三,"固然"与"虽然"在风格上也不同,"固然"比较"文",比较正式,"虽然"则是中性的。在此基础上她提出注释和教学时要提供必要的语境、上下文。刘月华的观察很仔细,然而这种经验式的总结还不够。本文试图将对"固然"的分析建立在现代汉语语料库和中介语语料的基础之上,同时探讨"固然"的教学。

1. 语法结构分析

本文的现代汉语语料选自北京大学汉语语言学研究中心的现代汉语语料库,共搜索4356条含有"固然"的语料。我们着重分析了前500条,除去完全雷同的语料,共考察了491条"固然"的语料。经分析整理后发现,"固然"在语法结构上有规律可循。

1.1 “固然”用在主语前

《现代汉语八百词》指出“固然”和“虽然”的一个明显的区别就是:“虽然”用在主语前后比较自由,“固然”则很少用于主语前。这是合乎事实的,491 条“固然”的语料只有 29 例是“固然”位于主语之前的。

(1) 固然直接经验对学生来说也是不可或缺的,但事事靠直接经验去获得也是不可能的。

(2) 固然有些问题应由主席亲自答复,有些问题则可由其他与会者答复,甚至可由发问者本人答复。

上述例句在不改变原句基本意义的情况下,大多可以把位于主语前的“固然”移到主语和谓语之间,如例(1)、例(2)。

1.2 “固然”用在主语和谓语之间

“固然”用于主语和谓语之间的情况非常多见,共有 462 条语料。具体地可分为用在动词部分前和用在形容词部分前。

1.2.1 “固然”用在动词部分前(共 293 例)

“固然”后面的动词部分一般来说是较为复杂的形式,动词中心带上宾语、补语、状语等。此外,“固然”后面也有主谓结构。

(3) 春节快到了,过好春节固然少不了美酒佳肴,但精神食粮也不可或缺。(动词 + 宾语)

(4) 这些问题,固然要从机制的转换上寻找答案,但是,再好的机制,如果忽略了人的因素,恐怕也难以有效运转。(状语 + 动词 + 宾语)

(5) 中国经济近几年固然发展较快,但是也产生了一些问题。(动词 + 补语)

(6) 他为什么走上犯罪道路固然原因很多,但归根结底是由于他放松了对自己世界观的改造,在新的历史条件下,经不起执政权利和改革开放的考验,抵御不住金钱的诱惑和剥削阶级腐朽思想的侵蚀。(主语+谓语)

在“固然”用在动词部分前时,有几种情况占据了相当大的比重。

1.2.1.1　助动词+动词(59例)

“固然”后面的动词部分,以助动词“(可)能/会/要/可以/应该/必须”等带上动词的形式最为多见。可能是因为“固然”多用于议论性的句子,这一点和助动词在语义上有相通之处。

(7) 在处理突发事件时,哈佛经理固然要有冒险精神,但也要倾向于选择稳妥地阶段性控制的决策方案,以保证能控制突发事件的发展。

(8) 印欧系语言的语法理论用来分析印欧语,固然可以得心应手,而用来研究汉语就会捉襟见肘,矛盾重重,其中最难解决的问题就是在“主语–谓语”结构框架下的词类划分以及词类与句子成分之间的相互关系。

(9) 在选择春节晚会节目时,名人效应固然应该考虑,但切不可将之“神话”

(10) “细粮”固然必须要细做,“粗粮”也要细致。

(11) 金钱固然能使人异化,但贫困也能使人性产生恶劣的扭曲,俗话说“穷山恶水出刁民”。

1.2.1.2　是+宾语(47例)

排除作为强调手段的“是……的”句以外,“固然”后“是+宾语”的形式也非常多见。除了“是+名词宾语”以外,还有“是+动词宾语”、“是+因为……”引出原因;“是+为了……”引出目的等。

(12) 强壮的身体固然是工作、学习的基本保证,但心理的

健康也是不可忽视的条件。(是+名词宾语)

(13) 办小农场固然是搞规模经济,暂时还没有条件办农场的地方还能不能发展规模经济呢?(是+动词宾语)

(14) 这次出兵失败,固然是因为马谡违反军令。(是+因为……)

(15) 这固然是为了宣传孝道,控股宗族团结,但同时,尤其是后来,这也意味着阶级差别受到排斥。(是+为了……)

1.2.1.3 有+宾语(46例)

“有”后面所带的宾语,有的是意义比较实在的具体的事物,但更为常见的是“原因/动因/因素/缘由/根源/方面/问题/必然性”等抽象名词,尤以“原因、因素”这两个词出现频率最高,分别出现了26次和11次。

(16) 从“闯关东”到“回山东”,固然有乡土观念的原因,但更重要的,是由于经济发展了,故乡更有吸引力了。

(17) 传统文化与市场经济固然有相矛盾的方面,但也有结合点,齐文化中的重商、重人才、讲诚信就是这样的结合点。

1.2.2 “固然”用在形容词部分前(共169例)

“固然”用在形容词部分前的169条语料,涉及到的形容词只有48个。如下:

重要、悠久、困难、有用、难说、难得、错综复杂、夸张、好笑、矛盾、复杂、不错、错误、不对、不行、好、新、多、少、贵、富裕、诱人、丰富、生动、感目、矮小、抢手、光荣、通用、崇高、刻不容缓、无可非议、不可避免、来之不易、有益、必要、多样、正常、不易、明智、痛快、可贵、可喜、可悲、可取、可嘉、可敬、可贺

这些形容词用在“固然”的语句中都带有非常明显的评价的意味,它们的出现频率有着很大的差异,出现次数最多的是“重要”,其次是“好、多、不错、可喜”等积极性词语。下表列出

了出现频率较高的形容词。

形容词	重要	好	多	可喜	不错	可贵	不易	复杂	困难	有用	可取	可笑
出现次数	54	19	8	6	5	4	4	3	2	2	2	2

2. 语义关系分析

“固然”引出的复句,概括起来是:A 固然 C,但是……。[①]可以分为两段,“固然”段和“但是”段,下面分别讨论这两段在语义上的特征。

2.1 “固然”段

“固然”是一个连词,可是它却不如“不但”、“虽然”等连词的语法化程度那么高,还带有比较实的意义,有点类似于语气副词。某些句子的“固然”可以用语气副词“当然、自然”替代。如:

(18) 更换交通指挥灯信号系统,采用先进设备,固然(自然)需要大笔资金,但权衡得失,我认为还是值得的。

(19) 成功固然(当然)可喜,失败也未必可悲,关键是要从中吸取经验教训。

值得注意的是,“固然”不只是简单地承认某个事实,而且承认的某个事实是对方刚刚提出的事实,或很多人公认的看法。如例(18),对方可能刚提出“采用先进设备需要大笔资金”,说话人在承认对方这一说法的基础上,表明自己的意见。例(19)“成功可喜”是大家公认的看法,说话人也是在承认这一公认看法的基础上,发表自己的看法。说话人说出“固然”段,就是表

① “固然”在句中一定要出现,大多是用在主语后面,用在主语前面的大多也可以挪到主语后面;“但是”,也包括“可是、然而”等,经常和“也、还、却”等词配合使用,在句中也可以不出现。

明自己承认对方说的某一点或一般公认的看法，但“固然”段并不是说话人语义表达的重点，语义表达的重点在于“固然”之后的分句，这是“固然”的语义背景。

2.2 “但是”段

“但是”段是说话人语义表达的重心。“但是”段的语义内容和“固然”段的语义内容有着某种联系，具体来说，分为以下几种情况：

2.2.1 A 固然 C，但是（A）也 D（C 和 D 有相反的关系）

“固然”段和“但是”段是对同一主语 A 的两方面情况 C 和 D 进行论述。C 是对方刚提出的事实，或是大家公认的看法；D 可能是被大家忽视的方面，但同时正是说话人想要强调的方面。C 和 D 的语义内容是相反的，如果 C 说的是好处、优点，那么 D 说的就是坏处、缺点。

（20）“小燕子，穿花衣，年年春天来到这里”这样的歌声，固然清新优美，但已经太陈旧。

（21）股票市场的种种投机行为固然会对商品经济的发展产生很大的负作用，但不可忽视的是，投机活动也是资本集中的一个不可缺少的条件。

2.2.2 A 固然 C_1，但是 B 也 C_2。（C_1、C_2有类同的关系）

“固然”段和“但是”段是对不同主语 A 和 B 具有类同情况 C 的一种论述。A 和 B 虽然是不同的主语，但一定有关联，或是相关的，或是对应的。A 具有 C_1 的情况，是对方刚提出的，或是大家公认的；而 B 也具有 C_2的情况，这可能是被人忽视的，但也正是说话人要着重指出的。值得注意的是，类同关系蕴含了相同关系，C_1、C_2也可完全相同，如例（24）。

（22）物质水平低下固然不是社会主义，精神文明水平低下，同样也不是社会主义。

(23) 树立良好的形象固然不易,但要维护好良好形象则更是难上加难。

2.2.3　A 固然 C_1,但是(如果/只要)……,A 就不 C_2 了。(C_1、C_2有类同的关系)

"固然"段指出 A 具有 C 的情况,是对方提出来的,或是大家公认的。在"但是"段说话人强调在某种条件下 A 就不具有 C 的情况了。

(24) 在暴利下的高利润固然很好,但如果利息的负担超过营业额的 25%,情形就很不好了。

(25) 朝着自己的志向不断奋斗的勇气固然可嘉,但如果经过实践证明"此路不通"时,还不肯调整,那么结果只能是失去了更多的机会。

3.2.4　A 固然 C_1,但是更 C_2的是……(C_1、C_2有类同的关系)

"固然"段指出 A 具有 C 的特征,是对方提出或大家公认的。在"但是"段指出更 C 的情况。"固然"段和"但是"段有递进的关系。

(26) 对一名领导来说,看好自家的人,管好自家的人固然很重要,但更重要的是管好自己一班人,使自己一班人使用好手中的权力。

(27) 亏损企业和贫困地区固然需要"金子",但更需要点石成金之"点子"。

3. 语用制约因素分析

"固然"的使用会受到语体、篇章和预设的影响。

3.1　语体的影响

"固然"所在的分句都表示某些人提出的看法或一般人公认的观点,说话人用"固然"先暂时承认这种看法有道理;"但是”所在的分句针对前面“固然”分句的观点，提出自己的看法。这种看法不同于“固然”所在的分句。所以“固然……但是……”复句一般都是议论性的，有雄辩的语气。而描写、叙述、说明性的文字鲜见“固然……但是……”复句。

“固然”所在的分句先承认对方说的或大家公认的观点有一定道理，这样既是礼貌的、合作的，又比较有说服力。“固然……但是……”的语段常常用来阐述观点、劝说别人和说明情况或原因。

(28) 不断告诉孩子应该做这做那，不应该做这做那固然重要，但日常少对孩子训斥，对孩子采取礼貌、民主的态度，效果可能更好些。(阐述观点)

(29) 晚上，夫妻躺下来后，他再劝林小枫，说理加激将：从高飞那方面讲，他的做法没有错。固然他是为自己，但同时并没有害别人——应当说是利己不损人；从她这方面讲，固然是当陪衬当电灯泡，但同时吃了喝了玩了见了老同学——等于是助人为了乐。(劝说别人)

(30) 她有“青春”，有“美”，有充溢着的血，固然他也看到她是粗，但是他直觉到这才是他要的，渐渐他也厌恶一切忧郁过分的女人，忧郁已经蚀尽了他的心；他也恨一切经些教育陶冶的女人……(说明情况)

3.2　篇章的影响

“固然……但是……”复句一般不是孤零零的，对语篇有一定的要求。首先“固然”所在的分句所提出的看法，往往是对方刚刚提到过的。如果前面没有人提出什么看法，后面用上“固然”就不合适。

除了“固然”所在的分句对语篇有要求以外，整个复句也常常作为一种论证支持某个论点，如例(31)，论点是“曾老太爷不敢说没有钱”,后边紧跟的“固然……但是……”复句就完成了一次很好的论证。

(31) 曾老太爷一直不说他有钱的,但也不敢说没有钱。他的家几乎完全操在大奶奶的手心里,哭穷固然可以应付女婿,但真要是穷得露了骨,他想得到大奶奶的颜色是很难看的……

3.3 预设的影响

“固然”所在的分句有时对语境的要求不是太高,那么这时该分句预设要满足一个要求,即“这种看法是一般人的看法,是公众的观点,是众所周知的。”

(32) 考上大学固然是件好事,考不上也没有关系。

这就牵涉“公众心理评判标准”,这个标准有些是世界人民共通的,有的则表现了一些民族特点。

4. 中介语语料分析及其教学建议

第二语言习得研究要摆脱只凭教师直觉和经验的影响,有必要建立大规模的语料库。北京语言大学的“HSK 动态作文语料库”提供了考试情境下书面语的中介语语料。该语料库规模达 424 万字,不仅对语料进行了很好的标注,并且为使用者提供了原始语料以及测试者的母语背景和现有汉语水平的信息,为我们的研究带来方便。在“HSK 动态作文语料库”共搜索到语料 52 条,结合原始语料对这 52 条“固然”的语料进行分析,不仅分析偏误,也分析正确的句子。

52 条“固然”的语料集中在论说文题材①,其中正确的语料 40 条,出现偏误的语料 12 条,错误率达到 23% 。从某种意义上

① 52 条语料涉及 15 个作文题。其中以《绿色食品与饥饿》《我对男女分班的看法》《最理想的结交方式》《如何解决代沟问题》《我对离婚问题的看法》《吸烟对个人健康和公众利益的影响》等作文出现“固然”频率较高。

说“固然”的正确使用是留学生汉语水平高的表现，语料中不乏精彩的句子，如例(33)、例(34)。

(33) “饭后一根烟，快乐似神仙”，这句话对吸烟者而言固然是一句至理名言，可是事实上，除了满足吸烟者的“烟瘾”外，它无论就各人的健康或大众的利益而言，皆是“百弊无一利”的。

(34) 青梅竹马固然好，但俩人必须有共同的生活目标，共同的成长过程才能感情不变。

而出现偏误的留学生则有 8 位没有获得 HSK 等级证书。出现的偏误有下列几种情况：

第 1，句子缺少“固然”的语义背景，错用。这种错误占 6 例。

(35) *固然我还没有这工作的经验，但是我常想找这样的工作。

第二，搞不清“固然”段和“但是”段的逻辑语义关系，错用。这种错误 2 例。

(36) *人们健康是重要的，没有健康体魄的人往往过不好自己的社会生活，但摆脱饥饿也固然重要。

第三，“固然”和其他词语连用时出错。这种错误占 2 例。

(37) *生意不好没有钱了，固然确实是不好的，你们都不要担心。

第四，“固然”句中该用助动词而未用。这种错误 2 例。

(38) *固然减少生产量引起饥饿的发生，但该先保护我们的环境。

基于对现代汉语语料库和中介语语料的分析，我们认为在以汉语为第二语言的教学中，在教授“固然”时有几点需要注意。

第一,贯彻语篇教学。留学生造的有些句子看上去很怪,例如“玛丽固然很有钱,可是她并不高兴。”“他固然很喜欢我,但是我不喜欢他。”关键的原因就在于这些句子是孤立的,如果适当补充一些语境,这些句子还是可以接受的。到了中高级阶段,在讲授虚词时,把该虚词放到语篇中才能有好的效果,同时也锻炼了学生的成段表达能力。

(39) A:玛丽自己买了大房子,新车子,她真有钱啊!

B:玛丽固然很有钱,可是她并不高兴,因为她又跟男朋友分手了。

(40) A:那个男孩又高又帅,而且他很喜欢你。你为什么不跟他约会呢?

B:他固然很喜欢我,但是我不喜欢他。

第二,通过具体的例子把该虚词出现的语法结构和语义结构带出来。例如可以通过一个中心话题“拥有私人汽车的好处和坏处”把下面四种句型都带出来,其中的语义关系就很自然地展现出来了。把学生分成两组进行辩论,在立论和驳论中,“固然”能够得到充分的训练。

A 固然 C,但是(A)也 D(C 和 D 有相反的关系)

→ 开私人汽车固然很方便,但是找地方停车也很麻烦。

A 固然 C_1,但是 B 也 C_2。(C_1、C_2有类同的关系)

→ 开私人汽车固然很方便,但是坐公交车、坐地铁也很方便。

A 固然 C_1,但是(如果/只要)……,A 就不 C_2 了。(C_1、C_2有类同的关系)

→ 开私人汽车固然很好,但是如果油价越来越高,开私人汽车不合算了。

A 固然 C_1,但是 C_2的是……(C_1、C_2有类同的关系)

→ 坐公交车固然方便,但是更方便的是自己开车。

第三,在编写教材和设计练习的时候要注意一些跟该语法点相关的高频词。例如用在“固然”后面的形容词常常是表评价的形容词,如“重要、好、多、不错、可贵”等等。

参考文献:

[1] 黄南松、孙德金 (2006).《HSK 词语用法详解》,. 北京:北京语言大学出版社。

[2] 刘月华(1994). 以“固然”“于是”为例谈虚词的用法研究,《汉语学习》第 2 期。

[3] 陆俭明、马真 (2003)《现代汉语虚词散论(修订版)》,北京:语文出版社。

[4] 吕叔湘 (2004)《现代汉语八百词》北京:商务印书馆。

[5] 马真 (2004)《现代汉语虚词研究方法论》北京:商务印书馆。

[6] 王还 (1999)《新编汉英虚词词典》北京:华语教学出版社。

[7] 杨寄洲、贾永芬编著 (2005),《1700 对近义词语用法对比》北京:北京语言大学出版社。

[8] 朱德熙 (1982)《语法讲义》北京:商务印书馆。

理论研究的基础——同一性

方珍平

［摘要］ 本文通过对“同一性”逻辑内涵与语言范畴特质的分析，说明“同一性”在语言研究中的重要性及在语法学史研究中的必要性，从而揭示语言研究中坚持科学精神，拓展学科内核的意义。

［关键词］ 同一律　同一性　语法研究　理论基础

龚千炎先生的《中国语法学史稿》是一部“史论意识”强烈、“史论目标”明确、材料丰富的语法学史著作。它对语法从无到有、发展繁荣、走向推进的全过程作了总检讨，尤其对语法学的新点、热点、难点有较多反映，颇值一读。

伴随着文字的跳跃，通过对整个语法研究的反思回顾，笔者深有感触，其中最大之感即为“同一性”问题。我们知道，“一部中国语法史，就是不断向汉语特点回归的历史”，[①]也是在讨论、论争、总结中选择前进的历史。在语法史上，涉及到语法研究的对象目标方向、语法单位的区分和语法意义的界定、方法论的取舍、汉语特殊性的体现等全局范围的讨论就有多次，其中以文法革新、词类、主宾语、单复句、析句方法等五大讨论影响至为深远。这些论争使语法研究更快地走到今天的水平，对其认识和看法已较为公允和凝结。但是，客观地讲，我们尚未吸收它们的全部成果，这与语法学家们为讨论付出的努力是不成比的。所以从某种角度说，这些讨论不是完全收成已毕、可以放开搁下了的。其不能完全收成的原因是复杂的，除了汉语语法本身的难度（它的特殊性），恐怕更重要的是科学研究方面尚可省思的得失——这就是忽略了“同一性”的把握。说明这一点，对我们深入理解这几次大讨论，对我们进一步认识和掌握理论研究本身的规律性，也许有所裨益。

一、“同一性”包含逻辑“同一律”和语言的“同一性”两方面内容

语法研究的“同一性”包含逻辑学中的“同一律”和语言的“同一性”两个组成部分。前者是同一性的基本要求，后者指同一性的具体选择、层次选择、方法选择及其转化。

形式逻辑中的“同一律”，其义就是“等同”，是逻辑学的基本规律之一。它要求在同一个思维过程中，任何一个思想与其自身是同一的，每个概念、判断具有明确同一的内容，以至达到客观上的一致性和确定性，避免“偷换概念”或“偷换论题”的逻辑错误。这一规律强调概念的内涵和外延的“重合”，用公式表示：

---

① 龚千炎《中国语法学史稿》，北京：语文出版社 1987 年版，第 356 页。

A是A　或　A=A ——→同一性

用“集合”表示(I为“全集”):

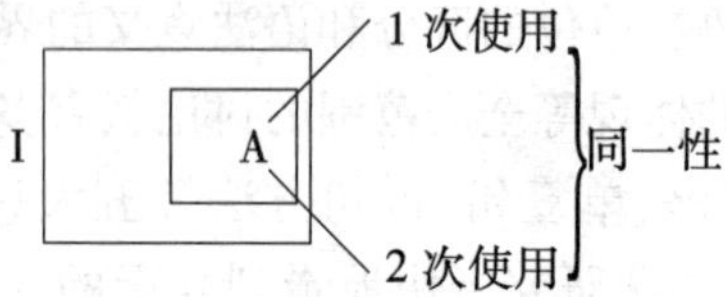

举例来说:“两公婆吵架的小事”(I)中的“两公婆吵架”(A)与“小事”(A′)是“同一”的。[①] 即:A=A′

逻辑中的“同一律”是其他理论研究的方法论。语言研究作为人文科学的一个组成部分,它的特征即在于通过对语言实体本身的观察积累达到“抽象”,在于它的“构拟性”和“解释性”,所以“同一律”既是其内在要求,又是客观必然。而语言研究发展到一定程度(矛盾冲突外化状态),它又成为一种自觉行为。这也可用以解释语言学家们为什么关注这一点(下面将论及)。“同一性”的另一重含义指矛盾(一个对象)组成双方相互依存、相互贯联、相互转化的特性,指矛盾双方“共同”部分的范畴,这是哲学概念的"同一性”。用公式表示为:

$A\cap\bar{A}$=同一性　($\bar{A}$为A的“补集”)

用“集合”图形表示为:

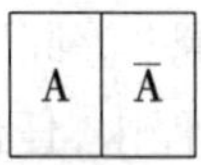

I之“内涵”为其同一性

也就是说,“同一性”不是指外延方面,不是相交的“部分”,而是相交的“范畴”,即双方内涵的“类”。如“生”与“死”共同组成“生命状态”,二者的同一性在于它们“均为生命状态”。

语法研究中的语法单位、语法意义、语法功能、语法形式等

① 龚千炎《中国语法学史稿》,北京:语文出版社1987年版,第166页。

等都是一个个“矛盾”，所以必然包含这种“同一性”。在研究中也必须首先辨认、把握这种“同一性”。如果说“同一律”是研究方法，“同一性”则是语法研究（尤其是涉及“比较”）的一项内容和一种标准。

在语言研究和语法研究领域，许多学者们都关注到“同一性”问题，而且他们更多地阐述了本位（研究对象）的同一性。

索绪尔先生就在《普通语言学教程》第二编“共时语盲学”中列单章探讨了“同一性、现实性、价值”三个范畴。他肯定论道：“语言机构整个是在同一性和差异性上面打转的”，同一性问题“到处碰到”。他举例说明“两班‘晚上八时四十五分日内瓦——巴黎’快车相隔二十四小时开出”有“同一性”，是“同一班快车”，但“车头、车厢、人员，全都不一样”；一条拆毁后重建的街道——“我们说这是同一条街道”。所以同一性“以某些条件为基础……却是跟它的偶然的材料毫不相干的”、“每次这些相同的条件得以实现，我们就得到相同的实体。”[①]他又从另一角度举例“我的衣服”——被偷之后在一家旧衣铺架子上找到，这才是“我的衣服”，而同样质料样式的另一件衣服却被“排斥”，“语言的同一性不是衣服的同一性，而是快车和街道的同一性。”[②]这说明他关心的是时间的“运行”和空间的“重构”，同一性是变化、替换的“基础”，是指“接触到语言单位真正本质”的语法范畴（索绪尔称之为“要素”），而不是概念的等同、属性的不变。关于这一点，稍前他还有论述：“音段和概念相对应就有同一性……反过来说就不正确，因为没有这种不对应（此处

① 索绪尔《普通语言学教程》，北京：商务印书馆 1982 年版，高名凯译，第 153 页。

② 同上，高名凯译，第 154 页。

似误,“不”字应去掉?——笔者)也可能有同一性”,[①]“一个词可以表达相当不同的观念,而它的同一性不致因此遭受严重的损害”。[②] 这说明,范畴上的同一性是超出语言单位语义内涵的变化的。

在该书第三编第八章,索绪尔先生还谈到“历时的单位,同一性和现实性”。“历时同一性只意味着人们是通过言语中一系列共时同一性从一个形式过渡到另一个形式的,它们的联系从来没有被连续的语音变化切断”,[③]历时同一性是共时同一性的“引伸”和“复杂化”,我们可以根据历时同一性来判别语音变化等等。

关于这个问题,方光焘先生从朱德熙先生的《说“的”》中看到结构主义方法的引入后,即有所感发。他在1962年“5·20”南京大学校庆60周年科学报告会上作了《论语言记号的同一性》的学术报告,他判定索绪尔“认为语言记号的同一,是关系的同一而不是实质的同一”,他觉得这一阐释“是在研究语法、分析语法现象时有参考价值的”,[④]他并引入了“语音形式和意义的同一”这一标准。[⑤]

对此,徐思益先生有发挥,他在那本“继高名凯《语法理论》之后又一部学术著作”[⑥]的《描写语法学初探》中写道:“我们可以这样说,语法单位的同一性是指一段话里的某一部分和另一

---

① 索绪尔《普通语言学教程》,北京:商务印书馆1982年版,高名凯译,第152页。

② 同上,第153页。

③ 同上,第255页。

④ 方光焘《方光焘语言学论文集》南京:江苏教育出版社1986年版,第217页。

⑤ 同上,第226页。

⑥ 龚千炎《中国语法学史稿》,北京:语文出版社1987年版第320页。

段话里的某一部分在相同的结构关系可以互相替换。"[1]他举的例子是"这朵花比那朵花美丽/张三比小李漂亮"两句中的"美丽"和"漂亮"。

中国现代语言学奠基者之一的赵元任先生也讨论过"词的同一性和语素的同一性"问题。[2] 他没有具体阐述"同一性",只是通过"种类"、同汉字不同书写体、繁简字、异体字、同形(不同音)、(同形)同音(别:另外)(别:不要)、语素的分离、义项的界定等等的例举分析中,说明单位可资比较的同一性基础。

对于"同一性"问题,我国语言学家以吕叔湘先生论述最为详尽。这一点龚千炎先生在《中国语法学史稿》中也有全面的介绍(参阅该书 270 – 276 页)。吕叔湘先生在 1962 年 11 月号《中国语文》发表的《关于"语言单位的同一性"等等》明确探讨了"分布"、"功能"、"常体、变体、变换式"、"替换、层次"等原则。我们颇可加以习用:

"'同一性'指事物的异同。两个东西之间总是有异有同,很难得完全相同。"

"语言单位的同一性指的是哪一种同一性呢? 还是有的单位可以有这种同一性……只能有那种同一性,而有的……既有这种同一性又可以有那种同一性呢?"

"语言里的变体问题跟同一性和替换可能性紧密相连,也是很复杂的。"[3]

总之谈到了各种语法单位之间(语音、语法、词汇)及语法

① 徐思益《描写语法学初探》,乌鲁木齐:新疆人民出版社 1981 年版,第 180 页。

② 赵元任《汉语口语语法》,北京:商务印书馆 1979 年版,吕叔湘译,第 91、96 页

③ 龚千炎《中国语法学史稿》,北京:语文出版社 1987 年版,第 272 页,转引。

范畴之间的同一性和差异性问题,说明同一性反映面广、层次丰富、具有深入的难度。为同一性提供了更严格、更深刻的释解。

然后又由语素的同一性谈到结构体的层次性、结构体本身的同一性问题,说明“同一性”(此)与“同一性”(彼)也是有质的区别的。①

在此之前,作者批评了另一位学者“对自己使用的一些术语也没有一一给予确定的规定和举例”。②

这样,由浅入深、由细入广、由具体到抽象,整个同一性问题就明确地解释清楚了。

二、同一性在语法研究中的重要性和必要性的体现及其事例

明确了“同一性”的主要内容,现在我们就可以参照“阅读”语法学史上的几件大事,主要按顺序追溯一下五次大讨论。

在1930年代末语法革新大讨论中,傅东华先生似乎在所有重大问题上有错误、居“落后”地位,这本身是个令人深思的问题。如果他的观点和方法都“无效”,又何来长久激烈的论争?事情远未如此简单(这次讨论参阅《中国语法学史稿》78~82页)。语法是人们对语言惯例的各类语法意义和形式范畴的抽象概括。傅东华先生提出:“一线制”、“词不在句中便不能分类”、“文白一体”、“以句子的实义做骨架来建立系统”,都是基于传统的句义、词序的语法研究,是偏重“语用”的;而方光焘先生、陈望道先生等区分言语和语言、构拟“广义形态说”和“功能说”、甄别共时和历时,主张以形态范畴关系为对象,是基于普

① 龚千炎《中国语法学史稿》,北京:语文出版社1987年版,第275页。括号内容为笔者所加。

② 同上,第271页。

通语言学原理。二者着眼点并不“同一”，他们从对象到方法各成体系，是难以统一的。

1953年9月到1955年5月进行的“词类大讨论”（参阅《史稿》174—187页），似乎是“词有定类”说“凯旋回朝”，而站在前台的高名凯先生因主张“词无定类”无功而返。实际上，黎锦熙先生有“凡词，依句辨品，离句无品”；[①]王力先生说：“词在词典里的时候，分类不分品；词在句子里的时候，分品不分类”；[②]而吕叔湘先生提出“词汇的词”以区别“语法的词”、“词只有在语句里边才有各种变化形式，孤立的词，词典里的词，是从这个词的众多形式中抽象出来的基本形式，不把它用到语句里去是不需要知道它的形态变化的”[③]。这些论断多少包含了“词无定类”的含义。实际上，讨论双方涉及的是“本身的词类”和“特征的词类”（在语句比较中获得）两个问题，是本体论和实践论的差别。龚千炎先生称之为“传统语法的词类观和结构主义的词类观之争”。[④] 似乎可以说，汉语有“可能的词类”，这“可能的词类”在句子中、在语用中得以“实现”。这是为了把这两个“不同一”的范畴统一起来的无可奈何之想。

比如：抽象的非具体的“人”无所谓“有否价值”（“人”具备“价值的可能性”），只有在劳动、在社会实践中才可判断“他”是否有“价值”。正如高名凯先生所说：“我们所说的汉语的实词没有词类的区分就是说汉语的实词具有多种词类的功能。”[⑤]对“不同一”的范畴缺乏界定，必然导致标准的混立。陆宗达、俞

① 龚千炎《中国语法学史稿》，北京：语文出版社1987年版，第51页，转引。

② 王力《中国现代语法》，北京：商务印书馆1985年版，第19页。

③ 吕叔湘《吕叔湘自选集》，上海：上海教育出版社1989年版，第106、115页。

④ 龚千炎《中国语法学史稿》，北京：语文出版社1987年版，第177页。

⑤ 同上，第283页，转引。

敏两位先生千方百计去探寻汉语的“形态变化”,恰好是对“形态划分法”标准的“妥协”。这次讨论确定的不管是“意义、形态、结构关系”中的两个或是三个标准,都是无法贯彻的。后来“主宾语大讨论”中,胡附、文炼两位先生把标准融化为“从结构中发现意义,要找出结构和意义之间的关系来”①延长了实际上的“双重标准”的行程。要根本解决这个问题,还是要区分语法、语义、语用的不同平面,不在不该“同一”的时候套用“同一”。随着研究的深入,这也会逐渐成为“自觉”,正如龚千炎先生总结这次讨论所说:“讨论也存在一些问题。例如术语不统一。大家都讲形态,可是讲的满不是一回事。”②

发生于1955年7月至1965年4月的“主宾语大讨论”(此次讨论参阅《史稿》188-203页),“两条标准”也很明确,实际上只是选择、衡量的问题。“施受事”无法统一结构,“结构”无法使施受事统一。陈凡先生触及到了本质:“讨论主语宾语问题,不能停留在对个别例句的辩论上,必须充分地考虑依据和标准问题。”③可惜深入理解其中含义的学者不多,极少人去理清主语、宾语的定义、依据,导致“讨论存在一个明显的缺陷,就是大家都谈主语,可是理解并不一致,因此各谈各的”,④犯了概念“不同一”的常识错误,使讨论无法深入。胡附、文炼两位先生提出的意义和结构“综合利用”的标准,一方面是讨论的成果,另一方面又反映了混淆范畴必然走入的困境。

其后,“单句复句的划分问题早就存在,只是语法学家一向

① 龚千炎《中国语法学史稿》,北京:语文出版社1987年版,第195页,转引。

② 同上,第187页。

③ 同上,第192页,转引。

④ 同上,第202页。

各说各的,没有加以讨论"[①]。有鉴于此,1957 年进行的"单复句大讨论"似乎没有什么必要(参阅《史稿》225—233 页)。除了刘世儒先生"由大及小"产生的"成分划定法"有它本身较强的"程序性"和"可验证性"之外,关于单复句本身没有得出什么结论。但这失败似乎又包含着"同一性"的内在作用:"语法"该与"语用"分家了,不能再在"语言现象"中跌跌撞撞了。否则,我们永远无法获取单复句的"界限"。

谈到这里,当我们迎面品思 1981 年 2 月至 1982 年 3 月的"析句法大讨论"时(参阅《史稿》330 ~ 337 页),我们自然会问:出发点、目的何在? 是为了了解结构,还是为了理解意义? 这实际上又是两种标准的衡量选择。所以我们理解史存直先生在"一边倒"的情况下"指摘层次分析法忽略了词在句子中的结构层次,把非线性的东西当作线性的东西来处理……"[②]他指的是"语义层次"而非"结构主义"的"结构层次"。正如后来吕叔湘先生指出的:"语法学家对有的句子的分析意见不一致,有时是把语法结构和语义结构混为一谈了。"[③]朱德熙先生说:"……层次性是语言的本质属性之一。既然如此,进行语法分析就不能不进行层次分析,层次分析是语法分析的一部分,是进行语法分析不可缺少的手续之一,不是一种可以采用也可以不采用的方法。"[④]语法学家们已经站到更高的地方来解决脚下的"同一性问题",并由此诞生了胡附、文炼先生的"语法、语义、语用三平面说",这可说是析句方法之外的巨大收获。有了这种高度,我们也即可迅速得出并深入理解这样的结论:中心词分析法和层

① 龚千炎《中国语法学史稿》,北京:语文出版社 1987 年版,第 225 页。

② 同上,第 335 页。

③ 同上,第 370 页,转引。

④ 同上,第 336 页,转引。

次分析法都是析句的组成部分,不存在谁代替谁、谁包揽谁的问题。这就是“同一性”得到“成长”、正面作用的力量吧。

三、在“同一性”指导下研究语言与在语言研究中拓展“同一性”

“同一性”是一种规则或规定,它本身又是研究的对象、内容,可以发展、深化、细化,而它的结论又是语法研究的方法论。所以要把语法研究与“同一性”研究结合起来。

不单单语法,在整个语言研究中必须坚持“同一律”,对自己的研究对象首先要“给予确定的规定和举例”,要坚持概念、标准、方法的“同一”。

在研究中还要正确处理“同一”与“统一”的关系。一方面,“汉语中理想的单一标准(对内有普遍性,对外有排他性)往往找不着”。① 另一方面,语法体系的分歧等等现象“使语法的教学者和学习者遭遇到很大的不便。逐渐,要求统一语法体系的呼声来自全国各地、社会各个方面”。② 以“暂拟系统”为例,它第一次统一了中国的语法体系,为“同一性”提供了一个“注解”,但“学校语法的影响太多,以致阻碍了专家语法即科学语法的发展”。③ 看来我们必须站到制高点,并做出自己的选择,才能保持清醒的理论思维。

但是矛盾永远存在,“语言是一种极为复杂的现象,它具有多种性质和功能,因此人们可以从不同的角度、用不同的方法去认识它,揭示它的规律。各种学说方法之间不是简单否定的关

---

① 龚千炎《中国语法学史稿》,北京:语文出版社 1987 年版,第 290 页。

② 张志公《关于汉语语法体系分歧问题》,引自《语言学资料选编上册》,北京:中央电大出版社 1983 年版,第 508 页。

③ 龚千炎《中国语法学史稿》,北京:语文出版社 1987 年版,第 219 页。

系,而是互相补充的关系”。[①] 理论研究走向规范化、条例化、系统化、抽象化,语言现象却相反。所以必然在“同一性”原则指导下有所偏重、有所取舍。一个时期倾力于探寻汉语的特点,另一个时期注重引进先进的方法,此“走”彼“停”,实行“轮作”。这种矛盾一方面预示了研究的困难,另一方面又为之开辟了无尽的“领土”,语言学者们辛勤耕耘,可通力推动语言理论研究走向前进,这正是“同一性”的奥妙所在吧。

参考文献:

龚千炎《中国语法学史稿》,北京:语文出版社 1987 年版

索绪尔《普通语言学教程》,高名凯(译),北京:商务印书馆 1982 年版

方光焘《方光焘语言学论文集》,南京:江苏教育出版社 1986 年版

徐思益《描写语法学初探》,乌鲁木齐:新疆人民出版社 1981 年版

赵元任《汉语口语语法》,吕叔湘(译),北京:商务印书馆 1979 年版

王力《中国现代语法》,北京:商务印书馆 1985 年版

吕叔湘《吕叔湘自选集》,上海:上海教育出版社 1989 年版

张志公《关于汉语语法体系分歧问题》,引自《语言学资料选编上册》,北京:中央电大出版社 1983 年版

① 龚千炎《中国语法学史稿》,北京:语文出版社 1987 年版,第 346 页。

“一量名”结构所指确定性分析

缪 俊

［摘要］ “一＋量词”一般被视为不定指标记，但在话语中“一量名”结构的所指对象也可以是前文出现过的已知对象。根据稔熟性理论，这时“一量名”结构将赋予已知对象新的理解并把它重新引入话语中。已知对象的重新引入将导致话语结构变得更加复杂。

［关键词］ “一量名”结构 不定指 稔熟性理论

一、引言

“一量名”结构中的“名”可以是名词或名词组；“一＋量词”可用于表示数量，也可以表示不定指、泛指、任指、全指等，本文讨论其表示不定指的用法。

如何界定“定指”与“不定指”，一直存在不同的看法。一种观点是根据是否指称唯一确定的所指对象来区分定指与不定指

(如陈平,1987 等),另一些研究者则认为两者的区别主要在于:定指的所指对象是说话人熟悉的,而不定指用于指称一个新引入的对象(如 Christophersen,1939 和 Jespersen,1949 等)。后一种观点称为"稔熟性理论"(familiarity theory of definiteness,见 Hawkins,1987;黄锦章,2004 等)。作为对这一理论的修正和发展,Karttunen(1968a、b;1976)提出了"话语所指"(Discourse Referents)的概念,Heim(1983)提出了"存档"(File-keeping)隐喻,Prince(1981)等采用连续统的方法进一步分析了定指与不定指的区别(见黄锦章,2004)。

定指、不定指涉及语义、语用、句法等各个层面。在形态丰富的语言中,定指、不定指大多经历了语法化,如在英语中形成了定冠词和不定冠词的对立。现代汉语中也有不同的语言形式分别承担定指、不定指的功能,如:人称代词、专有名词、"这/那+(量)+名词"等一般表示定指,"一+(量)+名词"、"量词+名词"等一般表示不定指(陈平,1987)。尽管有些语言形式,如光杆普通名词、"数量词+(量)+名词"等,在具体话语中究竟表示定指还是不定指有待具体分析,但是"一量名"结构表示不定指似乎是毫无疑义的。通常认为,它用于在话语中引入新对象,该对象是受话人当时所不了解的,或者无法把它识别为语境中某一个特定对象,例如:

(1)"交十块钱,罚款!"一个穿得破破烂烂的中年妇女突然出现,得意洋洋地指着地上尚未熄灭的烟头。(刁斗《证词》)

上例中所指的中年妇女在前文从未出现过,是新引入的对象,说话人和受话人都无法把她与已知的某个特定对象联系起来,因此加点的"一个穿得破破烂烂的中年妇女"属于不定指用法。"一量名"结构是现代汉语中典型的不定指形式,"一+量词"甚至可以视为不定指标记。

二、所指确定的“一量名”结构

然而,进一步观察语料表明,“一量名”结构的所指对象也可以是前文已经提及的。例如:

(2) 这时,与他同抬一根杠子的河南坏种小花虎忽然突然将杠子扔了,他猝不及防,身体晃了几晃,腰杆子发出了一声脆响,然后就趴在了地上,像一条被打断了脊梁骨的癞皮狗。……一个好小伙子就这样废了。(莫言《三十年前的一次长跑比赛》)

(3) 我不会害你的,尽管无商不奸,可我是个好人。男人又说。薄荷觉得很好笑,前面坐着一个奸商,奸商做化妆品生意,赚女人的钱,可是这个奸商说,我是个好人,我不会害你的。就笑了一笑。(周洁茹《不活了》)

(4) 詹姆斯博士观察起墙上的一幅字画。小白又到别处忙了。……真够难为这位洋博士的。一片天女散花的狂草之间,他居然认出了三个相似又绝不雷同的“老”字。(毕淑敏《预约死亡》)

以上例(2)~(4)中,加点的“一量名”结构都与本例前文加下划线的成分共指:例(2)中“一个好小伙子”指的就是与小花虎同抬一根杠子的“他”,例(3)中“一个奸商”指前文自称好人的那个男人,例(4)中“一片天女散花的狂草”指詹姆斯博士所观察的墙上的那幅字画。这些加下划线的成分各自为本例中加点的“一量名”结构提供了先行词,从而令后者与一个前文已经引入的对象关联起来;相应地,例(2)~(4)中加点的“一量名”结构都可以改写成“这+一量名”:

(2’) 这时,与他同抬一根杠子的河南坏种小花虎忽然突然将杠子扔了,他猝不及防,身体晃了几晃,腰杆子发出了一声脆响,然后就趴在了地上,像一条被打断了脊梁骨的癞皮狗。

……这一个好小伙子就这样废了。

(3') 我不会害你的,尽管无商不奸,可我是个好人。男人又说。薄荷觉得很好笑,前面坐着这一个奸商,奸商做化妆品生意,赚女人的钱,可是这个奸商说,我是个好人,我不会害你的。就笑了一笑。

(4') 詹姆斯博士观察起墙上的一幅字画。小白又到别处忙了。……真够难为这位洋博士的。这一片天女散花的狂草之间,他居然认出了三个相似又绝不雷同的“老”字。

可见原来“一量名”结构的所指对象在上下文中都是唯一确定的。那么,上述“一量名”结构是否都表示定指呢?既然有确定的所指对象,为何不采用“这/那+(量)+名词”结构,而是在名词前冠以不定指标记“一+量词”呢?这些问题值得我们作更深入的探讨。

三、“存档”隐喻和稔熟对象的重新引入

根据稔熟性理论,不定指用于引入一个新的对象。Heim(1983)把理解话语的过程比喻为建立和保存一系列文档:每引入一个对象,就新建一份文档,在文档上记录有关该对象的种种信息;当该对象在后文再次提及时,只需调用原来的文档更新信息,而不再新建文档;这样,话语中涉及的每一对象都有一个相应的文档,所有文档合在一起提供的信息恰好等于话语所能理解的意义。因此,用Heim(1983)的话来说,每一个不定指都将建立一个关于所指对象的新文档,而每一个定指则用于更新一个业已建立和保存的旧文档。当然,不定指引入新对象时也可能涉及已知对象,令旧文档得到更新,但定指只提及已知对象则不会建立新文档。

把定指、不定指归结为理解过程中不同的“文档操作”意味着两者的区别不再诉诸所指对象本身——所指对象是不是唯一确定的,甚至说话人、受话人能不能把它与前文中出现的其他对象关联起来,都不重要——关键在于,这一对象在话语中是如何得到理解的。因此,即使说话人、受话人都熟知某一对象,同时也意识到它在前文已经出现(因而并非出于健忘或者不知情,才把某个已知对象错当成未知对象重新引入),仍可用不定指重新引入这一对象;这时,只需为这一对象新建一个独立的文档,记录有关信息,并通过类似链接的方式令新文档指向另一个已有的旧文档。

如上例(3),“一个奸商”是一则借喻,作者、薄荷(此处作者采用了薄荷的视角)、读者都知道它指的是坐在薄荷前面、自称好人的那个男人。那个男人在前文中已经出现,即已存有一个文档,不妨称为“文档 1”,按 Heim(1983)的方法图示如下:

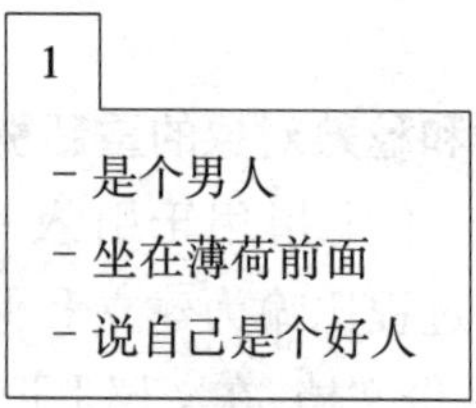

文档 1 中记录着那个男人的已知信息。当话语中出现“一个奸商”时,读者会建立一个新文档——“文档 2”——来记录关于奸商的信息,同时更新文档 1,增加一条那个男人被“薄荷视为 2”的记录:

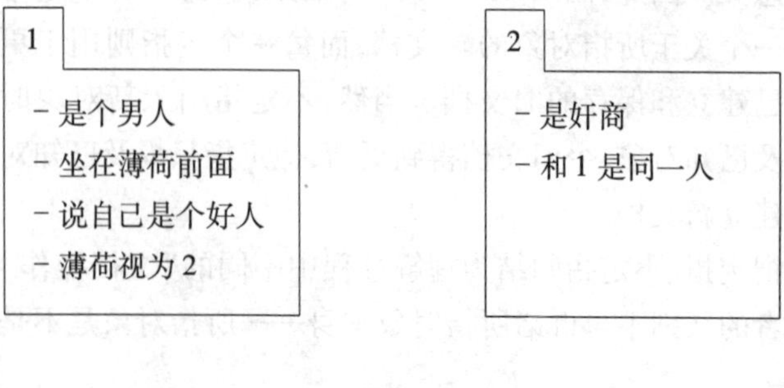

尽管文档 1 和文档 2 实际上指同一个人,它们却代表对这个人的不同理解。就借喻而言,本体(那个男人)和喻体(奸商)之间既有共同之处,又各有不同特征,将本体识别为喻体的同时也就把后者独享而前者本无的特征引入了前者,由此对本体形成新的认识。所以,不难设想,随着话语的展开,文档 1 和文档 2 中所记录的有关那个男人和奸商的信息不会完全重合,任何一个文档也不能被另一个替代。从这个意义上讲,文档 2 对那个男人作了“重新理解”——例(3)通过借喻把一个已知对象重新引入并赋予了新的意义,采用不定指是理所当然的选择。

同样地,例(2)和例(4)中的“一量名”结构也可以解释为:在新的理解下重新引入已知对象。例⑵中“一个好小伙”给予了已知对象新的评价,把前文中出现的“他”作为“好小伙”重新引入话语。例⑷中“一片天女散花的狂草”是对已知对象的重新描述,把前文中出现的“墙上的一幅字画”重新引入话语。如 Heim(1983)所说,在“存档”(File - keeping)隐喻中“新、旧”不再指对象本身,而指记录对象信息的文档,即对所指对象的理解——不定指可用于引入新的理解,不论所指对象是否第一次出现在话语中,因此例(2)~(4)中“一量名”结构各有其先行词仍然属于不定指的用法。

四、“一量名”结构所指分析

由此可见,以往认为不定指没有确定的所指对象,或者用于引入前文从未出现过的对象,只是需要建立新文档的一种特殊情形。“一量名”结构表示不定指具有怎样的所指对象还应具体分析,观察语料可知,至少有下列 3 种情形:

ⅰ)首次引入一个对象,这个对象是不确定的。

这是最常见的类型,如前文例(1)。“一量名”结构的所指对象可能是说话人、受话人都不确定的,也可能只有其中一方感

到不确定,例如:

(5)“前天上午我看见你在海滩上跟一个身着深色上装的潇洒幽灵散步,那人是谁?”(CCL语料库)

例(5)中说话人不确定“一个身着深色上装的潇洒幽灵”具体是谁,但预料受话人可以确定。

ⅱ)首次引入一个对象,这个对象是确定的。

“一量名”结构可以充当复指成分,或者和其他成分组成同位短语。第一次出现在话语中的对象也可能是确定的,如实示的话语片段等;“一量名”结构可以和另一个具有确定所指对象的成分构成复指关系,从而指称确定的对象。例如:

(6)俞芝抬眼又朝台上望着,台上的诸葛摇着羽毛扇正在唱:“我本是卧龙岗上散淡的人,”一段西皮慢板,引得四周好多应合与叫好的声响。(朱文颖《俞芝和萧梁的平安夜》)

(7)“哪来的洪水?长江不是都快断流了吗?”先生突然问了一句。(格非《打秋千》)

(8)他把祝贺女儿生日的礼物一个塑料小熊猫放在桌子上了。(刘月华等,2001:645)

例(6)~(8)中,加点的“一量名”结构都与本例前文加下划线的成分构成复指关系。例(6)中“我本是卧龙岗上散淡的人”即西皮慢板的唱词,例(7)中“哪来的洪水?长江不是都快断流了吗?”即先生问的话,这些话语尽管是第一次出现,但通过加下划线的成分实示出来,都是确定的;“一段西皮慢板”、“一句”分别和前文实示话语内容的成分构成复指关系,因而也具有确定的所指对象。例(8)中“祝贺女儿生日的礼物”和“一个塑料小熊猫”组成同位短语,后者特指作为女儿生日礼物的那个塑料小熊猫,所指对象也是确定的。

ⅲ)重新引入一个对象,这个对象在前文已经出现过。

前文已经出现过的对象，说话人为了表达对它的新理解，也会用"一量名"结构来指称它，把它重新引入话语中，如上文例(2)～(4)，又如：

(9) 八天之后，返航的船员们发现这儿出现了一个冒烟的小岛。四周的海面上，布满了多孔的红褐色浮石和大片翻着白肚皮的死鱼。一座岛屿就这样从浓烟和沸腾的海水中诞生了。10多天后，小岛竟从4米长到60多米高，周长扩展到4.8千米。(《中国儿童百科全书》)

(10) 薄荷最后往镜子里看了一眼，一个浓妆艳抹，脸上写满了愿望的女人站在那里，不像美女，倒像个鬼。(周洁茹《不活了》)

(11) 距我头很近的地方有一个幽蓝的凸点。我伸出食指去抚摸了一下，它的颜色不掉。

我立即感到以它为轴心，大约有一平方寸的墙壁格外润滑。噢，我明白了。所有曾经躺在这张床上的濒死的老人，都曾老眼昏花的注视过这个斑点，都曾用颤巍巍的手指抚摸过它。

一个充满玄机的斑点。谁能破译它的密码？(毕淑敏《预约死亡》)

例(9)～(11)中加点的"一量名"结构所指的对象在前文都出现过，因而都是确定的。例(9)中，"一座岛屿"指前文提到的返航船员们发现的那个冒烟的小岛。例(10)中"一个浓妆艳抹，脸上写满了愿望的女人"无疑就是指薄荷在镜子里看到的自己，它反映了薄荷内心与外表不同的另一面。例(11)中"一个充满玄机的斑点"指前文提及的那个幽蓝的凸点，前文还用"它"、"这个斑点"来指称它，形成了一条指称链。然而经过一系列的思索，作者对这个凸点有了新的理解，发现它"充满玄机"，因此又用不定指把它重新引入话语中。

除 i 以外,ii、iii 中“一量名”结构的所指对象都是确定的,无论是第一次引入话语,还是重新引入的,它们都可以找到先行词,也可以改写成“这 + 一量名”。

五、“一量名”结构的意义赋予功能

按照 Heim(1983)的说法,每一个不定指都将建立一个关于所指对象的新文档,那么当不定指用于重新引入一个前文已经出现过的对象时,对象与文档之间就会形成一对多的关系:一个对象对应于多个不同文档,每一文档分别记录对象不同方面的信息,各为这一对象在话语中的整体意义作出不同贡献。不定指最常见的功能是引入新对象,但这只是与每个对象建立的第一个文档有关,更多后续文档的建立无疑是出于不定指在话语中发挥其他功能的需要。

“一量名”结构主要通过名词的语义内涵概括所指对象的特征来指称特定对象。与人称代词或带有指示代词的摹状词组不同,它无法借助名词以外的成分与所指对象对应起来,而是迫使受话人完全根据名词的意义来理解所指对象。后者总是从特定角度概括所指对象的特征,指称同一对象的名词意义上可能大相径庭——如 Frege(1892)举的例子,“昏星”和“晨星”都指启明星,但意义不同,知道“昏星”的人有可能不知道“晨星”是什么,反之亦然——接受意义(sense)和所指(reference)的区别也就不难理解“一量名”结构如何在引入一个已知对象的同时又赋予它新的意义。

如例(11)中“一个充满玄机的斑点”和前文“一个幽蓝的凸点”所指相同,但是意义不同。受话人需要根据“充满玄机”这一特点来重新确定所指对象,即从新意义上再次认识前文提及的那个斑点,而不是在已知的“幽蓝的凸点”上增加另一个特点。经过重新认识的已知对象甚至可能变得面目全非,如例(10)

中“一个浓妆艳抹，脸上写满了愿望的女人”与前文薄荷的形象完全不同，例(2)中“一个奸商”也不符合所指对象在前文中的表现，说话人正是运用“一量名”结构意义赋予的功能对已知对象作出新的诠释。

另一方面，在新的理解下把已知对象重新引入话语意味着话语中包含了不同的意义层次，或者用 Heim（1983）的话来说，针对同一对象建立了多个不同文档。要令话语得到恰当的理解，就要以某种方式把这些文档整合起来，以免它们自相矛盾、杂乱无章。从话语结构上看，这体现为重新接纳已知对象的各种形式：如例(3)、(10)中加点的“一量名”结构都处在人物视角中，它们的先行词则在作者（叙述者）视角中，两者之间发生了视角转换；例(4)、(11)中加点的“一量名”结构处在思想引语（自由直接引语）中，先行词则出现在对外部行为的描写中，处于另一个不同的叙述层次；例(2)、(9)中加点的“一量名”结构都在概述句内（相应的谓语部分通过“就这样”回指前文提到的具体过程，但并非简单重复，而是在更抽象的层次上进行概述，用以总结前文或者引出评论等），其先行词则在前文用于具体叙述，两者处在不同的抽象层次上。

无论是视角、叙述层次的转换，还是抽象层次的改变，都使话语的意义结构变得更加复杂。尽管重新引入已知对象不是导致意义分层的必要条件，但后者确实提供了某种与前者相适应的结构，把对同一对象的不同理解整合在一起，确保话语形成协调一致的意义。就此而言，“一量名”结构赋予已知对象新的意义不应被视为一种游离在话语之外的指称功能。它只有置于话语之中才会显示出种种影响，也为我们更深入地分析和解释话语结构提供线索。

六、结论

综上所述,"一量名"结构的所指对象可以是话语中第一次出现的新对象,也可以是前文出现过的已知对象。根据稔熟性理论,后者仍然属于不定指用法,即对已知对象的重新引入。确切地说,"一量名"结构重新引入的并非已知对象本身,而是关于已知对象的新理解;按 Heim(1983)的说法,是为已知对象建立新的文档。Heim(1983)的"存档"(File - keeping)隐喻对这种不定指用法作了解释。"一量名"结构通过名词的语义内涵赋予所指对象新的理解。由于已知对象在前文出现过,新的理解就要和原有理解整合起来,确保话语形成协调一致的意义。因此,重新引入已知对象将导致话语结构进一步复杂化:新的和原有理解往往处在不同视角、叙述层次或抽象层次中。这也体现出所指确定的"一量名"结构在话语分析方面具有重要作用。

参考文献:

[1] 曹秀玲(2005):一量名主语句的语义和语用分析[J],《汉语学报》2005(2)

[2] 陈平(1987):释汉语中与名词性成分相关的四组概念[J],《中国语文》1987(2)

[3] 范继淹(1985):无定 NP 主语句[J],《中国语文》,1985(5)

[4] 黄锦章(2004):专名的不定指用法及其语用含义[J],《修辞学习》2004(3)

[5] 黄锦章(2005):当代定指理论研究中的语用学视角[J],《修辞学习》2005(5)

[6] 刘月华等(2001):实用现代汉语语法(增订本)[M],北京:商务印书馆,2001.5.

[7] Christophersen, Paul(1939):The Articles: A Study of their Theory and Use in English[M],Copenhagen: Munksgarrd,1939

[8] Frege (1892): On Sense and Reference, Translated by Black, Max, In Geach, Perer & Black, Max (ed.): Translations from the Philosophical Writings of Gottlob Frege[C], Oxford: Basil Blackwell, 1960

[9] Hawkins, John A (1987): Definiteness and Indefiniteness: A Study in Reference and Grammaticality Prediction[M], London: Croom Helm, 1987

[10] Heim, Irene(1983): File Change Semantics and the Familiarity Theory of Definiteness[A], In Portner, Paul & Partee Barbara H. (ed.): Formal Semantics: The Essential Readings[C], Oxford: Blackwell Publishers Ltd., 2002

[11] Jespersen, Otto(1949): A Modern English Grammar on Historical Principles[M], Copenhagen: Munksgarrd, 1949

[12] Karttunen, Lauri(1968 a): What Makes Definite Noun Phrases Definite? [Z], RAND Corporation report, 1968

[13] Karttunen, Lauri(1968 b): What Do Referential Indices Refer To? [Z], RAND Corporation report, 1968

[14] Karttunen, Lauri(1976): Discourse Referents, In J. McCawley (ed.): Notes from the Linguistic Underground (Syntax and Semantics, vol. 7), New York: Academic Press, 1976

[15] Prince, Ellen F. (1981): Towards a taxonomy of given - new information[A]. In Cole, P. (ed): Radical Pragmatics[C], New York: Academic Press, 1981

认知观视角下的汉语处所范畴研究综述[①]

唐依力

［摘要］ 空间位置关系是人类较早认知到的范畴之一。从认知观出发研究处所范畴，不再仅仅从句法结构形式入手，更多的是从概念结构入手，从语言外部对语言结构做出解释，是当前处所范畴研究中的新动向。但是处所范畴的研究仅靠认知是远远不够的。对处所范畴研究的正确思路是，采用认知语法的思想，结合结构主义的观点，同时也要考虑类型学视角下和语法化视角下的汉语处所范畴研究。

［关键词］ 认知　处所范畴　空间

开始于20世纪70年代的认知语言学从认知观出发来研究

① 本文受上海外国语大学青年教师科研创新团队项目、上海外国语大学校级规划基金项目资助。

语言,强调从认知过程对语言做出解释。关注语言与认知过程的交互作用和关系是认知语言学研究的基本出发点;同时,认知语言学也关注语言与概念化的关系以及语言与范畴化的关系(卢植 2006:23)。空间位置关系,是人类较早认知到的范畴之一。从认知观出发研究处所范畴,不再仅仅从句法结构形式入手,更多的是从概念结构入手,从语言外部对语言结构做出解释,是当前处所范畴研究中的新动向。如今,不论是国内国外,从认知角度研究空间问题的成果都非常多。国外具有代表性的成果如 Talmy(2000a/2000b)、Svorou(1994)以及 Stephen(2008)等。就汉语来说,从认知角度对处所范畴进行研究,主要集中在以下几个方面:

1. 处所范畴的系统研究

李宇明(1999)在论述空间在认知中的地位时,认为空间是客观世界和人类社会存在着的无数范畴和关系中的一种,在对世界的认知中具有十分重要的意义。空间图式是一种能产性极强的认知图式,人们习惯于把空间的范畴和关系投射到非空间的范畴和关系上,借以把握各种各样的非空间的范畴和关系。从认知角度对处所范畴进行系统研究的首推方经民。他的研究几乎涉及了方位词的方方面面。他(2003)从认知语法的角度建立了一个空间区域范畴,阐述了汉语空间区域范畴研究的重要性,并根据认知功能把现代汉语的空间区域范畴分为地点域和方位域两类,进而分析这两类空间区域范畴的不同特点,探讨方位成分的空间化作用。

2. 以空间参照点为出发点研究方位词

空间关系是人对客观事物在空间中的方位、存现或运动状态的能动认知的结果。目的物、参照物、观察者是空间关系的三要素。事物之间的空间关系(包括其他关系)则是人通过观察、识解而赋予事物的,离开了人的能动认知,事物则仅仅是存在而已(张克定2009)。

廖秋忠详尽地分析了现代汉语篇章中的空间、时间参考点,使方位词研究进入了认知语言学的研究领域。他(1983)认为,空间定位时通常要有个参考点,没有参考点的方位词或方位短语是无法用来定位的。廖秋忠指出,空间定位的格式为"(在+)名(+的)+空间方位词(+距离)",参考点可以是从说话的语境里带来的,也可以是已经存在的背景信息。刘宁生(1994)通过"目的物"和"参照物"的区分,揭示了汉语表达物体空间关系的特点,探讨这些特点怎样直接或间接地制约着汉语表示空间关系的词语(通常是方位词)的选择性以及表达空间关系的语句的可接受性。文章并不是从静态的语法、语义或词汇学的平面上出发,而是从汉语看待物体空间关系的方式这一角度,联系认知过程说明汉语为什么用这些方位词表达这些特定的意义。关于空间参照的认知问题,尤其是方位词参照的问题,方经民(1999)有过非常详尽的讨论。他认为确定方向参照无论使用绝对方位词"东、南、西、北",还是使用相对方位词"前、后、左、右",都与观察点有密切的关系。在确定位置参照时,绝对位置的参照不受观察点的位置和角度的影响,但相对位置的参照点会受到观察点的位置和角度的影响。郭锐(2004)指出了导致水平方位词歧义的原因有三个:参照方式的不同、参照策略的不同以及说话人对固有方位特征的认识不同,并且认为说话人使用方位词表示空间方位时有两个策略:说话人利用参照物的固有方位特征来表示空间方位的"原向参照策略"和说话人利用参照物的临时方位特征来表示的"借向参照策略"。储泽祥、王寅(2008)从认知角度出发,结合数据考察,主要从体现空间关系的实体可居点出发,讨论后置方位词"上、里、前、后、下、外"等的选择问题。实体的可居点可以分为物理可居点和功能可居点两类。物理可居点影响着后置方位词的选择范围,而功能可居点决定了后置方位词的选择倾向。储、王认为,空间问题研究,需要认知视角。物体间的互动位置关系是我们理解后置方位词选择的背景和依据。

3. 位移事件框架下的研究

关于位移事件,Lakoff、Fillmore 等都对它进行了研究,尤其是 Talmy。他从 20 世纪 70 年代开始对位移动词进行研究。Talmy(2000b)把空间位移分为 motion event(位移事件)和 co - event(伴随事件),并指出位移事件是由 motion(位移)、path(路径)、figure(位移主体)、ground(场所)等构成,伴随事件由 manner(方式)等构成。

齐沪扬(1999)讨论了在空间位置系统中"介词 + 处所词"所表示出来的语用含义。文章认为其语用意义主要受三个因素的影响:一是空间位移物体和参照物体的关系,一是空间位移物体与移动处所的关系,一是空间位移物体与移动方式的关系。Christine Lamarre(2003)采用了 Talmy 所提出的表达位移事件的类型学参数来考察汉语位移事件的表达方式,并且对汉语的趋向补语给予了特别的关注,认为汉语是一个彻底的"卫星框架语言(satellite - framed language)"。杨凯荣(2006)从位移事件的角度对趋向补语带处所宾语时处所宾语的位置给予了说明。王政卿(2006)以位移事件框架为背景,从范畴的角度考察了汉语起点处所范畴句的句式特征,并且从该范畴句的各个构件的组成、句中动词的类型、处所所体现出的空间关系、各句式之间的变换等角度分析了该范畴下各个句式的异同,并讨论了各句式在对外汉语教学中的应用。崔希亮(2006)主要探讨了汉语介词在位移事件表达中的作用以及其他一些影响语言编码和解码的认知因素,并用这些因素来解释语言结构中的许多不对称现象,以此来发现隐藏在语言背后的动因。张黎(2006)考察了汉语位移句的语义组合,认为汉语位移句是按照时序原则进行语义组合的,即陆源先于陆标,位移动源先于陆径,事件性位移范畴先于视点性位移位移范畴。曾传禄(2009)从位移事件的表达方式和类型等角度分析了汉语位移事件中句法表达的不同表现形式。朱军(2010)从位移事件的角度,借助意象图式的理论背景,运用了"非自主性位移及其隐喻系统"解释了汉语动词带宾语"被"字句,建立了各种动词带宾语"被"字句之间的联系。

4. "在+处所"研究

认知角度下的"在+处所"研究主要是在认知图式和象似理论的指导下进行的,试图揭示"在+处所"这一语言事实背后的认知缘由。认知图式建立在人的身体经验、知识结构、社会环境、文化背景基础之上。认知图式的基础是包含各种相关的认知域背景知识的认知结构。崔希亮(2001a)在讨论汉语空间方位场景与论元的凸显时认为在表达空间方位场景时,句法形式相同的句子在论元的凸显上存在差异。对句子的理解常常来自于认知图式,不同的场景结构图像其句法表现和论元的配位是不同的。另外,他(2001b)讨论空间方位场景的认知图式与句法表现时,通过对介词"在"所表达的各种空间方位场景的分析,寻找语言中的认知图式,对两种句法表现存在差异的"在"字结构进行了解释。

象似性(iconicity)是当今认知语言学讨论句法时的一个热门话题,它对了解语言和认知的关系有重要的意义(沈家煊1993)。这里的象似性主要是指语言的结构,特别是句法结构,甚至句法规则是非任意的,而是有理可据的。象似理论下的

“在+处所”研究的焦点集中在“在+处所”的语序上。“在+处所”的语序与汉语的普遍性原则有关。范继淹(1982)认为动词后面如果带上宾语,“在+处所”就不能放在后面。戴浩一早在1984年就曾经指出,用“在”构成的处所状语,既可置于动词前,也可置于动词后。汉语动词前的处所词语表示动作和事态的处所,而动词后的处所词语表示动作参与者的处所。这种功能差别,对于汉语处所状语的语序,是一个支配原则。1988年戴浩一的《时间顺序和汉语的语序》一文,用时间顺序原则解释了“Sbj+在+L+VP”和“Sbj+V在+L”的区别。戴浩一认为两个句法单位的相对次序决定于它们所表示的概念领域里的状态的时间顺序。因此,“在马背上跳”和“跳在马背上”,句子的语序和动作的顺序相一致。沈家煊(1993)利用象似性原则,认为使用“在+处所”的句法结构是非任意的,是有理可据的。崔希亮(1996)认为这是语言中自我调节机制在起作用。俞咏梅(1999)对“在+处所”的语义功能做了进一步的概括,并在此基础上对“在+处所”的语序制约原则进行了探索,她认为“在+处所”表原点时不受时间顺序原则影响,而受“参照物先于目的物”原则的制约。

5. 方位词的空间隐喻研究

人们早期对于处所范畴的研究主要是关注语言如何对不同的空间关系进行编码。随着认知语言学的兴起和发展,空间方位在构造和理解人类经验过程中的作用日益受到重视。这是因为任何事物都是在空间中运动的,各种语言都大量运用空间词语来表达时间,这个现象体现的正是空间的隐喻性。空间隐喻以空间域为始源域,将空间域的意象图式结构映射到非空间的、抽象域之上,使得我们可以通过空间概念来理解、思考和谈论非空间概念(蓝纯2005:131)。可以说,空间的隐喻或泛化,是语言结构形成、发展的重要动因。英语中对于空间隐喻的研究通常集中在空间介词上,而汉语对于空间隐喻的研究主要集中在方位词"上、下、内、外、前、后"上。其中尤以"上、下"这组方位词的空间隐喻研究为最多。

吴淑雄(2000)运用隐喻认知的理论,探讨了汉语方位构词的隐喻概念体系。"上/下、左/右、前/后"等原始的空间概念主要是表达自然界与个体的空间方位关系,进而表达抽象的隐喻意义,不断演义发展就成为了一系列空间方位的隐喻概念系统。作者提到,相对于其他几组方位词,"上/下"的空间关系是从自身的身体直接体验出来的概念,因此更具基础性,故而其隐喻过程也更加复杂和精密。蓝纯(2003:131-178)从认知的角度研究了汉语和英语的空间隐喻,通过汉语"上/下"与英语"up/down"的隐喻扩展(metaphorical extensions),指出二者的主要功能在于构建四个不同的目标域(target domains)。文章系统研究了汉语"上/下"和英语"up/down"在这四个目标域上的对应性和差异性。张谊生(2002)认为在"V中"的虚化历程中,隐喻机制导致了方位词"中"使用范围的扩大。李晋霞、刘云(2006)从概念域的角度分析单音方位词的语法化,发现"上、下"在概念域的演变上具有明显的向性质域发展的特征,其在向时间域的演变上能力较低;相反,"前、后"具有明显的向时间域发展的特征,其在向性质域的演变上能力明显较低。吕兆格、郭晓沛(2006)从认知的角度考察了表示空间意义的"里"和表示非空间意义的"里",指出非空间意义是由空间义通过隐喻得来的,认为"里"和"外"的不对称除了与方位词以及所附词语的语义用法有关外,还与使用习惯、音节搭配、语体风格和使用者的心理视点有关。徐丹(2008)主要从方位词"前、后"在汉语中的不对称表现以及"上、下"在空间概念和时间概念上的表达来探讨汉语在表示空间概念时反映出的比较独特的认知观。温锁林、金允经(2008)认为汉语空间概念的表达有其独特的认知方式,文章以汉语存现句为例来说明汉语空间概念及空间隐喻的形成等相关问题,从认知的角度对汉语存现句的范围做了重新的界定,并对不同空间概念间在存现句中转换与选用的修辞动因给予了解释。

在方位词的隐喻研究的同时,也涉及到了人的认知心理特点。游顺钊(1994)认为中国人和法国人指定左、右方式的不同反映了文化行为的不同。中国人以所观察的物体作为直接参照点,并就这个物体本身确定左与右;法国人则以他自身作为参照点,并以自身的左与右投射到他所观察的物体来确定该物体的左与右。王希杰(2002)分析了以"心"为核心的方位词语"心上、心下、心中、心里"等在汉民族语用习惯中的反复化及组合规律,反映了"心"在汉语文化中的特殊地位,并由此折射出语言世界的层次性。吕兆格、郭晓沛(2006)在谈到"里"和"外"的不对称用法时也提到了和使用者的心理视点有关。

另外,也有学者从认知角度重新分析了方位词和处所词。袁毓林(2000)从原型范畴的角度出发,对词类进行了重新划分和界定。他所划分的名词这一类的内部都是一些典型成员,不包括非典型名词,更不包括处所词和方位词。袁毓林根据某一词类中典型成员的分布情况,分别列出了处所词和方位词的定义和分布框架。处所词是可以作"在、到、从、往"的宾语,可以跟代词"哪儿、这儿、那儿"互相替换的词。方位词是可以作介词"向"的宾语,但不作介词"在"的宾语,可以跟后缀"边儿、面儿、头儿"构成合成方位词的黏着词。方经民(2004)将方位词汇成分分成方位名词、方向词、方位区别词、方位词等四类,拓宽了人们对方位词的认识。

其实,早在《马氏文通》时代,人们已经开始了对汉语方位词的关注,那时候的汉语研究也已经表现出了结构主义分析方法的萌芽。后来由于西方结构主义思想的引入,对汉语处所范畴的研究,自然也是在结构主义理论背景下结合汉语自身的实际特点展开的。但这种传统视角下的研究重句法和语义,对一些语言现象的深层动因无法做出准确解释。因此,认知语言学理论的介入,使得汉语研究从研究语言内部转而研究语言的外部,试图从语言与外部世界的关系入手,挖掘语言句法表达的深层动因。这一新的视角为汉语处所范畴的研究注入了新的血液。但是处所范畴的研究仅靠认知是远远不够的,传统的结构主义分析给我们提供了很多有益的发现,在此基础上,对处所范畴研究的正确思路是,采用认知语法的思想,结合结构主义的观点,同时也要考虑类型学视角下和语法化视角下的汉语处所范畴研究。只有将这些不同角度结合起来考虑,汉语处所范畴的研究才有可能做到全面而详尽。

参考文献:

Christine Lamarre　2003 汉语空间位移事件的语言表达——兼论述趋式的几个问题,《现代中国语研究》第5期,京都:朋友书店

储泽祥、王寅　2008　空间实体的可居点与后置方位词的选择,《语言研究》第4期

崔希亮　1996　"在"字结构解析,《世界汉语教学》第3期

崔希亮　2001a　空间方位场景的认知图式与句法表现,《中国语言学报》第10期

崔希亮　2001b　汉语空间方位场景与论元的凸显,《世界汉语教学》第4期

崔希亮　2006　汉语介词结构与位移事件,《中国语言学报》第12期

戴浩一　1984　现代汉语处所状语的两种功能,《语言研究译丛》(第一

辑),南开大学出版社

戴浩一 1988 时间顺序和汉语的语序,《国外语言学》第1期

范继淹 1982 论介词短语“在+处所”,《语言研究》第1期

方经民 1999 论汉语空间方位参照认知过程中的基本策略,《中国语文》第1期

方经民 2003 论汉语空间区域范畴的性质和类型,赵金铭主编《对外汉语研究的跨学科探索》,北京:北京语言大学出版社

方经民 2004 现代汉语方位成分的分化和语法化,《世界汉语教学》第2期

郭锐 2004 方位词“前、后、左、右”的参照策略,《中国语言学论丛》第3期

蓝纯 2003 从认知角度看汉语和英语的空间隐喻(英文本),北京:外语教学与研究出版社

蓝纯 2005 认知语言学与隐喻研究,北京:外语教学与研究出版社

李晋霞、刘云 2006 从概念域看单音方位词语法化的非匀质性,《语言科学》第4期

李宇明 1999 空间在世界认知中的地位——语言与认知关系的考察,《湖北大学学报(哲学社会科学版)》第3期

廖秋忠 1983 现代汉语篇章中空间和时间的参考点,《中国语文》第4期

刘宁生 1994 汉语怎样表达物体的空间关系,《中国语文》第3期

卢植 2006 认知与语言——认知语言学引论,上海:上海外语教育出版社

吕兆格、郭晓沛 2006 方位词“里”的多角度考察,《现代中国语研究》第8期,京都:朋友书店

齐沪扬 1999 空间位移中客观参照“P+N”的语用含义,《中国语言学报》第九期

沈家煊 1993 句法的象似性问题,《外语教学与研究》第1期

王希杰 2002 “心”和方位词语——说“心上、心下、心中、心里、心头、内

心”等,《毕节师范高等专科学校学报》第1期

王政卿 2006 汉语起点处所范畴的句法表达及应用,吉林大学硕士学位论文

温锁林、金允经 2008 从存现句看空间隐喻的认知基础与修辞动因,《修辞学习》第3期

吴淑雄 2000 汉语方位构词的隐喻认知结构,《面临新世纪挑战的现代汉语语法研究》,济南:山东教育出版社

徐丹 2008 从认知角度看汉语的两对空间词,《中国语文》第6期

杨凯荣 2006 论趋向补语和宾语的位置,《汉语学报》第2期

游顺钊 1994 “左边!你是不是想说右边?”——对汉语和法语中的“左”“右”概念的一点想法,《视觉语言学》,北京:语文出版社

俞咏梅 1999 论“在+处所”的语义功能和语序制约原则,《中国语文》第1期

袁毓林 2000 一个汉语词类的准公理系统,《语言研究》第4期

曾传禄 2009 汉语位移事件与句法表达,《集美大学学报(哲社版)》第3期

张克定 2009 空间表达的认知语用解读,《外语学刊》第2期

张黎 2006 汉语位移句的语义组合,《现代中国语研究》第8期,京都:朋友书店

张谊生 2002 “V”中的功能特征及“中”的虚化历程,《语法研究和探索》(十一),北京:商务印书馆

朱军 2010 非自主性位移与汉语动词带宾语“被”字句的认知解释,《语言教学与研究》第4期

Leonard Talmy 2000a *Toward a Cognitive Semantics Vol.* 1: *Concept Structuring Systems*, Cambridge, MA: MIT Press

Leonard Talmy 2000b, *Toward a Cognitive Semantics Vol.* Ⅱ: *Typology and Process in Concept Structuring*, Cambridge, MA: The MIT Press

Soteria Svorou 1994 *The Grammar of Space*, Amsterdam/Philadelphia: John Benjamins Publishing Company

Stephen C. Levinson 2008 Space in Language and Cognition：Explorations in Cognitive Diversity（语言与认知的空间——认知多样性探索），北京：世界图书出版公司

对外汉语教学中“写简识繁”与“写繁识简”之比较

邵　菁

［摘要］　本研究在前人有关“写简识繁”与“写繁识简”研究的基础上，比较了第二语言学习者学写繁体字与学写简体字的难度。结果显示“写简”易于“写繁”的倾向较为明显。本研究还根据繁体字简化的四种不同方式对繁简体字教学提出了相应的教学策略。

［关键词］　简体字　繁体字　写简识繁　写繁识简　比较

一、问题的缘起

笔者于2004年在美国卡内基梅隆大学（Carnegie Mellon University）作访问学者时曾参与 Chinese Program 的汉语教学工作，教授“82－131 Elementary Chinese”、“82－135 Intensive Elementary Chinese”两门课程。这两门课的授课对象分别是 true beginners 和 heritage students，即零起点学生和学生家庭有华裔背景的初学者。这两门课学生都面临从头开始学习汉字的任务。与大陆汉字教学情况不同的是，在美国有的学校教学生繁体字，有的教简体字。卡内基梅隆大学 Chinese Program 的做法是要求学生能够识两种字体，自由选择学写一种字体。在教师中，有人认为学写简体字更容易，学会了简体字，再去识繁体字也就不难了。也有人认为先学繁体字，学会了繁体字，再转向简体字比较容易。这些观点基本上是教师的一种直觉。虽然说人的直觉在很多情况下是较为合乎实际的，但人类的直觉也常常会欺骗人类。直觉到的感受与事实真相可能会有距离，有时候距离还很大。避免直觉误导我们的一个可靠方法就是通过实证的方法来证明（或证伪）。实证包括实验证明，也包括一系列的对事实进行合乎逻辑的分析和证明。本研究试图用实验的方法探究对外汉语教学中汉字教学究竟是“写简识繁”优于“写繁识简”，还是“写繁识简”优于“写简识繁”。由于既涉及写又涉及识，其中学生的认知情况相当复杂，研究者对这方面的情况还了解得不够。另外要寻找合适的研究对象也非易事。因此研究者缩小研究范围，简化研究设计，把本次研究的性质定为“写简识繁”与“写繁识简”比较的先导性研究（pilot study），希望为今后扩大测试范围，把研究设计得更科学，提高研究的有效性提供参考。

二、前人的有关研究

2.1 “写简识繁”与“写繁识简”的两种主张

就笔者所能接触到的文献，主张“写简识繁”优于“写繁识简”，以及“写繁识简”优于“写简识繁”的都有。国立台湾师范大学华语文教学研究所杨忠谚[1][p.8]的硕士论文《外籍学生汉字学繁识简与学简识繁之辨识策略研究》的绪论中提到“目前学界普遍认为学繁识简要比学简识繁容易”。他提到的“学界”应该是指台湾的华语文教学界。

樊培绪[2]在《美国中文教育的“识繁写简”》中提到:“笔者近年在美国无论是在高校教中文,还是在各地中文学校考察,都常常碰到‘识繁写简’的说法。海外相当多国家的中文教育界也流行相同的说法。”这说明,也有相当一部分教师认为“写简识繁”(即“识繁写简”)具有合理性,所以在教学中采取这种做法。

笔者认为,樊培绪在文中提到的柏克莱加州大学朱宝雍教授的意见对以上两种主张是一个很好的总结:“中国的简化字是根据偏旁部首简化原则推出来的,有些是用省体的方法简化出来的。有些是用六书里的形声和假借的原理推演出来的,有些是借用草书、行书和古俗体字等,均系有迹可寻,所以‘如果在海外中文教学中先从繁体字学起,然后再教简体字就可以比较容易说明上面所说的这些简化字的原则。如果在海外中文教学中先从简体字学起,然后再教繁体字,在解释上就可能比较困难一些’。不过,朱教授又说:‘有些老师认为如果从简体字学起,学生比较容易入门……而认字的时候,繁体字比简体字好认。至于真要写时,简体字当然比较好写。’”

2.2 “识繁”与“识简”的研究

相对于“写简”还是“写繁”的研究,“识繁”与“识简”的研究数量比较多。尹斌庸、罗圣豪[3]对34个从台湾大学毕业后到美国深造的非中文专业的学生进行了认读简化字的测查,这些大学生中没有一个去过中国大陆,而且也从没有接触过有关大陆简化字的印刷或书写的材料。该调查得出两个结论:1. 台湾的一般知识分子能够比较顺利地阅读大陆用规范简化字印刷的各种出版物(太专门的出版物当然例外)。除开知识背景和用词差异等非文字的因素外，简化字并不会成为台湾与大陆文化交流的障碍。2. 通过短期的学习，特别是有教师指点的情况下，台湾一般知识分子很容易掌握大陆使用的规范简化字。甚至不用专门学习，只要多阅读这方面的出版物，也能在短期内自然掌握大部分的简化字。

万波[4]对香港和新加坡两地各一百多名在校大学生进行繁简字认读测试，结果显示：孤立状态下，香港大学生的简体字认读能力与新加坡大学生的繁体字认读能力基本相同，认读率分别为68.2和68.1，因繁简体字形差异而影响两地大学生阅读的字数，最多不超过三分之一；语境状态下，香港大学生的简体字认读率与新加坡大学生的繁体字认读率分别是83.9和73.7。与尹斌庸、罗圣豪[3]相似的是，万波[4]的测试也区分了孤立和语境两种状态下学生的认读情况。但是尹斌庸、罗圣豪[3]的研究是让学生在四个语言片段中认读简体字，万波[4]的研究给学生提供词语提示。虽然语境状态下，香港大学生的简体字认读能力明显比新加坡大学生的繁体字认读能力强，认读率相差10.2，但是万波的研究并未得出“写繁识简”优于“写简识繁”的结论，而是认为这种情况似乎暗示，香港学生词汇量较大，因此他们可以更有效地利用词语来推测出自己不熟悉的简体字。该文作者在文章最后一部分表示该“调查显示，就‘识字’而言，香港大学生的简体字认读能力与新加坡大学生的繁体字认读能力相等，这说明‘从简识繁’并不比‘从繁识简’困难，而‘从繁识简’也并不比‘从简识繁’优越。从1500常用字范围内新加坡学生的繁体字认读率比香港大学生的简体字认读率高的情况来看，反而有可能是‘从简识繁’比‘从繁识简’优越。由此看来，就与其他中文地区的文化交流来说，使用简体字不会比使用繁体字感到不便，但在减轻学生的学习负担方面，好处则是明显的。"

文献未见对大陆学生认读繁体字能力的调查。笔者认为,如设计对等的测试工具,对大陆和台湾学生认读繁体字和简体字进行比较,更能对"识繁"和"识简"孰优孰劣作出判断。因为大陆学生和台湾学生在汉语方面所受的教育比较对等。本文作为"写简识繁"和"写繁识简"的尝试性研究还未作此比较,这可以作为今后深入研究的方向。

樊培绪(同上)在文中提到:"50 年代中国公布第一批简化字之前已经接受了初、中级语文教育的人,现已步入老年,他们两种字体都能认、读。上述都是先繁后简的学习者。另一方面,现今大陆有部分攻读文科的青年学生,先学会了简化字,为了阅读古籍而再学繁体字,他们在学习中也不感到困难。"这一观点也是认为无论"识繁"还是"识简",在一定语境中都不会造成太大的困难。

杨忠谚[1][p. 71]的硕士论文比较了在台湾学习的外国学生和在大陆学习的外国学生"识简"和"识繁"的情况,结论是,若受试者的汉字认读能力相等,在单字的情况下,两者的辨识率是差不多的,可是在有句子的情况下,学习繁体字辨识简体字的台湾受试者的辨识率会明显优于学习简体字辨识繁体字的大陆受试者。这是由于句义能让形声字的声旁发生较大的作用,而简体字的声旁又比繁体字的声旁能表音、接近字音,也比较简单、常见;再加上繁、简体同音替代字方面,简体字跟被替代字的字形、字音关联优于繁体字,因此在句子的时候,辩识简体字会比辨识繁体字容易许多。

2.3 "写简"和"写繁"

杨忠谚(同上)的研究得出"学繁识简"比"学简识繁"容易这个结论,笔者觉得欠妥。他的研究一定程度上证明了"识简"

比“识繁”容易，并没有证明“写繁”比“写简”容易，却从侧面说明了简体字的优越性。文献也未见“写简”与“写繁”的实证比较。因此，本次尝试性研究更希望了解学生“写简”、“写繁”的难易。

三、研究方法

3.1 受试者

本次调查的受试者为美国卡内基梅隆大学 Chinese Program2004 年选修“82 - 135 Intensive Elementary Chinese”课程的 20 位学生。这 20 位学生在汉语听说能力方面有细微的差别，学写汉字都是从零开始的。测试时，受试者已经掌握了汉字的基本笔画笔顺和基本构造规律。我们用同一门课程里的学生做受试者，一是比较容易控制他们的写字认字能力，二是在整个课程中，作为任课老师，他们学过哪些汉字，没学过哪些汉字，笔者都很清楚。这对设计被测字比较有利。20 位学生中，13 位是选择学写繁体字的，7 位是选择学写简体字的。前文提到过，卡内基梅隆大学的中文课要求学生认识另外一种字体。

3.2 研究设计

参考周有光[5][p. 340 - 341]，按照形体可将简化字分为三类。第一类是“省略”，第二类是“改形”，第三类是“代替”。本研究将被测字分为 4 组，测试前，我们预计第一组至第四组难度逐渐升高。第一组属于周有光（同上）分类中的第二类“改形”，但是这一组中的汉字繁体字与简体字的区别只在一边，大部分为部首不同，另一边则完全一样。第二组属于“省略”，简体字为繁体字的一个部分。第三组还是属于“改形”，大部分是其中的一个偏旁改变了，与第一组比较起来，简体字与繁体字的字形相差更大。第四组与“代替”不完全相同，主要的特点是简体字与繁体字在形体上没有什么相似之处。

测试卷分AB两套,因为当时20位学生分别来自两个班,不是同时参加测试的。一个班中的12位学生先做了A套测试卷(其中6位平时是学写简体字的,另6位平时是学写繁体字的)。另一个班的8位学生做了B套测试卷(其中1位平时是学写简体字的,另7位平时是学写繁体字的)。每一套中的第一份测试卷有20个学生已学过的汉字,按上述简体字简化标准分为4组,每组5个字。左边为繁体字,右边为简体字。目的想考察学生对已经掌握的汉字转写成另一种字体时的情况。见附录一《繁简转写测试卷》。第二份为5个他们还未学过的生字,同样左边列出繁体字,右边列出简体字,字下标注拼音和英文解释。目的是考察同样是生字,在相同的时间单位里,学写繁体字和简体字的效果有什么差别。见附录二《写简写繁测试卷》。

第一份测试卷受试者自学5分钟,时间到后,要求受试者听写他平时不选择学写的字体。也就是说13位选择学写繁体字的学生被要求听写简体字,7位平时选择学写简体字的同学被要求听写繁体字。

第二份测试卷受试者自学2分半钟,时间到后,要求受试者听写他平时选择学写的字体。

写对一个字得5分,第一份测试卷总分100分,第二份测试卷总分25分。评分标准如下:完全没写出来或者还是写原来的字体的,即未按照要求变换字体的,扣5分;笔画错4笔或4笔以上但写出其中一个部件的,扣4分,如"寫",有学生写出"臼"这个部件的,给1分,另,简体字中的独体字,错误严重的,扣4分;偏旁、部首写错或笔画错3笔的,扣3分;笔画错2笔,扣2分;笔画错一笔,扣1分。

四、测试结果

繁简字体转写测试的结果是原来学写简体字的学生测试中

被要求写繁体字的7人平均得分为49.9(满分为100),标准差为31.0。原来学写繁体字的学生测试中被要求写简体字的13人平均得分60.1,标准差18.8。见表1。这组数据显示了把学过的汉字转写为另一种字体,写简体字平均得分高出许多,标准差低了很多。

写繁写简的测试结果是本来就选择学写繁体字的学生学写生字的平均得分是20.3(满分为25),标准差是3.5。13个受试者中有3个未按要求写繁体字,应该写繁体字的却写了简体字,所以这三份测试卷无效。本来选择学写简体字的7位受试者写简体字的平均得分为21.9,标准差为5.8。写简体字的受试者平均得分略高于写繁体字的受试者,但是标准差也高了。

表1:平均值与标准差

编号	简体转写繁体	繁体转写简体	写繁	写简
1	98	100	24	25
2	82	84	24	25
3	55	76	23	25
4	48	74	22	25
5	29	64	20	25
6	19	61	20	18
7	18	56	20	10
8		54	19	
9		45	19	
10		42	12	
11		42	无效	
12		42	无效	

续表

编号	简体转写繁体	繁体转写简体	写繁	写简
13		41	无效	
平均值	49.9	60.1	20.3	21.9
标准差	31.0	18.8	3.5	5.8

五、分析和结论

5.1 写繁写简测试

从"写繁写简"的测试结果来看,虽然写简体字受试者的平均得分比写繁体字受试者高出 1.6 分,但由于受试者数量少,测试的字也少,本次先导性研究不足以得出"写简"优于"写繁"的结论。在今后的研究设计中,研究者需寻找扩大受试者数量和测试字数量的条件。不过,测试还是显示出了一些倾向。比如,学写简体生字的受试者 7 人中有 5 人得了满分,占总人数的 71.4%。而写繁体字的 10 个有效受试者中无一人得满分,也就是说,在规定的测试时间内,受试者不能完全掌握这几个繁体字的写法。另一个有意思的现象是有 3 个在平时学习中自愿选择学写繁体字的受试者在测试时却写了简体字,测试卷被废。其中一人写简体字完全写对了,另一个人只错了一笔,第三个人 5 个汉字中写对 4 个。这些数据和现象显示出了写简体字更容易的倾向。

5.2 繁简转写测试

繁简转写测试的结果无论是平均得分还是标准差都显示写简体字比写繁体字容易。再来分析四组字的得分情况,简体字转写繁体字与我们的预计完全一致,第一组到第四组的得分逐渐降低,见表 2。这给我们繁简体汉字教学带来的启发是,我们的教学重点应该放在繁简体字形完全不同的那些汉字上,这些汉字需要教师帮助学生来识别他们的区别。第三组字需要学生对不同的偏旁加以记忆,但繁简体汉字的部件中还是有一部分是相同的。第二组字简体字是繁体字的一部分,对简转繁来说,学生需要在原来简体字的基础上增加一些部件。但是这对繁转简来说就显得特别简单了,因为简体字就是繁体字中间的一个部件。第一组汉字,只要学生掌握了繁简体字部首的差别,很多汉字可以类推,教师在教学上不需要花什么力气,学生就可自己辨识。

然而繁体转写简体却没有如我们预计的那样。第四组仍然是得分最低的,这个上文已作了解释。第一组的得分低于第二组和第三组似乎不在情理之中。我们观察了测试卷发现,测试者在第一组中,不少字完全没有转写,仍然写了繁体字。按照我们的评分标准,这种情况 5 分就全被扣掉了。若按照写错部首扣 3 分的话,得分会高一些。可能也正是因为第一组汉字繁简体最相像,测试者很容易就写了原来自己选择写的字体。至于第三组得分为何高于第二组,我们还没有很好的解释。是因为第二组字中简体字在繁体字中的位置不够清晰?亦或是因为第三组繁简体字之间的整体结构较之第二组更相似?(李挺通讯交流)还是研究设计有问题,分类不合理或是例字代表性不够?这有待我们在今后的研究中寻找答案。

表 2:分组得分结果

		简体转写繁体	繁体转写简体
1 改形 A	总分	117	191
	平均值	16.7	14.7
2 省略	总分	90	213
	平均值	12.9	16.4

续表

		简体转写繁体	繁体转写简体
3 改形 B	总分	78	224
	平均值	11.1	17.2
4 字形异	总分	59	153
	平均值	8.4	11.8

六、小结

前人有关“写简识繁”与“写繁识简”的研究认为:对于母语是汉语的人来说,在有语境的条件下,无论是“写繁”的人去“识简”,还是“写简”的人去“识繁”,都不存在很大的困难;他们还认为对于外语或第二语言学习者来说,在有语境的条件下,原来学写繁体字的学生辨识简体字比原来学写简体字的学生辨识繁体字更容易。孤立地认单字,两者没有什么区别。

本次尝试性研究从比较“写繁”与“写简”的角度设计,结果显示“写简”易于“写繁”的倾向比较明显。对已经学了一种字体而要去辨识或重新学写另一种字体的学生,我们的教学首先需要关注那部分繁简体字字形完全不同的汉字,这是教学的重点。其次要引导学生比较繁简体字部首有差异的汉字,只要掌握部首的变化就能很容易地掌握大量的偏旁相同的繁简体字。第三,对于简体字是繁体字中的一部分的那些汉字,原来写繁的学生写简体字很容易,原来写简的学生,教师应帮助他们有效地辨识多出来的那部分部件。第四,对于偏旁不同的繁简体字,教师同样要给予原来写简的学生更多的关注,他们可能在辨识或学写这部分繁体字时比原来写繁体字的学生有更多的困难。

目前的研究大致显示,如果只学写一种字体的话,学写简体字易于学写繁体字。如果同时要求辨识另一种字体,或者一段时间后被要求转写另一种字体（比如学生可能从简体字地区转到繁体字地区学习、工作），原来学写繁体字的人在辨识或转写简体字时显示出优势。

参考文献：

[1] 杨忠谚. 外籍学生汉字学繁识简与学简识繁之辨识策略研究[MA]. 国立台湾师范大学华语文教学研究所硕士论文，1999.

[2] 樊培绪. 美国中文教育的“识繁写简”[J]. 汉字文化，1998，(3).

[3] 尹斌庸、(美)罗圣豪. 台湾学生认读大陆规范简化字的测查报告[J]. 语文建设，1991，(8).

[4] 万波. 香港与新加坡大专学生繁简字认读能力调查[J]. 语言文字应用，2001，(2).

[5] 周有光. 汉字改革概论[M]. 北京：文字改革出版社，1979.

附录一　繁简转写测试卷 A

繁	简	繁	简	繁	简	繁	简
飯	饭	習	习	還	还	聽	听
紹	绍	電	电	選	选	為	为
語	语	離	离	對	对	興	兴
銀	银	週	周	樓	楼	來	来
謝	谢	開	开	學	学	專	专

繁简转写测试卷 B

繁	简	繁	简	繁	简	繁	简
說	说	麽	么	國	国	書	书
問	问	從	从	漢	汉	幾	几
媽	妈	幹	干	愛	爱	讀	读
級	级	兒	儿	聰	聪	會	会
錯	错	氣	气	圖	图	寫	写

附录二　写简写繁测试卷 A

討　　讨
tǎo
discuss(討論/讨论)

歲　　岁
suì
measure word for age

龍　　龙
lóng
dragon

號　　号
hào
number

畢　　毕
bì
finish

写简写繁测试卷 B

論　　论
lùn
discuss(討論/讨论)

號　　号
hào
number

適　　　适

shì

suitable, fit(合適/合适)

發　　　发

fā

send out, dispatch

畢　　　毕

bì

finish

结构、功能和情景的结合[1]

——浅谈对外汉语中级口语课程中的会话结构教学

吴春相　张　婧

1. 引言

可以认为,对外汉语中级阶段的口语教学表面上看起来比初级阶段容易,学生都掌握了基本的词汇语法知识,同时,对汉语言文化的认知达到了一定水平,因此,开口说话已不再局限于单纯的字词,或多或少可以连贯性说上几句。但教学实践表明,"使学生的语言交际能力能满足一般性日常生活社会交际与一定范围内的工作需要,能够发表个人观点、参与谈话、进行较为连贯的有条理的表述"(陈顺田,1999),这仍然是一个非常大的挑战。

2. 口语课需重视会话结构的教学

由于"说"涉及到需要从所贮存的语言知识中选取与情景

---

① 本文的写作得到了上海外国语大学科研创新团队的资助。

及态度相符合的词、句式,这样,如果留学生达到了中级阶段,已经贮存了足够的汉语词汇和语法知识,在提取词及句法组织方面不应存有较大问题。然而,在一线的对外汉语教师普遍意识到,即使留学生懂得了较多的词汇和语法,也一般不能够准确恰当地开口表达。

随着对外汉语教学的发展,现阶段的中级汉语听说会话教材大多以功能情景教学法为纲,以功能为设计主旨,以情景为编写主线,每一功能项目设置一两个交际场景,编排不同的情景对话来供留学生学习操练,如"打招呼"、"感谢"、"道歉"、"询问"等等,让学生通过对基本句和情景对话的学习来掌握如何完成交际项目。这样的教程设计思路正确,紧扣情境,注重功能,但在实际的操作过程当中还是存在问题。往往一节课下来,书本上一个项目的情景基本句和对话学生都熟练掌握了,譬如"买水果",但当学生真的去买水果时,十有八九还是不能顺利的进行交际,尤其对讨价还价等较为复杂的交际任务,留学生更是难以完成。

探究这一现象的原因,客观上教材的总思路没有错,如果也排除学生词汇和语法结构知识还不扎实的因素,同时排除与学生进行交际者的方言因素,导致这一现象的成因应该是以下两个方面:(1)教材在编排上还有纰漏,在注重功能、情景的同时,没有运用会话结构理论知识对其进行丰富的呈现和灵活的阐述;(2)学生虽然掌握了基本的词汇和语法知识,但是在言语运用方面还不能很好把握,从这一角度说,课堂教学缺乏在模拟真实情景中的言语运用技能训练,致使学生在运用能力方面还欠缺,因此无法将学过的内容顺利贯彻。

这两个方面是密切联系的,前者是教授和训练的内容,后者是具体操练,是对前者的巩固。要改变这种"学不足以致用"的状况,就要在中级阶段开始重视语用方面的教学,具体来说就是会话结构方面语用的教学。

3. 功能、情景和结构综合运用的重要性

观察现阶段的中级会话教材,普遍存在"大项目、小情景"的现象。一个单元要完成的功能项目比较大,如"去朋友家拜访",但是为之配设的情景对话则相对单一,层次不多。如《中级汉语口语(上册)》中第十一课"很高兴能到您家来做客",对话设计生动活泼,可以激发学生学习的兴趣,有很大的实用性。但是所有的对话都是沿着事先预设好的情景一线展开的,而当留学生真正到中国朋友家做客时,由于各种因素的影响,对话初始可能就和课文中的大相径庭。课文中会话还存在过于客套笼统和句式过于规范齐整的问题,在汉语的实际交流中有嫌累赘。如果只是按照课本上的情景对话指导学生操练,恐怕无法真正有效的帮助学生适应实际交流的需要。

其实,课文中出现的情景对话往往只提供了"如意的"应答,而忽视了另一种"不如意"的应答。应答语的功能类型明显少于日常生活中可能出现的应答语功能类型,留学生在用汉语交际时,不可能在所有的场合都接收到如意的应答语,或给对方如意的应答语,所编写的语料如果只注重个别如意的功能,而忽视其他应答可能出现的功能类型,就会使学生在需要使用或遇到不如意应答时不知所措,这是违背教材实用性与交际性原则的。我们认为,这正是由于忽视了会话结构丰富的层次性造成的。

会话结构是指一段对话的内在结构,如谁先说话,话语的顺序,说话者如何使用话轮传给另一方,说话者如何转换话题,听话者如何接过话轮,如何插话,说话人如何继续说话,如何结束谈话等。会话是最普通的日常现象,表面看来,会话是杂论无章的,而实际上会话有基本的层次结构和规则。现今教材中涉及的对话,在语段、句子衔接上往往线索单一,也存有首句与尾句不够自然连贯的情况。如果认为,留学生既然已经懂得如何使用母语进行交流,因而在口语教学中向他们传授了汉语语言形式方面的知识,如语音、词汇、语法就足够了,然而事实并非如此。会话结构理论确实普遍适用于所有成熟的语言系统,认为同一情景下,不用语言的会话启动语、结束语和衔接语句受各种因素的影响,一定存在差异。因此,如果不教授关于汉语会话结构构建特色的基本知识并进行充分地操练,留学生最多只能创造和识别正确的句子,一旦他们在实际语境中开口交际,难免捉襟见肘,一不小心就会在交际场合说出各种不适合、不相关的话。

4. 留学生在交流中主要出现的会话结构问题及相应解决策略

我们认为,中级阶段的会话教学应将功能、情景和结构综合运用,以此对留学生进行适量地训练来培养其口语会话能力。鉴于当前学术界大多从会话原则和策略、会话句法的语义和语用功能的角度来讨论如何改善和提高口语教学,我们拟从会话结构的角度,分析留学生由于缺少会话结构方面的知识而在交流中出现的主要问题,并提出相应的解决策略。

4.1 不能正确识别和使用会话中启动语和结束语

人们在日常交谈中总是用一些语言标志表示一个话轮已结束,另一个话轮准备开始。这些语言标志就是会话中的启动语和结束语。会话的启动语,或称开头序列,可以是问候语,也可以是寒暄语,作为自然会话的开头部分,启动语邀请受话者加人到会话活动,结束语标志着会话结束,既可以由发话者又可以由受话者发出。留学生用汉语交流时第一个明显的问题是话轮起始和结束时没有明确的语言标志,或过早接替话轮,或使会话中断。这一点无论在课堂会话讨论,还是口语测试中表现得都非常典型。例如在课堂会话练习中,关于“放假最想去哪个城市玩”,学生A和B是这样开始和结束会话过程的:

A:“放假了,你想去哪个城市玩?”

B:“大连……因为……”

A:“哦,我知道了。”

这样的会话建构明显是教条性的,在会话开始时学生没有意识到如何用诸如“你好,张三,暑假要到了,你有出去玩的计划吗?”之类的启动语。在会话结束时也没有任何语言标志。尽管这是课堂口语会话,不是真实环境中的会话交流,但这种类型的会话结构由于距离自然的会话结构有很大的差距,给人一种非常突兀和不完整的感觉。在学生的口语练习中出现的频率非常高,充分反映出很多学生不具备进人或退出会话的技巧,更不用说使用更高层次的会话结构,例如接替话轮、移交话轮等。因此,很有必要训练学生如何进人或结束话轮。

会话是一个合作的过程,特点是轮流发话。讲话者随时可以变成听话人,而听话人又可以成为说话者。这个动态过程的主题应包括参与者共有的话题和说话者个人的话题,双方围绕共有话题展开对话。换言之,一次会话过程可能包含多个话轮。意义相关的几个话轮相互交替是对话的基本结构单位,而话轮接替是会话的基本要素。留学生在会话交流中出现的另一个大问题就是缺乏移交或接替话轮的会话技巧。而且在同一个班上,学生的汉语口语水平还是有高低之分,通常情况下会话的双方可能总有一方居于优势,另一方居于劣势。实际情况常常是会话能力较强的学生说得很多,较弱的学生说不了几句话。学生在接替话轮、打断话轮、把握、移交和退出话轮等方面能力的欠缺,需要老师的指导。对于会话较强的学生来说,老师应该强调会话的本质是交流,在交流中要学会放弃话轮以便让别人进人会话。对待会话能力较弱的学生,老师积极地邀请他们参与会话外,还需要运用一些技巧主动发出放弃话轮的信号,如使用停顿给他们获得话轮提供机会。此外,为了增强他们对于会话结构知识的学习,设计需要多个话轮转换的会话练习,启发他们认识到受话者也可以成为发话者。鼓励学生在听话的过程中适时发出反馈项目。而且事实上,在实际交流中,就算是汉语为母语的中国人也常常有答不上来,一时语塞的情况,很少会像课本上的对话一样如行云流水,双方话语和"喂球"一样配合得天衣无缝、滴水不漏。一些迟疑用语如"嗯""事实上""你知道""这样啊"的使用也非常生活化,让学生认识到与其硬套课本上的对话模式,不如放松心态,随机应变,临境反应。

4.2　不能使用恰当的衔接手段建构会话

无论是在会话分析还是在语篇分析中,衔接都是很重要的。Hoey. M(1991)认为,衔接是篇章内句子里的某些词或语法特征,是能将该句与它前后的句子连接起来的手段和方式,一个篇章就是靠各句中这些成分的出现组织或创造出来的,读者对这些成分的理解需要借助于周围的句子。可见衔接所起的作用是巨大的。胡壮麟把衔接分为类指称、结构衔接、逻辑连接和词汇衔接。在课堂对话中不难发现,两三个回合的短小对话对留学生驾驭起来不感到困难,但是一旦要持续开展会话,进行比较长的会话时,他们就经常碰到语言表达方面的障碍,他们的反映通常是在沉默或是慌乱后被迫草草中止会话。实际上,如果这时候如果能恰当地使用衔接的手段,一般的语言障碍是完全可以克服的。

4.3　不会恰当地使用比较复杂的嵌套结构

日常会话的结构,并非毫无规律可言。刘虹(2004)根据Schegloff相邻对的定义,对会话的特点及结构重新归纳,将会话的形式结构分为两类:毗邻式、嵌入式,其中毗邻式又分为毗邻双部式与多部式,嵌入式又分为单层嵌入式、多层嵌入式、毗邻与嵌入综合式。其中,在课文会话中的典型的话轮包括毗邻应对,即说话一方最可能做出的某种反应,如问候—问候,提问—回答,赞许—致谢等,每个毗邻应对都有合意、不合意的选择。比如邀请有接受和拒绝,评论有同意和否定,提问有预料之中和预料之外的回答。在相互合作的谈话中,要建议学生一般要慎用不合意应对,因为它是高度结构化的对话框架,如果运用不好会阻碍会话的进一步进行。例如很多留学生在会话中表示不同意见时,不会恰当地使用表示否定意义,诸如“你说的不对”“我认为你的想法很怪”之类的话语出现就很会阻碍会话进一步进行。因此,在口语教学中,要特别注意提示学生,帮助他们习得正确的套语结构。另外,在学生掌握一定的简短会话套语后,应鼓励学生在会话中积极地补充必要信息或创造性地反馈毗邻应对的第一部分,使话轮保持持续发展。比如对于“这些蛋糕好吃吗”的问题,除了回答“是的,味道不错”,还可以创造性地延展发挥“它们是我今早带过来的,你们尝尝”等等符合会话原则的比较复杂的对话应答。由于该应答不仅提供了额外的时间信息,还传达了热情好客的心意,很容易使受话者进一步继续话轮。

当然除了课文中大量出现的毗邻式,日常交际的复杂性和灵活性又一定程度上决定了其它结构类型的重要性,而这些也是需要学生注意的结构类型。关颖(2007)统计分析得出,现有的口语教材中,会话开头语对嵌入式结构类型的比率安排得相对较少,不仅不符合日常汉语的特点,而且不利于调动学习者的积极性。大量相同结构类型的对话模式充斥课文来诠释情境，不仅单一枯燥，更与实际交流有所脱节，建议教材加大嵌入式结构类型的编写，适当减少毗邻式结构类型，以符合自然会话类型的多样性特点。

5. 结论

通过以上分析得出以上几点留学生会话教学方面的缺陷，我们觉得可以在教材设置的功能项目的基础上，相应地配套编写同套的辅导教材，如：话题演练、阅读等扩展教材，将原本教材中限于篇幅原因无法罗列的会话模式，按不同的线索用不同的语料加以呈现，就会使学生更容易学会如何根据线索开启和承转话题，判断转换关联位置，衔接语轮，进而在适当的时机打断或结束谈话，达到自己的交际目的。

80 年代至今，口语教材的编写一直受到威尔金斯意念功能教学大纲的影响，各类教材在编写语料时都十分注重对言语功能的阐释。对外汉语教材这种对功能语料编写的注重被实践证明是正确的。近年来口语教学的实用性、交际性和趣味性都大大提高。我们认为，如果能在现有教学成果的基础上，将更多更实用的会话结构知识结合到功能项目、情景对话中来，将原来它们之间多元的对应关系充分展现在汉语课堂的教学中去，让学生可以根据功能选择自己所需要的结构类型、发话方式与应答方式，从而充分激发学生的学习热情，更好的培养他们的语言交际能力。

参考文献：

1. 陈　枫：《对外汉语教学法》，中华书局，2008。

2. 陈顺田，《对外汉语教学中高级阶段课程规范》，北京语言大学出版社，1999。

3. 关　颖:《从会话分析理论看对外汉语初级口语教材的会话编写》,陕西师范大学硕士学位论文,2007。

4. 胡麟壮:《语篇的衔接与连贯》,上海外语教育出版社,1994。

5. 刘德联:《中级汉语口语》,北京大学出版社,1996。

6. 刘　虹:《会话结构分析》,北京大学出版社,2004.

7. 宋　晓:《对外汉语教学中的会话结构意识研究》,山东大学硕士学位论文,2008。

8. 徐子亮、吴仁甫,《实用对外汉语教学法》,北京大学出版社,2005。

9. 周小兵:《对外汉语教学入门》,中山大学出版社,2004。

10. Hoey. M Patterns of Lexis in Text, Oxford University Press, 1991。

汉文字系统化教学的可行性研究

骆笑天

[摘要] 中国文化走向世界的过程中,汉语的推广起到了十分重要的作用。进一步提高中国文化的可接受度、宣传中国文化,汉文字的教学显得至关重要。本文结合汉文字自身的系统性、空间特性、习得顺序,讨论汉文字教学的重要性,探索传统的交际功能为主的汉语言教学模式外,系统化的汉文字教学的可行性。

[关键词] 汉文字 空间性 系统化 集中识字

0. 引言

文化是建立在一定的符号系统之上的。(刘珣 2000:121)对于汉文化而言,传播汉文化的载体便是汉语语言文字。在漫长的历史岁月中,承载着中华文明的价值观念、道德规范和思维方式的汉文字,比汉语言更为强势的影响了周围邻国:日本、朝鲜、韩国、越南、新加坡以及其他周边地区。在接受汉文字传入与使用汉文字的过程中,这些国家的人民逐渐获得了用文字记录事件和历史的能力。从某些角度上说明了:对汉文字的使用,促进了这些国家地区的自我改变与历史性发展。1974 年,美国汉学家开始使用“汉字文化圈”一语形容这一文化现象。

在历史上的汉文字的对外传播是被动的,被传播的周围邻国则是主动地接受汉文化和汉文字的影响。现今,为了增强中国在国际上的地位和国际影响力,我国提出了面向海外的中国文化传播战略。如何将承载着汉文化精髓的汉文字成功地传授给海外人士,值得思考与探索。

1. 现行汉文字教学模式的问题

20 世纪 60 年代北京语言学院来华部在汉字教学问题上,经过试验,两次否定了“先语后文”的教学模式,而把“语文并进”作为一项教学原则确定下来。“语文并进”的教学模式也是现在绝大多数教学单位所采用的教学模式:即口语听说教学与识字读写教学同步。除少数教师和学者进行一些改革汉字教学的试验和研究外,“语文并进”或称“语文一体”,随文识字就成了汉字教学的唯一模式。(刘珣 2000:371)在此单一的教学模式下,汉文字的教学面临着一系列的问题:

第一,各对外汉语教学单位所使用的对外汉语教材没有按照汉文字的习得顺序编写。对外汉语教材编写的基本原则是“语文并进”。遵循的是在交际功能为主的原则下,按照汉语言会话话题的需要,习得相应的汉字。学习者被要求首先完成对汉语拼音规则的学习。学习者在接触汉语拼音方案的第一时间会误以为汉语言也是类似于拼音文字的一种语言。在把汉语当做第二语言的习得过程中,这样的一种错误观念会导致学习者认为汉语是很容易掌握的,心理的过度放松,导致学习者对学习的重视不足。但当学习者完成了汉语拼音方案的学习,现行的对外汉语教材基本上会过渡到日常交际所需的会话阶段，随之而来的是与会话话题配套的汉文字。例如：很多教材中最开始出现的便是"你好！""谢谢！"这样的日常会话用语，学习者除了在声调上会产生一定困难外，基本可以顺利掌握这些用语的发音。但对于这几个字的识别记忆则会面临极大的困难。此时，绝大多数的非"汉字文化圈"的学习者便会产生极大的心理落差，觉得"汉字的书写就是画画"、"汉字就是毫无章法的线条"，并且这些"画"和"线条"完全没有规律可循，不论怎么努力地背诵记忆，总是无法顺利的写出一个完整汉字。学习者在此时丧失继续学习的信心，很多学习者在这个阶段主动放弃对汉语言文字的学习。

第二，各对外汉语教学单位没有设置专门的汉文字课程。对汉文字的教学重视不够，对学生的汉文字传授仅仅局限于以交际功能为主的精度课堂上，并且基本是以解决课本上出现的生字为主要手段。是不可能顾及汉文字本身的系统性和规律性的。学习者对附在课文后面的汉字完全没有空间感的认识，在心理上无法把握构成汉字的基本部件，更无法自然习得汉字的基本笔画、基本部件。此时汉文字对于这些学习者来说，便成了浩瀚的海水，无穷无尽了。

而从事对外汉语教学的教师本身对汉字教学也不够重视，或教师本身缺乏汉文字学本体知识和第二语言习得的心理学知识。因为对外汉语教师的母语是汉语，汉语言和汉文字是作为本民族人自然习得的。某些重口语的教师则不要求学生认读书写汉字，这样随着学习者学习的深入，但只能阅读用汉语拼音记录的文章，无法阅读中文的报纸和书籍，丧失学习成就感，导致最终放弃学习。或由于教师对外国学习者文化背景的忽视、没有意识到这些外国学习者可能从未看到过汉文字，对汉文字的符号系统和空间组织结构感知不足。对他们在识认和记忆过程中面临的心理困难了解不足。导致在课堂授课的过程中,没有主动在汉文字的整体空间构造方面给学生提供针对性的指导,就无法解除外国学生对汉文字的心理戒备状态。不可能取得良好的教学效果。

2. 汉文字构造的空间系统性

每一种文字都是一个系统。这个系统虽然跟它所属的语言有不可分割的关系,但是也有它自身的相对独立。汉字是一种比较特殊的文字。(吕必松 1996:182)汉字在发展过程种,同时采用了表形、表意和表音的方法。(王德春 1997:287)

与字母文字的线性排列系统不同的是,汉文字是方块字。由于文字的构成特点各有不同,字母文字的使用者对其文字的感官直觉是直线性叠加,其文字的构成部件是字母,区分文字意义是靠字母的多少和排列顺序的不同,字母文字是没有空间辨意功能的。汉字的构造是具有立体性空间感的,同一部件在方块中的长短、大小、上下、左右均具有区别意义的功能。

今文字(隶书、楷书)是由古文字(甲骨文、金文、小篆)嬗变而来。甲骨文中一些文字看起来就像是一些现实生活中事物的简笔画,随着汉文字的发展、简化和嬗变,现在所使用的文字则极少能看出这些"简笔画"的影子了。但是汉文字中的表形功能在独体字中还是占有相当大的比重。这部分独体字也就是"表形"部分,可以反映出汉文字构造过程中的空间感。汉文字另一个重要的组成部分合体字,则广泛运用了汉文字部件中的部首表达文字的意义或者发音,也就是"表意"和"表音"部分。这些部分多从独体字发展变化而来,拥有同一部首的合体字集合通常拥有类似的意义集合或是发音集合。汉文字造字法"六书",则系统讲述了汉文字空间构造的可知性与理据性。对于现今使用的简化汉文字中，虽然很多疑难字、湮没了会意功能的形声字、形体与繁体字差别很大的简体字，无法按照传统文字学的考证方法求证这些文字创造或简化时的原本用意，但这些汉文字也一定是符合汉文字整体的思维系统而存在。

3. 汉文字系统教学的可行性探索

文字虽然产生于有声语言之后，但在现代社会中，它同口语起着同样重要得交际作用，是社会进步的必需条件。（王德春 1990:452）汉字教学时汉语教学的重要组成部分，不掌握汉字就学不好汉语。汉字教学是汉语作为第二语言教学最显著的特点。（刘珣 2000:369）

3.1 汉文字的浸入式教学理念

传统的汉语课堂，形式古板陈旧，缺乏与现代时尚元素的结合。以笔者所在学校为例，外国学习者所在教室的室内布置几乎见不到中国文化元素，当然也见不到汉文字元素。虽然教室中贴着各式活动通知、课程安排，但这些往往是给教师看的，外国学习者看到成篇的文字就像看到“天书”，久而久之，自动免疫、视而不见了。这样自然不会形成对汉字空间感官的认识。

汉文字浸入式教学的课堂，需要的是在学习环境的布置上给外国学习者一个心理的暗示：“我进入这个教室是来学习汉语言、学习汉文字的。”根据外国学习者的年龄、学习背景、汉语水平等特点，给予一些有关汉文字意识的提示。例如，学习者年龄在 10～15 岁时，可选择在门上绘制动漫艺术体“我们的空间”、“ * * 班的家”、“成长的乐园”等文字、搭配可爱的类似“喜洋洋与灰太郎”这样的卡通图案。这样学习者还没进入教室就看到了汉文字的形态，虽然学习者并不知道这些文字的含义，此时教师也不需要给学生特别解释。由于门上出现的字数不多，字的又颜色鲜艳醒目、生动有趣，学习者在不自觉的情况下会把门上这几个汉文字当做一个完整的画面刻进脑子里面。这就完成了让学生在非学习状态下对汉文字空间组织结构的初期感知。

教室内部的布置则需要充分利用室内空白的墙面。依照学习者的学习进程,制作与之相配套的室内布置。例如,在独体字教学部分,外国学习者可能会对笔画长短可以区分意义上面感到困难。这时在教室的布置上就可以用不同的颜色的汉字图画,表达出相关的汉文字:军绿色的“士”,与土黄色的“土”。“士”的竖笔可以画成斧子、最后的横笔作为斧刃部分。其理论依据是,金文形体是像斧子的,表示使用斧子的是男子汉,军绿色是可以让学习者联想到士兵军装的颜色;“土”上面的部分可以画成一堆泥土,最后的横笔保留象征地平线,其理论依据是,甲骨文、金文形体像地面上有泥土,土黄色也可让学生联想到大地的颜色。学习者在这个阶段的学习中由于有了这样直观的视觉冲击,缩短了学习者摸索汉文字符号系统的时间。

对于汉文字的浸入式教学思想,归纳起来就是利用学习者非学习时间的心理放松状态,采用以环境浸入为主的方式,让学生轻松的习得对汉文字的空间组织结构的感知能力。

3.2　汉文字的心理年龄回归式启发

汉文字空间感觉相对符合 4 ~6 岁孩子产生的空间概念。因为这一时期是人类的空间智能发展最快的时期,人能够对物体的大小、形状、上下、前后、左右、远近产生准确的空间概念,这时人类的智能发展分为理解空间和表述空间。汉文字自身的空间结构组织系统和符号系统正是自觉或不自觉的运用到类似的空间概念,因为汉文字的初步形成时期也是以图画为主,依靠笔画的大小、上下、前后、左右区别文字意义。也就是说,这个年龄段的汉文字学习者将会更容易习得汉文字的构成规律。事实上，绝大多数的汉文字学习者已经超过这个年龄段，他们接触汉文字是在他们理解空间已经完全建立之后，这时的学习者对空间已经有了完整的感知能力，同时又已经完整地习得了自己的母语。在这种情况下就需要引导汉文字学习者，使他们的心理时空年龄回归到理解时空建立的阶段。给他们以心理上的提示，要求学习者回忆儿童时期理解世界的感受。同时告知学习者，汉文字其实并不是那么难掌握，尽量让自己的心理回归的到儿童时期，不要按照成年人对规则的苛求，把汉文字系统的创造者也看成是一群孩子。如这样做可以减少汉文字学习者对汉文字组织规律的心理恐惧感，而产生对汉文字的心理亲近感。汉语是意合的语言，在文字构造和语法构造方面有自己的意合规律，这是与其他语言文字不同的地方。尽早告知把汉语作为第二语言习得的学习者，有助于他们顺利地掌握汉语言文化层面的内涵，也有助于他们更好地掌握汉语。

3.3　以笔画、部件启蒙

每种文字体系都表示相应的语言，具有三个特征：属于一定的文字类型，有稳定的文字构成，有特定的拼写法原则。（王德春 1997：273）汉文字有自己特有系统，有其独特性。汉文字本身的系统性和符号体系，成功地完成了对汉语言的书面表达记录功能。

汉文字体系作为一种独立的文字体系完全可以不通过拼音启蒙，而直接从汉文字系统本身的笔画开始启蒙。在学习者对汉文字体系有了一定程度的认识之后，再进行汉语拼音的学习。因为汉语拼音的学习对学习者来说不论放到学习的哪个阶段都是相对比较容易完成的任务。如放在启蒙阶段学习，则无法合理地利用学习者初学时对中国文化、中国文字积极探索的心理，反而会让学习者学习动力下降。如放在学生对汉文字体系有初步了解后,对汉语言交际产生更大兴趣的时候,传授汉语拼音知识反而会让学习者的学习动力提升。

充分利用学习者在启蒙阶段对中国文化、中国文字的新奇探索心理,进行汉文字笔画、部件的教学,会让学习者在第一时间意识到汉文字体系的空间存在感,有助于学习者顺利习得汉文字。

3.4 集中识字的课堂教学设计

集中识字是建立在汉文字“象形尽意”、“比类相关”文字体系基础上的一种文字启蒙方法,是汉文字启蒙阶段“以文识文”的教学编排。历史上所说的“小学”就是指集中识字这种汉文字的启蒙式教学法,可追溯到2000年前,西汉史游编纂的《急就篇》。

针对外国学习者的汉文字教学设计,是区别与培养交际功能为主的教学设计。这种教学设计不按照交际会话话题的需要进行,而是按照汉文字本身的体系性,系统地进行教学设计。

从汉字的笔画、部件、偏旁、部首开始进行汉文字启蒙,以集中识字的学习方案为主线进行教学编排。利用多媒体、汉字图解、集中识字的相关软件等教学辅助设施,立体形象地向汉文字学习者展现汉文字系统的内部关联性与空间立体感。把拥有相同偏旁或部首的汉字集合设计在同一个单元中集中学习。对比集合中各个独立的字之间的相同点和相异点,集中学习记忆,简化识字的心理过程,缩短掌握汉文字的总体时间。同时建议学习者使用摄像的方式,把部首的样貌刻进脑海中并储存起来。帮助学习者有意识地习得汉文字的空间感觉,掌握汉文字的认知规律。

在学习者掌握一定数量的汉文字、需要拓展交际能力的阶段,设计加入交际话题的内容,并在这部分话题中设计编排进新的文字集合。在满足学习者交际能力培养的同时,完成了汉文字体系化、系统式教学模式,使学习者可以完整的接触学习到汉语言文化。

4. 汉文字系统化教学展望

对汉文字的系统化教学模式还在进一步摸索之中,还有很多不足之处。需要在实践中宣传推广,以获得更多真实的案例予以支持、补充和完善。本课题是笔者在学习和教学实践中所悟所感,并认为是值得深入研究的。由于汉语言文字学习者自身的文化背景不同,有的来自汉字文化圈、有的来自非汉字文化圈,巨大的文化背景差异所导致的对汉文字感知能力的差异性。这是本篇文章所没有顾及到的。希望在日后能够得到有识之士的协助,共同继续钻研,摸索针对不同文化背景下汉语学习者的汉文字系统化的教学方案。

参考文献:

王德春. 语言学概论. 上海外语教育出版社,1997

刘珣. 对外汉语教育学引论. 北京语言文化大学出版社,2000

吕必松. 对外汉语教学概论讲义. 北京语言学院出版社,1997

林崇德. 发展心理学. 人民教育出版社,1995

顾建平. 汉字图解字典. 东方出版中心,2008

盛炎. 语言教学原理. 重庆出版社,1990

Claire, Krasch. Laguage and Culture, 上海外语教育出版社,2000

建立对外汉语书面语教学体系的必要性和可行性[①]

鹿钦佞

一、汉语书面语概观

1.1 传统文言文到现代白话文

汉语的书面语传统源远流长，若从甲骨文算起，汉语至少有着3500年上下的书面语历史传统。一般认为古代汉语书面语以先秦汉语为典范，这一书面语传统一直被封建社会所继承。众所周知，语言是不断发展的，古代汉语的口语到了汉魏六朝时期就已经与先秦大不相同了，但是由于封建社会的科考的必要以及千百年来经学的兴盛，以先秦汉语为基础的古代书面语直到20世纪初才逐渐淡出历史舞台。我们把这种流传了几千年的传统汉语书面语称为“文言”。

五四运动前夕，陈独秀、胡适、鲁迅等提倡“新文化运动”，

① 本文得到了“上海外国语大学青年教师科研创新团队”项目的资助。

主张之一便是废除文言文。胡适强调"白话文学为文学之正宗"(胡适 1917),很快得到陈独秀的响应。钱玄同、鲁迅、李大钊、傅斯年、罗家伦、梁启超等人纷纷以实际行动——或是创办白话文报刊,或是亲自写白话文章来声援文学革命。尽管林纾等保守派的古文家力挺文言文,排斥白话文,试图维护文言文的正统地位,甚至引发了一场白话文与文言文优劣高低的论战,但是事实证明,白话文最终还是战胜了文言文,以汉语的标准书面语的身份不可辩驳地登上了历史舞台,成为了现代汉语典范的书面语。

1.2　现代汉语书面语的层次

尽管白话文成为了现代汉语书面语的典范文体,但这并不意味着汉语从此就拥有了内部统一、匀质的书面语系统。白话文强调"文言统一",希望达到"近于语言之自然,而无牵强刻削之迹"[①]的境界。但是,要知道汉语书面语古来因文言统一而古今一致,但口语则因方言殊异而四方万别,今天仍然如此。这必然决定了不同人的书面语会因其方言背景的不同而有所不同;其次,不同的语体(style,或称"文体")所运用的词汇和语法也可能迥异。种种条件的制约决定了现代汉语书面语一定是分层次的。[②]

前一种方言的影响其复杂性不是本文所能厘清的,单从语体的角度观察,书面语的层次也是异常复杂的。

目前学术界对于书面语下位语体的分类并不统一,但大都包括了公文语体、科技语体、政论语体、文艺语体等。我们不妨看看同一语体内部的书面语表现出来的差异:

---

① 胡适《文学改良刍议》中"七曰"一节。

② 这里需要强调的是,本文对于现代汉语书面语不做价值上的判断,只是对其层次的复杂性给予尽量公正且充分的观照。

(1) 乡居的少年那么神往于火车,大概是因为它雄伟而修长,轩昂的车头一声高啸,一节节的车厢铿铿跟进,那气派真是慑人,至于轮轨相激枕木相应的节奏,初则铿锵而慷慨,继则单调而催眠,也另有一番情韵。过桥时俯瞰深谷,真若下临无地,蹑虚而行,一颗心,也忐忐忑忑吊在半空。黑暗迎面撞来,当头罩下,一点准备也没有,那时过山洞。惊魂未定,两壁的回声轰动不绝,你已经愈陷愈深,冲进山岳的盲肠里去了。光明在山的那一头迎你,先是一片幽昧的微熹,迟疑不决,蓦地天光豁然开朗,黑洞把你吐回给白昼。这一连串的经验,从惊到喜,中间还带着不安和神秘,历时虽短而印象很深。(余光中《记忆像铁轨一样长》①)

(2) 我差不多儿四岁开蒙——开蒙就是小孩儿起头儿认字念书的意思。我最早是我母亲给我认方块儿字,大概一寸半见方,一面儿写字一面儿画画儿的纸块儿。比方这面儿写"树"字,那面儿就画一棵树。要是"有"字,"好"字怎么画法儿我就不记得了。那时候儿一念书就全是念文言。那么"之,乎,者,也"那些字块儿的反面儿又怎么画呐?我记得好像有些字块儿反面儿札根儿就让他空着的。对了,想起来了,有些字我不喜欢认,也老学不会,就是因为背后没画儿的缘故。(赵元任《我的语言自传》②)

同样是所谓"文艺语体",同样是散文,同样是回忆童年的题材,然而,前者的词汇、语法、辞格极具书面语色彩,颇富文言元素;而后者则简明平实,一如口语的实录,连标注儿化音的小"儿"、对前文的补足修正之语都一一落实,唯恐与口语拉开半

① 选自《余光中散文选集》(四卷本),时代文艺出版社,1997.

② 选自《中国现代学术经典·赵元任卷》,河北教育出版社,1996.

点距离。

(3)

汉卿先生如晤：

岁月不居，时节如流。数十年海天遥隔，想望之情，历久弥浓。恩来生前每念及先生，辄慨叹怆然。今先生身体安泰，诸事顺遂，而有兴做万里之游，故人闻之，深以为慰。

先生阔别家乡多年，亲朋故旧均翘首以盼，难尽其言。所幸近年来两岸藩篱渐撤，往来日增。又值冬去春来，天气和暖，正宜作故国之游。今颖超受邓小平先生委托，愿以至诚，邀请先生伉俪在方便之时回访大陆。看看家乡故土，或扫墓、或省亲、或观光、或叙旧、或定居。兹特介绍本党专使××同志趋前拜谒，面陈一切事宜。望先生以尊意示之，以便妥为安排。

问候您的夫人赵女士。

即颂

春祺！

邓颖超

一九九一年五月二十日①

(4)

康生同志：

请你向北京图书馆、北大图书馆找一些美国历史给我。不要大部头的，如《美国全史》之类，只要几万字的，十几万字的，至多到三十万字为止。其中要有马克思主义者写的，也要有资产阶级学者写的。不知能找到否？费神为盼！

毛泽东

九月九日②

① 选自《邓颖超文集》，人民出版社，1994.

② 选自《毛泽东书信选集》，人民出版社，1983.

同样是书信,邓颖超的信文言气息较浓,毛泽东的则跟口语几乎无异。可见,语体对于书面语的分类是理想化的,它对于语言系统内部的规律性的概括还需要有更多的量化标准。朱德熙(1987)提醒我们书面语具有"不稳定性",换句话说就是书面语的"变数"太大,规律性难以把握;冯胜利(2008)区别了"书面语"和"书面正式语体"的概念,也是在力图从语言内部规律出发寻找一条分辨书面语层次的道路。

1.3 书面语向口语的渗透

既然现代汉语书面语是以口语为基础的,那么口语向书面语渗透便是自然而然的事了。其实,反过来说书面语向口语的渗透也是正常而自然的事。对于口语,有人根据说话的对象和场合分为演说体、郑重体、客气体、熟稔体和俗俚体(郭颖雯2002);祖人植(2000)根据语用含义将口语分为四个层次:基本口语、基本书面口语体语言、日常口语体语言、典雅口语。可见,口语中肯定存在一个"典雅"的层次,而这个层次就是书面语向口语渗透的结果。当我们在正式场合讲话、演说、发表意见时,往往就要运用书面式的口语来表达,否则会显得没有条理甚至过于随意,或者被认为口才不佳。我们不妨看看朱镕基总理当年的即席发言:

(5) 这几天,台湾的选情波谲云诡,急转直下,用尽了权谋手段。司马昭之心,路人皆知,不就是有人要让"台独"势力上台吗?

前天,台湾股市重挫617点,它集中地反映了台湾人民对于"台独"势力嚣张的忧虑。他们担心"台独"势力上台,会挑动两岸的战争,破坏两岸的和平。我们认为,这种担心和忧虑是逻辑的必然,是关系到每一个台湾人的切身命运的。现在,台湾人民面临着紧急的历史时刻,何去何从,切莫一时冲动,以免后悔莫

及。(朱镕基在九届人大三次会议期间答记者问[①])

可以看出,朱总理的发言极具书面特色,如成语用得很丰富;用了一些诸如"用尽"、"重挫"、"集中反映"、"必然"、"何去何从"、"切莫"、"以免"等书面词汇。当然,不同的人的口语能力是有差异的,不是每个人的口语都会得到书面语的充分滋养,也不是每个人都能恰当地运用书面式的口语。请看下例:

(6)"这儿的瓜倍儿甜,倍儿捧,倍儿便宜"。又说:"对不起,记者同志,老爷儿快落了,我得颠儿了!"(盛炎1994)

例(6)是一位驻北京外交官在瓜市答记者问时说的话,在正式的官方场合讲的却是一口地道的"京片子",不能说不对,只能说不好,因为它离书面语的距离太远了,该外交官对于语体的把握实在过于随意。我们通常所讲的"文绉绉"、"掉书袋"式的讲话方式其实就是一种书面语向口语的渗透结果,只不过用错了场合便有"掉书袋"之嫌了。但是无论如何,书面语的重要性是不容回避的,一个人书面语表达能力的高低从某种程度上可以决定其口语能力的是否具有继续上升的潜力。

二、学界对汉语书面语之特殊性的看法

汉语背着三千多年的沉重的文言包袱,这就意味着汉语即便废除了文言,事实上也是难以真正地实现"文言统一"的,这可能是汉语有别于其他语言的一项重要的特点。[②] 现代汉语口

① 这段发言是2000年3月15日九届人大三次会议记者招待会上,朱镕基总理回答新加坡《联合早报》记者提问时即席发表的一段发言。选自《朱镕基答记者问》,人民出版社,2009。

② 上海外国语大学朝鲜语系主任、《汉语学习》杂志前主编金基石教授在与笔者私下交谈时表示,日本语和韩国语,尤其是韩国语的书面语和口语的差别很小,远不如汉语的书面语和口语这么纷繁复杂,因此,日韩学生学不好汉语书面语是可以理解的。

语和书面语的差距前人已经充分地意识到了;在对外汉语教学领域,口语和书面语教学从系统上的分野也早有人提及。

早在20世纪40年代,王力先生(1954A、B)就以现代汉语"欧化语法"为切入点,深刻论述了现代汉语书面语的特殊性。书面语研究之早,可见一斑。但是直到朱德熙(1987)在论述汉语语法研究的对象时还认为:"目前专门研究口语的语法著作不多见,专门研究书面语的书更是绝无仅有。为了使现代汉语语法研究深入下去,恐怕应该对口语语法和书面语语法分别进行细致的研究。"

胡明扬(1993)从语体角度阐述汉语书面语的复杂性,以大量的例证证明了汉语口语和书面语的不同。认为"一部'现代汉语语法'应该全面反映现代汉语口语和书面语的现状"。

刘勋宁(2002)谈到:"1988年至1991年间,朱德熙先生牵头,大家调查了汉语方言的反复问句,得到了一个情况,就是北方话的反复问句口语说'VO不?'朱先生感慨地说,按道理应该写:'这是名词不?'可是我还是得写:'这是不是名词?'因为那简直不像话。这说明书面语有书面语的表达习惯,把口语的格式硬搬到书面上,不见得行得通。"朱先生的敏锐观察告诉我们,书面语和口语对于同义句式的选择还是不能含糊的。

冯胜利(2003)从汉语书面语中特有的词汇体系、构词法、句法运作等角度出发论述了汉语书面语语法的特点,并且指出了它应当独立于口语教学语法的必要性。冯胜利(2008)尝试进行了书面语体"庄雅度"的测量。

此外,陶红印(1999)站在本体研究的立场上强调了区分语体对语法研究的重要意义;吴丽君(2004)强调了书面语词汇教学的独立性和重要性;刘壮(2002、2005)从汉语文章学的角度出发谈了建立书面语教学体系的重要性;李泉(2002、2003)、曹炜(2003)等也各自从不同的角度探讨了汉语书面语的特点以及汉语书面语教学的必要。

三、现行各种《大纲》的编排

历经60年的磨砺,对外汉语教学界已经总结出了相当成系统的汉语教学系统。但据我们观察,目前的对外汉语,尤其是语法教学,初级阶段的教学非常成系统,客观地说,这一语法系统涉及到了口语语法与书面语语法,或者叫做通用语法。在初级阶段,由于教学语体应当遵循中性语体①的准则,其语法体系趋于通用性是必然的。但是,到了高级阶段,这种通用性的语法就应当有语体背景的区分了。而目前的教学实践中,这种区分是较为模糊的。

另外,汉办设置的《高等学校外国留学生汉语言专业教学大纲》(以下称《教学大纲》)对于书面语的能力和教学目标是有要求的。如下:

年级	水平②	话题内容和言语交际能力要求	
一年级	(一级)	话题内容	最基本的日常生活与学习话题
		言语交际能力	用汉语口语或书面语进行初步交际

① 关于"中性语体"的的重要性前人论述颇多,兹略举两例。盛炎(1994)认为:"我觉得外国人学习中文,语体学习不妨从中性(neutral)语体开始;所谓中性语体,就是介乎正式和非正式之间的语体。","随着中文程度的提高,语体的学习也随之加强。"刘询(2000)认为:"在语体上,初级阶段既不宜过于口语化(不利于掌握基本结构),也不宜过于书面化(难于掌握,也缺少现实的交际价值),要注意学习口语和书面语都能用到的'中性'语体。从中级阶段后期开始,加强两种语体的区分和转换。高级阶段要特别加强书面语的教学。"此两例另见李泉(2002、2004)

② 水平划分据《汉语水平等级标准与语法等级大纲》。

续表

年级	水平	话题内容和言语交际能力要求	
一年级	(二级)	话题内容	基本的日常生活、学习及一般性社交话题
		言语交际能力	用汉语口语或书面语进行正常交际
二年级	(三级)	话题内容	一般性生活、学习与国内外时事新闻等社交话题
		言语交际能力	用汉语口语或书面语与人交际
三年级	(四级)	话题内容	国内外时事新闻、各种一般性社交活动和一定范围的工作话题
		言语交际能力	基本按汉语的思维习惯,用汉语口语或书面语较为自如得体地与人交际
四年级	(五级)	话题内容	国内外时事新闻,较高层次的学习和社会交际话题
		言语交际能力	按汉语的思维习惯,用汉语口语或书面语较为自如得体地与人交际

《教学大纲》对于语体的分化的目标有着较为明确的要求;此外,《汉语水平等级标准与语法等级大纲》(以下简称《语法大纲》)对语体的跟进也有着详细的表述,限于篇幅,此处不再详列。然而,拿《语法大纲》来看,到了指导具体教学实践的“语法等级大纲”部分,书面语教学的目标和要求就显得非常模糊了。《语法大纲》中甲、乙两级的语法项目相当系统,与之对应的初级阶段教材(如北语《汉语教程》)也进行了周密且集中的编排,语法的口语性或者通用性表现得较为突出;然而,丙级以上的语法项目缺乏系统,也并没有随着水平的提高而在语体特性方面得到应有的跟进,或者说这种跟进并不明确。我们看到的《大纲》中高级阶段的语法显得十分凌乱,成系统的地方也多是知

识性的，缺乏应用性的。例如，《语法大纲》丁级语法部分“词的构成”一节中，以较大的篇幅突出汉语各种构词法，这些构词法是理论上的，对于高级阶段的学生学习汉语其实是缺乏实际意义的。比如：

(6) 【丁 185】2. 偏正式

阳光　眼泪(表示领属)

对于一个高级阶段的汉语学习者来说，知道“阳光”、“眼泪”是偏正式的构词法，定中之间是表示领属意义的，这种停留在理论层面上的知识实在是苍白的。但是，对于一个高级阶段的学生来讲，类似下面的知识可能是更加重要的：

(7) 蛇行　　牛饮　　熊抱　　风行　　笔直　　日增

这些词的构词法同样是“偏 · 正”型的，但显然在口语语法是不必交代这一类的，它们在口语语法阶段所涉极为有限，即便有也只视为词汇单位教学即可，不必牵扯构词法。它直接取自文言语法“名词性成分修饰谓词性成分”，在现代书面语里又是常用构词现象，能产性极强，因此在高级阶段是应当让学生了解的，这样对于他们理解和表达书面语大有裨益。

《语法大纲》丁级语法项目中就不再专门陈列句法内容了，有的只是零星的几个句式的用法，如“把字句”、“比较句”等。但是，高级阶段书面语中突出的一些句法项目其实是不可回避的。例如“使动用法”这一语法点，在现代汉语口语语法中不需涉及，高级阶段的书面语再不涉及恐怕就不正常了。例如：

(8) 尽管难，但有人努力跳——通过扎实美术功底、丰富自己的人生阅历。(刘谦功《当代话题》，北京语言大学出版社，2003。P52)

这样的用法在书面语中比比皆是，颇能惑乱学生的语感，不能不讲。高级阶段不是没有句法可讲，关键要看是否为了书面语体服务,如果不考虑到语体,初中级阶段已经把中性语体语法学完了,当然也就可以宣告大功告成了。

四、现行本科留学生的教学情况

《语法大纲》对于语法的编排在初中级阶段是成系统的,这基本可以反应出当今对外汉语教学界对于语法教学的共识,即初中阶段,也就是通用语法阶段务须系统,而过了这个阶段只需零星地讲一些具体的书面语词汇以及表达结构的意义和用法即可。事实上我们就是这么做的。

以上海外国语大学国际文化交流学院的本科教学为例,本科一年级所用的精读教材是《汉语教程》(1-3册)①,二年级是《登攀》(上、下),三年级是《现代汉语高级教程》(上、下),四年级是《现代汉语高级教程》②。

一年级的教材根据大纲的需求,较为详尽、充分而且系统地编排了200多条语法点,这些语法点基本涵盖了《语法大纲》甲乙两级的语法项目;《登攀》是初级向高级过渡的一部教材,也非常契合二年级的层次,但是这本书已经基本取消了语法的讲练,仅仅是在“词语用法”这一环节上例举式地讲了一些常见虚词用法,当然这些虚词多是带有书面性质的虚词;三年级用的《现代汉语高级教程》采取了和《登攀》同样的做法,只例举虚词而不系统讲语法;四年级《现代汉语高级教程》连这一部分也取消了。

---

① 事实上第一册是针对零起点学生编排的,一年级从第二册开始的。由于课时的原因,一年级阶段三册下是学不完的。

② 具体分别是杨寄洲主编. 汉语教程(一年级教材),北京语言大学出版社,2003;杨寄洲编著. 登攀·中级汉语教程(上、下),北京语言大学出版社,2005;马树德主编. 现代汉语高级教程(三年级教材上、下),北京语言大学出版社,2003;马树德主编. 现代汉语高级教程》(四年级教材),北京语言大学出版社,2003.

可见,《语法大纲》对于高级阶段书面语语法的忽视直接导致了教材编写和教师教学实践中对于书面语语法教学的缺位现象。

对外汉语教学,特别是学历教育,其培养目标应该是培养出通晓汉语及中国文化的专门化人才,应该有别于短期的或者其他非学历制的培养目标。这就要求学生不仅要会听会说,还要求他们学会在不同场合、针对不同对象来熟练运用汉语进行听、说、读、写。但是,按照我们目前的《大纲》要求和教学实际的表现,高年级的学生在课堂上所学已经脱离了语言系统的实际操练,要想实现上述目标肯定是缺乏现实性的了。请看两例留学生的句子:

(9) 过去保存一个文件一定要花很多时间,而且保存过程也比较困难。所以人们想到了一个办法,把所有的文件保存在一个空间中,此就是图书馆。(留学生作文)

(10) 上世纪80年代一些日本食品公司曾经进入过中国市场,但那些公司在中国市场仅收获了微弱的成果,最终从中国市场撤走。1992年韩中两国建交之后几家韩国食品公司亦进入中国市场,但亦重蹈覆辙。(留学生学士学位论文)

例(9)中"此"用错了。"此"作为一个代词,在《汉语水平词汇与汉字等级大纲》(以下简称《词汇大纲》)中作为乙级词汇提出了,然而在《语法大纲》却没有呈现。作为一个活跃的书面语代词,在《语法大纲》中居然没有体现,这是让人费解的。[1] 教师在教学中当然会教"此"是"这"的书面语用法,但是仅仅这一点无法让学生学会其运用,"此"在哪些条件下表示"这"义,它

① 更费解的是,《词汇大纲》丁级大纲中却收录了比"此"的词频低很多的书面语代词"彼"。

有哪些构词上的规律,凡此种种都要系统地讲授,单靠释义不起作用。

例(10)连用了两个“亦”,实属典型的矫枉过正型的书面语,但怎样才能恰如其分地使用书面语,我们似乎考虑得甚少,仅告诉学生“亦”是“也”的意思简则简矣,却未免有“以己昏昏使人昭昭”之嫌。

再如,《语法大纲》乙级到丁级都列出了汉语“离合词”这一贯穿“词法-句法”的语法项目,但是按照我们现行教材的要求,都会讲到“离合词(VO)不能后加宾语”这一规律。可是,汉语离合词真的不加宾语吗?请看下例:

(12)谷歌前产品经理就职白宫互联网媒体团队(《江南时报》2009/2/25/)

(10)目前,取得两连胜的徐俊与其他六位棋手共同领跑积分榜。(《京华时报》2011/07/04)

(11)资料显示,自今年初至6月13日,汇率挂钩产品发行量为30只,几乎等于去年全年发行量。(《国际金融报》2011/06/30)

口语语法教学阶段的“离合词不带宾语”这一规律一年级学完之后就不再有下文了,这不仅会使学生对之前学过的口语语法产生“糊涂”的负面影响,当面对高层次的书面语语法的理解和表达时更将无所适从。

对外汉语教学到了高级阶段,书面语教学不能说没有,但太不成体系,造成了学生的汉语水平到了一定阶段便注定出现瓶颈现象的尴尬局面,汉语书面语教学体系一日不建立,这种局面就一日难改。

五、建立书面语教学体系的可行性

和书面语体相对的是中性语体。如果说汉语书面语教学体系还没有建立起来的话，汉语中性语体已经建立起了相当完善的汉字、词汇、语法教学体系。书面语教学体系完全可以参照或者部分套用中性语体教学的体系。《词汇大纲》按照词频和难度编排了甲乙丙丁四个等级的词汇表，《语法大纲》也是按照汉语教学参考语法的要求较为全面系统地按照难易度编排出了四个等级列表，任何一本初级综合课本都按照一定的习得顺序有条理、有步骤、有系统地编排了语法讲练项目①。例如，《语法大纲》甲级大纲是这样编排的(以下只列一级标题)：

一、词类；二、词组；三、句子成分；四、句子的分类；五、几种特殊句式；六、提问的方法；七、数的表示方法；八、强调的方法；九、动作的态；十、复句

中性语体的语法当然是通用语法，书面语语法本身是否存在这样分明的系统是值得研究的，但是，我们相信在这样的基础上不难整理出面向书面语的教学体系来。

前面提到了书面语教学的诸端问题，但是我们更要强调的是目前的书面语教学并非是零，只是缺少系统性而已。从二年级开始，我们做的就已经是中性语体向书面语体过渡的工作了，教学中的会涉及大量的书面语词汇，也会涉及书面语虚词，这无疑已经触及语法教学的核心问题了；三年级除了上述两项工作以外，修辞的任务也提到了教学日程上来；四年级更是加入了篇章分析以提高学生写作能力的教学环节。可见，我们之前所做的汉语教学工作在书面语教学方面已经做了很多或自觉或无意的努力，所缺的是教学大纲的系统部署，书面语教学全靠教材编写者和一线教师的个人理解，教学效果的优劣也会有不同程度的参差。现在要做的是在现有基础上，将过去既有的工作精密

① 程堂《对外汉语教学目的原则方法》一书后附有详细的列表。

化、系统化,目标至少应当向一年级的中性语体的教学体系看齐。

目前我们要做的,最重要的就是整合现有的教学思路,制定系统化的书面语教学体系。这个体系中至少应当包括:

1. 书面语语素-词汇教学体系
2. 书面语语法教学体系(词法和句法)体系
3. 书面语虚词教学体系
4. 书面语特殊表达结构教学体系
5. 书面语修辞教学体系
6. 书面语篇章教学体系

当然,我们的体系中还必须遵循一定的重要原则,譬如理解和运用的并重的原则,区分书面语语体层次和规范层次的原则等。

六、结论

高年级的学生汉语听说能力提高了以后,书面语理解和表达能力往往难以及时跟进,这使得我们学院式培养出来的留学生与非学历教育甚至社区中半自然状态下习得汉语的外国人之间的区别模糊化了,我们欲培养高级汉语人才的目标难以达到。我们认为,这归根结底是由于书面语体系没能建立起来所造成的。诚然,目前面向现代汉语本体的书面语研究也没有很好地开展起来,关注者甚少,成果更是寥寥,在这样的前提下,要求对外汉语学界率先拿出教学体系来似乎未免稍嫌苛刻。但是,应用学科提出发展要求,从而激发基础学科得到发展的事例在科学史上并不罕见,应用学科决不能坐等基础学科发展成熟了以后才动手。时不我待,我们不如尽早利用现有的成果和思路行动起来,在实际工作中不断探索和完善建立书面语教学体系的理论与实践。

参考文献：

[1] 白乐桑. 汉语教材中的文、语领土之争:是合并,还是自主,抑或分离? . 第五届国际汉语教学讨论会论文选. 北京大学出版社,1997.

[2] 曹炜. 现代汉语口语词和书面语词的差异初探. 语言教学与研究,2003(6)

[3] 程堂. 对外汉语教学目的原则方法. 华语教学出版社,2000.

[4] 冯胜利. 书面语语法及教学的相对独立性. 语言教学与研究,2003(2)

[5] 冯胜利、王洁、黄梅. 汉语书面语体庄雅度的自动测量. 语言科学,2008(2)

[6] 郭颖雯. 汉语口语体口语教学语法体系的建立与量化. 汉语学习,2002(6) .

[7] 胡明扬. 语体和语法. 汉语学习,1993(2)

[8] 胡适. 文学改良刍议. 新青年,1917 年 1 月 1 日,2 卷 5 号

[9] 国家汉办. 汉语水平等级标准与语法等级大纲. 高等教育出版社,1996

[10] 国家汉办. 高等学校外国留学生汉语言专业教学大纲. 北京语言文化大学出版社,2002

[11] 国家汉语水平考试委员会办公室考试中心. 汉语水平词汇与汉字等级大纲(修订本). 经济科学出版社,2001

[12] 盛炎. 跨文化交际中的语体学问题,语言教学与研究,1994(2)

[13] 李泉. 基于语体的对外汉语教学语法体系构建. 汉语学习, 2003(3)

[14] 李泉. 面向对外汉语教学的语体研究的范围和内容. 汉语学习,2004(2). 另载《汉语口语与书面语教学——2002 年国际汉语教学学术研讨会论文集》

[15] 刘询. 对外汉语教育学引论,北京语言文化大学出版社,2000

[16] 刘勋宁. 汉语书面语和口语的距离. 汉语口语与书面语教学——2002 年国际汉语教学学术研讨会论文集

[17] 刘壮. 汉语文章规律与对外汉语书面语教学. 汉语口语与书面语教

学——2002 年国际汉语教学学术研讨会论文集
[18] 刘壮. 重视书面语教学 进行系统化研究. 汉语学习,2005(8)
[19] 陶红印. 试论语体分类的语法学意义. 当代语言学,1999(3)
[20] 王力. 中国现代语法. 中华书局,1954(A)
[21] 王力. 中国语法理论. 中华书局,1954(B)
[22] 吴丽君. 口语词汇与书面语词汇教学研究. 云南师范大学学报,2004(5)
[23] 朱德熙. 现代汉语语法研究的对象是什么?. 中国语文,1987(4)
[24] 祖人植. 对外汉语口语教学与语用含义的分析. 北大海外教育(第三辑). 华语教学出版社,2000

有关都市文学三题

陈慧忠

一、研究的兴起

中国自有现代文学以来,关于都市的文学描写就不绝如缕。但在相当长的一段时间内,如何从宽泛的意义上、或是从严格的意义上来界定中国的都市文学,整体性地加以把握,似乎并没有引起足够的注意,更缺少充分的分析和合理的定位。至于从学理的层面上来分析中国都市文学的生成和发展,以史为鉴,给后来的都市文学发展提供准确的参照点,就更属凤毛麟角了。中国都市文学几乎成了国内文学研究的盲点。

时至20世纪90年前后,这一情况才有了可喜的变化。

在"全球化"的大背景之下,随着世界范围内"乡村城市化、城市都市化"的趋同形势,更是由于中国社会现代化进程的日益深入,国内的研究者越来越关注都市文学的历史和现状。除了散见在一些专题论文中的表述之外,亦有一些文学史教材开始辟有都市文学的专门章节,甚至有以专著形式问世的研究成果。例如:陈思和在《中国新文学整体观》第五章下篇中,着重分析了现代都市文化和民间形态的关系,其中有"张爱玲现象与现代都市文学"一节。李书磊的《都市的迁徙》(时代文艺出版社 1993 年版)、李洁非的《城市的像框》(山西出版社 1999 版)也是这一时期较有影响的书稿。

文学研究界的这一兴奋点,源自文学创作变化了的实际情况。而20世纪90

年代中国城市经济的持续发展、国有企业改革深化的阵痛,无不给文学创作提供了鲜活的生活素材,刺激着种种的创作灵感。一拨拨作家,尤其是青年作家,感受于城市、也困惑于城市。他们以城市人的身份,每日处于城市生活的漩涡之中,体验着城市生活的斑驳光影,也承受着城市生活的各类压力。在他们的笔下,城市正以一种不同于以往的面目、展现出更多的复杂性。时至今日,以城市为描写内容的作品,涉及到方方面面的生活。即便单纯以创作的数量而言,也是蔚为大观。

也许新市民小说、"新写实"小说的出现,是一个很好的契机。而张爱玲的重新被发现,海派文学的再次被论说,都有助于人们深入思考都市文学的过去、现在和未来。尤其是新世纪以来,都市生活的喧嚣和骚动,都市意味的纷乱和繁复,都极大地激发了人们表现和言说都市的巨大欲望。新的作者群体比如"80 后",又大都有着城市出身和生活的背景,是与都市同时"长大"的一代,都市生活已经浸润到他们的细胞与血脉。甚至连写作本身也已成为他们坚守都市的一种生活方式。更主要的是,大批带着梦想从农村涌入城市的农民和农民的后代,或好奇、或惊恐地打量着城市(都市)。城市已成为他们安身立命的处所。他们这一新城市人群体,在城市中的生存处境,以及对城市的理解和误解,对城市的羡慕和仇恨,均混合着极其复杂的情感,这些都是文学、艺术需要表现和能够表现的丰富内容。这只要看看影视文化对于都市题材表现出来持续不断的热情,就可从一个侧面加以证明。

在过去很长的一段历史时期内,“乡土文学”一直是中国文学评论界主要关注的对象,而随着都市文学逐渐成为创作和批评的热点,研究的广度和深度也就渐次展开。这既是文学自身发展演进的一种必然,更是中国社会向都市化进程发展的结果。从更长的历史进程来看,“都市文学”和中国长期以来所盛行的“乡土文学”已经形成了一种比照。因此,加强对都市文学的研究有助于更好的应对社会和文学的发展。

二、古典文学中的都市场景

从词源上看,“都”就是指“大城市”,旧有“通都大邑”一说。《汉书·食货志》上有这样的描写,“商贾大者积贮信息,小者坐列贩卖,操其奇赢,日游都市。”再往前,按周朝的制度,“四县为都”。《周礼·地官·小司徒》上说:“九夫为井,四井为邑,四邑为丘,四丘为旬,四旬为县,四县为都。”具体算来,有 12896 夫(户)之多。这在当时,该可以算得上是一个相当大的区域。如按夏朝的制度来看,又是“十邑为都”了。《广雅·释地》这样说:“八家为邻,三邻为朋,三朋为里,五里为邑,十邑为都,十都为师,州有十二师焉。”此处的都,算来虽只有 3600 户而已,但也颇有规模。

根据考古学家和历史学家的观点,不管是中国,是希腊,是罗马,还是非洲的埃及,以及像拉丁美洲的墨西哥和秘鲁,要探讨这些世界主要文明古国的历史渊源,往往是从都城开始的。因为一个国家的都城,就是一个国家历史的明确起源,也常常就是文明集中展现的处所。有人曾经根据历史文献记载做过一个统计,从夏代开始以来,中国古代各种都城大约有 217 座。当然,历史上,有些所谓的“国”,实际上还不是我们现在意义上理解的国和国家。它们的规模甚至比现在的县还要小,几乎相当于一个乡。在一般的概念上,我们真正理解为已经进入国家这个时期的都城,既包括传统的大一统帝国的内地的这些都城,也应该包括周边地区的一些地方政权的都城。

传统上,中国“五大古都”指的就是西安、北京、洛阳、南京和开封。后来加上了杭州和河南的安阳。南宋时期的临安,虽是偏安一隅,却也是歌舞升平,繁华富裕。而安阳是商代最晚的一个都城,那里挖掘出了殷墟文化遗址,是目前我国考古界发现的最完整的先秦都城。这样,也就形成我们现在常说的“中国七大古都”。

春秋战国时期,城市的规模有一定的限制。“天子九里,公七里,侯伯五里,子男三里。”但随着手工业和商业的发展,中国古代的城市规模不断扩容。《史记》曾载:“临淄之途,车毂击,人肩摩”。据统计,那时的临淄已有约35万人口。《战国策·齐策》中有一段文字说:“临淄甚富而实,其民无不吹竽、鼓瑟、击筑、弹琴、斗鸡、走犬、六博、蹴鞠居者。”战国时期的南郢,“西通巫巴,东有云梦之饶”,是楚国的商业中心。桓谭《新论》中曾这样描绘南郢市面的景象:“楚之郢都,车毂击,民肩摩,市路相排突,号为朝衣鲜而暮衣蔽。”可以想见其繁荣的程度。①

当然,古代都市的繁华,在东汉班固所作的《西都赋》、《东都赋》,东汉张衡所作的《西京赋》、《东京赋》,以及西晋左思所作的《蜀都赋》、《吴都赋》、《魏都赋》中,我们已能有更多的都市想象。借助这些文学作品,我们遥想当年情景,自有更多的感

① 参见王雅林、董鸿扬《构建生活美——中外城市生活方式比较》20页—22页东南大学出版社2003年版

受。到了大唐盛世,又是一番豪迈阔大的气象。驿道四达,来客八方,长安街上,熙熙攘攘,人云如织。明清两朝,商业发展,走贩商贾,往来街市,市民阶层的崛起,市民生活的丰富多样,都给话本小说的兴起提供了有力的保障。

三、现代都市文学的起伏

城市文明取代乡村文明,是资本主义取代封建主义过程中文化变迁的经典模式,文学在城市文明前行中也获得了生存、拓展、繁荣的契机。且不论明末清初资本主义的萌芽对中国白话小说创作的推动,即就"五四"新文学而言,它就是由"市民阶级"领导的。"五四"文学的现代城市文化性质,是与中国城市的现代化联系在一起的,"五四"时期城市、乡村文明的比照,使作家对乡村的书写有了一个新的文化视角,乡村相比于城市虽有纯朴、明净的一面,但城市文明的烛照也突显了乡村封建文化的愚昧、落后和非人性,这新的视角在小说文本中具体为知识分子视角。这一视角的存在,使得作品不仅对乡土的风俗人情进行非功利的审美观照,而且文本中流露出对下层农民的深切同情,并同时批判了他们身上的文化滞后性因素。这使中国现代文学史上许多乡土文学作品,无论就其艺术审美性还是其文化深厚性来说,都呈现出比较高的水平,并站在了鲜明的人道主义立场上。

20 世纪上半叶,战争改变了中国城乡的原有秩序,大批城市市民逃亡乡村,在革命政党的军事战略转为农村包围城市之后,乡村的区域性地位大大提升了,乡村成为全中国关注的焦点。乡村生活题材的作品比以往增多并引起重视。然而即使在"乡村"的重要性被广泛认同、甚至政治权力的重点都转向乡村的时候,乡村生活题材的选择也并没有成为文学创作的一种教条。许多作家的知识结构、审美情趣、言语方式和生活习惯等决定了他们创作时明显地倾向于城市生活题材。尤其是沦陷区上海早在30年代时就已是一座世界性的现代化大都市,它的都市文化特征非常突出,它为作家提供了新的文学想象方式、流通方式。《骆驼祥子》、《子夜》、《四世同堂》、《倾城之恋》等一批作品,都从不同的角度切入了城市的灵魂,它们以各自不同的风格,成就了城市文学多元化发展的格局。值得一提的是,30年代的上海出现了几位注重形式实验的现代化都市书写者——新感觉派诸作家,他们借用新的电影摄影机视角描绘感性十足的"都市风景线",展现了都市文化中繁华与颓废共生的图景。大都市发达的物质文明与"物"挤压下人的异化的矛盾、现代文明突显的理性与非理性冲突,被新感觉派的作家们借鉴西方现代派的技巧加以了巧妙的表现。如文学史家所言,到30年代,就有了分别以茅盾、老舍和新感觉派作家为代表的三派都市文学,到40年代张爱玲、钱锺书的出现,就更丰富了文学对于现代人的刻画。

"十七年文学"中,当然也有个别注意呈现"城市空间"的作品,像《上海的早晨》(第一、二部)就是"十七年"中,以上海为舞台的一部相对较好的长篇小说。这部作品中非常难得地出现了"名车"、"花园洋房"、"舞厅"、"西点"等现代城市意象,作品渲染出城市富有阶层男女的颓废色彩,这是"十七年"同类题材作品中所没有的,在这一点上,它显然受到来自茅盾《子夜》的影响。茅盾在《子夜》里,对都市里金钱、权力、色相所构成的巨大诱惑,以及人无力拒绝诱惑而表现出的颓废倾向,作了精彩描绘,这使得该小说虽存在着某些受政治因素干扰的局限,却仍不失为一部好的描写大都会的小说。但是,严格的说来,《上海的早晨》则没有了《子夜》中那种强烈的都市文化意识。甚至在整个"十七年"中,文学都似乎远离了都市。

这样一种遗憾，我们要等到 20 世纪 90 年代以后，中国社会加速走向城市化的时候，才有了弥补的可能。从那时至今，可以说，正是中国都市文学发展的又一个高潮期。

试论Z理论在留学生管理中的应用

陈灼芬

[**摘要**] 本文讨论了传统管理理论及其局限性，指出为了做到真正意义上的“趋同管理”，必须超越固有的思维模式，找到适用于留学生管理的新的理论。在分析Z理论在留学生管理中的适用性的基础上，提出从建立信赖关系、推行目标管理两个方面着手，以文化的力量吸引留学生、感染留学生，从而促进来华留学事业更快更好的发展，最终实现国家、学校、留学生的三方共赢。

[**关键词**] Z理论　留学生　信赖关系　目标管理

我国开始接收第一批来华留学生至今，来华留学生事业已经走过整整60年，随着我国经济发展及国际地位的提升，来华留学生事业正以前所未有的速度迅猛发展，2009年共有来自

190 个国家和地区的近 24 万名各类来华留学人员，来华留学生总人数、生源国家和地区数、我国接受留学生单位数及中国政府奖学金生人数四项均创新中国成立以来新高。

在这样的大背景下，教育部于 2010 年制定了《留学中国计划》，把来华留学生事业提升到一个战略高度。《计划》提出“以改革创新为动力，以制度建设为核心”，实现“到 2020 年，使我国成为亚洲最大的留学目的地国家”这一战略目标。

来华留学生人数的剧增，标志着我国留学生工作已取得了丰硕的成果，见证了全体留管工作者的努力，但是也对新时期留学生管理工作提出了新要求，如何应对未来不断增长的留学生数量，在数量增加的同时提高管理工作质量，已成为急待解决的课题。创新是变革的动力，而理念的创新又是一切创新的基础。新时期的留学生管理工作，需要有新的理论的指导。

一、传统管理理论及其局限性

1. X 理论与 Y 理论的基本假设

1957 年，道格拉斯·麦格雷戈（Douglas McGregor）在其著作《企业的人性面》中将传统的指挥和监督理论命名为 X 理论，并在此基础上提出了一种与 X 理论基于完全相反的人性假设的理论——Y 理论。长期以来，X 理论与 Y 理论被广泛运用于管理活动的各个方面。

X 理论基于“人性本恶”的观点，认为人是天生懒惰的，注重个人利益，缺乏进取心和责任感，因此在从事管理活动在时，要对人实行“胡萝卜加大棒”的管理，也就是在给予一定物质鼓励的同时，制订一系列严格的管理制度，以便随时对被管理对象加以惩罚，以此规范其行为，取得组织预定的目标。

与 X 理论相反，Y 理论奉行一种相对积极的人性观，其对人性的基本假设是人天生勤奋，可以进行自我指导和自我控制，以完成任务;人不仅能够承担责任,而且会主动寻求承担责任;人有自我指导的意识和自我管理的能力,它的核心是以人为本,实行人性化的管理。

2. 留学生管理中X理论与Y理论的局限性

在我国高校管理中,最先运用的是X理论,主张用严格的制度规范学生的言行,但是随着周围环境的变化,单纯的限制已无法适应当代新大学生的发展要求,"以人为本"的理念起到了主导的作用,Y理论逐渐取代X理论,成为主要的理论基础。

然而,我国留学生管理却恰恰与之相反,由于特殊的历史背景,在来华留学生事业起步后的很长一段时间,往往把留学生奉为上宾,在管理与服务中,服务成了首位,起到了主导作用,从某种意义上而言,对留学生的管理更接近于Y理论的假设,高校的留学生教育,特别是学历教育,最初为了达到增加数量的目的,普遍实行的是"宽进宽出"的做法。

但是,随着来华留学生人数的增加,如何做到留学生与中国大学生的"趋同管理",提高来华留学生的教育质量已成为备受关注的话题。对留学生的管理日益收紧,招生时可能还有较大的灵活度,但是学历生的毕业条件已有了更为严格的限制,从"宽进宽出"逐渐转变为"宽进严出"。从偏重"服务"到强调"管理",留学生管理理念有向"X理论"倾斜的趋势。

这种趋势固然是对留学生管理中碰到的一些问题的修正,在规范留学生管理,建章立制方面起到一定的积极作用,但是也容易走进另一个理解的误区,即将"趋同管理"简单解释为"相同管理",将高校已有的大学管理制度套用到留学生身上,操作方法上过于机械,在现行制度无法起到很好的惩戒作用时,往往以勒令退学作为最后的处理方法,遗憾的是,这样的做法也缺乏足够的威慑力,被退学的留学生频繁辗转于各所高校的事例屡见不鲜。

笔者认为,“趋同管理”有着更为深刻的内涵,其立足点应该是“求同存异”,留学生首先是学生,即作为学校的教育对象、管理对象,与中国大学生存在同样的学习需求,拥有某些共性。但是,又必须看到留学生作为与中国大学生不同的学生群体,他们身上所具有的某些特性。从做法相同本质不同的“形似”,做到本质相同而做法不同的“神似”,这才是“趋同管理”的精髓所在。而实现真正意义上的“趋同管理”,需要找到一种新的理论武器,以消除留学生被管理、受制约的负面抵制情结,唤起留学生对学校的认同感与归属感。

二、Z 理论——传统管理理论的超越与延伸

1. Z 理论的提出

Z 理论是由日裔美籍学者威廉·大内(William G. Ouchi)总结提出的,其初衷在于通过研究日本企业在 20 多年间迅速壮大,不断取得成功的奥秘,为美国企业的发展提供理论指导。Z 理论中提出了“文化”这一重要概念,强调组织管理的文化因素,认为组织或企业在生产力上不仅需要考虑技术和利润等硬性指标,而且还要考虑人性因素等软性指标,比如信任、人与人之间的微妙关系等等。

Z 理论的提出是为了弥补 X 理论、Y 理论的不足,威廉·大内特意以 Z 理论命名这一研究成果,强调了它与 X、Y 理论存在一定程度上的传承,但又指出,Z 理论并不是 X、Y 理论优点的简单相加与拼凑,而是站在一个不同的角度,重新审视了管理存在的诸多问题,以一种新的方式寻求答案。

Z 文化,蕴含着一种神奇的力量,这种文化力量让日本企业以惊人的速度在战后的废墟中迅速崛起,让通用汽车等美国企业始终进步,在残酷的竞争中不断向前。Z 理论的分析结果不仅适用于企业,而且已上升至一般意义上的组织范畴。如果能把Z理论运用到留学生管理中,在大学校园里孕育出一种积极向上的Z文化,必将能为留学生管理工作提供一种新的思路,进而开创出一种新的局面。

2. Z型组织的三种存在环境

每一种理论都不可能是放之四海皆适用的绝对真理,Z理论作为一种在特定情景下研究得出的成果,其应用受到一定的环境因素的制约。研究留学生管理中Z理论的适应性,需要先对当前留学生所处的学校环境与Z理论要求的基本环境作对比,然后才能做出判断。

在《Z理论》一书中,威廉·大内对Z理论的适用范围做出了严格的限制,界定了可能存在Z型组织,即适用Z理论的三种特殊的环境。首先是企业化城镇,即公司以中小城镇为中心提供大量就业机会,公司的雇员在一个基本上由各种关系组成的庞大网络里被拴在一起,工作与生活的圈子基本一致。其次是美国军方和某些大型工业企业,这些组织频繁地调动雇员,使得雇员从来就没有机会在某个社区定居和落地生根。为了适应环境,他们常常在工作组织内部形成一种相似的文化。第三种环境是组织中的每个人似乎都来自其他地方,大家都没有什么熟悉的朋友、家庭或社会关系。在日常工作活动中,感到孤独和孤立的个人所在工作之余会逐渐产生对组织的归属感,坚定地依赖组织中的其他成员。

当前学校中留学生所处的环境,普通存在这样的情况,即一个班级中大部分成员都来自世界上不同的国家或地区,有着不同的文化背景,班级成员彼此之间是陌生的,对学校环境及社会的整体环境也是陌生的。作为班级的一员,为了消除陌生感带到的不适应性及由此产生的无形压力,容易在班级成员之间产生相互信任与依赖的关系。这恰恰满足了Z理论的第三种环境要求,具备了形成Z型组织,孕育出积极向上的Z文化所不可或缺的必要前提。

3. Z理论在留学生管理中的应用

值得注意的是,虽然环境条件已经具备,但并不意味着在这样的环境下,Z型组织必然自发产生,恰恰相反,Z文化的形成是管理者有意识地运用理论,对管理环境加以调节,对管理对象加以引导从而得到的,是持之以恒的管理工作最终取得的成果。笔者认为,在留学生管理中应用Z理论可以从以下二个方面着手。

首先是建立信赖关系。

组织成员间的相互信任和密切关系是Z文化存在的基础。在留学生管理中,组织成员应包括以下两部分,即学生与教师(在留学生教学与管理中,教师应从广义上来理解,即不单纯是教授知识,还应当扮演着管理者的角色)。而信赖关系又可以分解成两部分,即学生之间的信赖关系及学生与教师之间的信赖关系。这两种信赖关系是缺一不可,互为补充的。

虽然留学生文化背景各异,来中国求学的目的也各不相同,但是学习汉语、了解中国文化,与其他留学生之间互相交往的愿望是相通的。目前的留学生教学活动,多以班级为单位展开,因此建立学生间的信赖关系,可以先从班级开始,开展某些与汉语学习或中国文化相关的班级主题活动,让同一班级的学生有充分展现自我,了解班级同学的机会,在班级内部建立起信赖关系。此外,还必须打破班级的界限,通过鼓励留学生成立各种兴趣小组,以兴趣为依托,让他们找到在学校里找到更多志同道合的朋友,创造进一步体现自我价值的途径,扩大信赖关系范围。

学生与教师间的信赖关系要建立在平等的基础上,绝大部分留学生思想上更为独立,自我主张更加强烈,教师需要把自己放在一个平等的地位上,在倾听的基础上明白学生的真正需要,适时加以建议引导,才能获得学生的信任。除学习上的解疑释惑之外,作为从事留学生教学管理工作的教师,还必须对留学生来源国的基本情况有所了解,对留学生来华后由于文化差异等产生的不适应有所预期,及时加以疏导。同时,教师还应努力为留学生提供更多走进社会的机会,通过组织留学生参加社区活动、各类比赛等形式,使留学生即能将课本上学到的知识运用到生活中,又能用生活中的真实体验丰富自己的思想,形成学以致用,以用促学的良性循环。教师既是倾听者、引导者,又是支持者与守护者,必定能营造出留学生之间亲密无间、相互信任的和谐氛围。

其次是推行目标管理。

在来华留学教育日益市场化的今天,对从事来华留学生教育事业的学校而言,留学生有着较为特殊,他们既是客户,又是产品,他们是学校教育的服务对象,他们的所学又体现着教育成果本身。学校的目标与学生个人的目标存在着惊人的致性,学校想提高教育质量,培养出更多知华友华的留学生,留学生则想学好汉语,从各个侧面了解中国。只要适当地把学校这一组织的目标加以分解,就能成为组织中的个人,即留学生自己的目标,促进学校目标与留学生个人目标的融合与发展。

目标管理的推行是一个长期的过程,可以在留学生入学初建立新生档案,通过教师面谈、问卷调查等多种形式,了解他们学习汉语的目的及希望达到的目标。根据预计学习时间的长短,为留学生将目标加以细化分解,转化成每个学习阶段所需要做到的小目标,制定出学习计划时间表,让留学生对未来的学习有一个总体的把握。然后在每个学习阶段开始前,针对不同学生的特点，建议他们采用不同的学习方法，以达到本阶段的目标。而在完成一个学习阶段之后，又需要有所总结，若发现目标并非完成，要适时地帮助学习找到原因，并对此后的目标加以调整。目标管理贯穿于留学生学习生活的全过程，引领学生前进的方向，帮助他们一步步接近完成自己的既定目标。

教师推行目标管理的过程，也是与学生良性互动，增进彼此间的信任与了解，建立与巩固师生间信赖关系的过程。一个能帮助留学生实现其个人目标的学校，必将对其产生巨大的向心力与凝聚力，从而吸引更多学生的到来。

以文化的力量吸引留学生、感染留学生，建立亲密无间的信赖关系，以目标管理的方式帮助留学生认清方向，实现理想。在留学生管理中充分应用Z理论，相信能在一定程度上促进来华留学事业更快更好的发展，实现国家、学校、留学生的三方共赢。

参考文献：

1. 《我国高等院校来华留学生管理研究》 匡晟、郭曦 《新余高专学报》 2010年12月
2. 《见证教育事业对外开放的伟大成就——来华留学工作60年成就综述》 吴晶 新华网 2010年9月28日
3. 《留学中国计划》 国家教育部 2010年9月
4. 《企业的人性面》 (美)道格拉斯·麦格雷戈 中国人民大学出版社 2008年3月
5. 《Z理论》 (美)威廉·大内 机械工业出版社 2007年7月
6. 《管理学》 (美)理查德·L·达夫特 机械工业出版社 2005年10月

谈文化差异影响下的留学生管理工作

杨子华

随着中国的改革开放,国门逐渐打开,不仅外国的许多企业与商品不断涌入中国,来自世界各地的外国留学生也纷纷选择来华留学。据教育部的统计数据显示,新中国成立 60 多年来,我国累计接收来华留学人员 169 万人次。2009 年共有来自 190 个国家和地区的近 24 万各类来华留学人员,分布在 31 个省、自治区、直辖市的 610 所高等院校、科研院所和其他教学机构中学习。①

教育部国际合作与交流司司长张秀琴说过:"来华留学事业在我国政治、经济、外交、教育和文化等方面发挥了重要作用。改革开放以来,来华留学工作为国家外交工作和教育事业的发展都做出了巨大贡献,为友好国家特别是发展中国家培养了大批专业人才和骨干力量,成为世界客观观察和了解中国、改善我

① 柯进,《谱写中国教育对外开放华美篇章——来华留学工作 60 年成就综述》,《中国教育报》2010 年 9 月 30 日

国国际形象的重要途径,极大增进了中国和世界各国人民之间的了解和友谊。”因此如何更好的开展在华留学生管理工作,推动中外文化的交流成了我们每个留学生管理教师首要考虑的问题。由于留学生来自不同的国家,他们有着不同的世界观、人生观和价值观,有着不同的文化背景和风俗习惯,,所以我们必须要断探索新的途径和新的办法来克服由于文化差异所带来的种种问题。

一、文化差异

1. 文化与文化差异

文化大师吉尔特·霍夫斯坦特对文化下过这样一个定义:“所谓‘文化’,是在同一个环境中的人民所具有的‘共同的心理程序’”。因此,文化不是一种个体特征,而是具有相同社会经验、受过相同教育的许多人所共有的心理程序。不同的群体,不同的国家或地区的人们,这种共有的心理程序之所以会有差异,是因为他们接受的是不同的教育、有着不同的社会和工作,从而也就有不同的思维方式。不同民族的文化之间存在着很大的差异性,而且这种差异性是根植在人们的头脑中的,很难轻易被改变的。根据霍夫斯坦特的研究,可以知道东西方的文化差异是十分明显的,就是在同为东方文化圈的各国之间也有较明显的文化差异。

英国学者萨姆瓦认为,虽然世界文化缤纷差异,但所有文化都具有历史、宗教、语言、价值观等主要的核心要素,这些文化要素使其区别于其他文化,而他们也正是留学生文化差异的主要表现方面。①

---

① Samovar, L. A. et al, Communication Between Cultures [M], Beijing Foreign Language Teaching and Research Press, 2000.

2. 文化不适应

除了这些原本就存在的文化差异以外,刚到中国的外国留学生还会出现一定程度的文化不适应。因为当人们从一种物质环境、社会环境和文化环境转入另一种物质环境、社会环境和文化环境时,大多数人都会或早或迟、或大或小地对环境的突然改变产生不适应。外国留学生跨文化心理不适应所表现的心理状态包括两方面,即内心深处的孤独感、思乡感、无能感、无安全感和外部的易怒、抑郁、自我封闭的情绪和行为,如不知所措、焦虑、恐慌、抗拒、抵触、逃避、抑郁、沮丧、孤独感和相思病。①

3. 我院留学生文化差异的情况

结合日常工作,我深刻体会到留学生与我们之间巨大的差异以及他们面对一个全新环境所表现出的文化不适应。面对一些我们认为很平常的事,他们会有截然不同的态度。有时候,如果处理不恰当,就会造成一些不必要的误会,为留学生管理工作的正常开展带来困难。根据平时工作中的接触,我简单总结了占我院留学生人数多数的韩国、日本、哈萨克斯坦、印度尼西亚及西欧留学生的文化特点。

韩国

通常韩国人喜欢集体行动,他们认为只有在集团内才能体现自身价值并受到保护。在学校内,相比其他国家的学生,韩国同学是比较团结的,他们自己组织学生会、棒球队,还会自制统一的服装和毕业纪念手册。在实际的工作中,我发现如果遇到问题,韩国学生通常会集体来找寻解决途径。他们认为只有人多了才会引起重视。而在交涉中,通常会由一名或两名同学负

① 张毅,《来华留学生文化差异的心理研究与应对措施》,《企业导报》2010 年第 2 期

责交涉。不过有的时候,他们追求的不是简单的解决问题,而是得到公平的对待。这就需要我们在工作中注意平等对待每个同学。除了这些差异以外,作为我们近邻的韩国学生和中国学生也有共同点,那就是十分注重成绩,常会因为分数比预期的低而产生不满。

日本

日本人格外强调组织内部"和"的重要性,认为保持彬彬有礼的一定人际距离,有利于组织的稳定。在学校,根据入学时间的先后,形成"先辈"和"后辈"之间的上下等级关系。而身处海外的日本同学也把这一习惯带到了中国,他们注重老师与学生的等级差距,遇到老师总是会鞠躬行礼,如果有问题请教老师,也十分客气。此外,日本人还信奉"忍",他们遇到问题,哪怕心中不满,通常也不会表现出来。同时,日本人也是一个十分要强的民族。在日本,上到日本企业高层,下到普通日本员工,都深深感受到竞争带来的压力和危机感。不拼命干就会无法生存,因此普遍存在的一种生理现象就是失眠,这容易导致精神上的焦虑、烦躁。我曾遇到过一个日本女生,在老师的印象中她是一个谦和有礼、学习努力认真的好学生,但是由于她太想学好中文,给自己的压力太大,晚上经常失眠,最后还是因为心理原因退学离开了中国。

哈萨克斯坦

随着这几年哈萨克斯坦等前苏联国家经济不断发展,与中国的贸易交流日益增多,一些家庭条件优越、旨在将来从事对华贸易的哈萨克斯坦学生纷纷选择到中国来学习中文。他们绝对是一个性格鲜明、有个性的民族,给人的感觉常常是大胆任性、率性而为的。作为一个马背上长大的民族,有时他们对身体锻炼的重视度甚至超过了对学业的重视。曾有哈萨克斯坦的学生在短短20分钟的课间休息时,都要做俯卧撑来保持身材的强壮。除了注重锻炼,他们还把游牧民族的自由习性带到了课堂,不遵守纪律、在上课期间随意的出入教室、不尊重老师。作为留学生管理工作人员,我们常会收到老师对于这些哈萨克斯坦同学的投诉。但不能否认的是,他们同时也是一个热情、淳朴的民族,经常积极参与学校组织的各种活动。

印度尼西亚

虽然华人只占印度尼西亚人口的5%,但是来中国学习中文的印度尼西亚人通常都是华人,他们大多是早年到印度尼西亚打拼的华人的第三代。但是由于过去苏哈托执政期间,实行非人道的文化清洗,消灭华人的语言、关闭华校及华人社交团体、禁止发行及销售华文报刊、没收华文书籍,不准使用华文做商业招牌,这导致了华人子弟大多只能选择区天主教学校就读,对中华文化的概念逐渐淡薄。在我校学习的印度尼西亚学生,大多二十岁左右、家庭条件优越,在欧美国家接受过高等教育。他们虽然仍是黄皮肤、黑头发、黑眼睛,但是基本不认识汉字,也不会说汉语,在思想上更偏向西方文化。他们学习中文的主观意愿也并不强,大多是家里的长辈希望孩子不要忘记自己华人的身份,送孩子回国学习。

西欧

西欧的学生通常表现出一种个人主义取向,他们更重视独立性和平等性。他们通常愿意直接面对问题、提出批评、讨论具有争议的问题,并坚持自己认为是"事实"的意见。在工作中,我常会遇到一些欧美学生,他们会十分直接地提出一些很尖锐的意见,当问题不能解决时,会大声询问"为什么",让讲究"含蓄"的中国人有时难以接受。因为东西方文化的差异,双方不能完全互相理解。例如,在他们眼中,我们制定的一些规章制度不够人性化;而他们的一些行为在我们眼中则是十分奇特。

二、应对措施

结合我院的实际情况与我在工作中得到的体会,我觉得我院在消除留学生文化差异,提高管理效率上有几点是值得借鉴的。

1. 加强硬件建设,为学生尽快适应中国的学习生活创造条件。

除了上文所说的这些心理、文化意识等方面的文化差异外,留学生刚到中国首先会出现的文化不适应实际上是体现在饮食、环境和教学方式等方面的。作为留学生管理工作人员可以为留学生提供一些生活上的指导帮助,帮助他们早日适应中国的生活。在教学上,努力争取提供最优质的教学环境。但不能否认的是,现在我国高校的硬件环境如住宿、教室、图书馆等各方面与发达国家还是存在着较大的差距,要想让留学生完全适应中国的生活,我们就必须要改进我们的硬件环境,让留学生首先在生活条件、教学环境上不会出现不适应。

2. 提高跨文化意识,以人为本。

面对这些来自不同国家的学生,如果还是像对待中国学生一样,把自己放在老师的高度上,肯定会产生纠纷。作为留学生管理工作教师,在思想上必须要具备国际化视野,学会观察异国文化,善于与自己的文化对比,逐步提高自身的跨文化意识。在工作中,注重以人为本,从留学生的角度思考问题,避免以自己的文化观念去理解或解释他们的语言和行为而造成误解与冲突。如果发生了误解与冲突,也应以积极宽容的态度努力去沟通并消除误解。

3. 开展各种活动,注重情感管理,加强交流。

虽然留学生和我们的语言、宗教、观念都不相同,沟通难免会存在障碍,但是音乐、体育却是无国界的。每年我院组织的朗诵比赛、中文歌曲大赛、乒乓球比赛等文体活动,都吸引了大量同学报名。这些活动为留学生提供了展示自己才华的机会,满足了他们渴望获得自我成就的高层次需要,有利于培养他们对异国文化的认同感。除此之外,学院还组织留学生参观上海博物馆、东方明珠、观看杂技表演、京剧等传统中华表演,使留学生能更好地了解中国的传统文化和现代文明。留学生在这些活动中不仅加强了交流、受到了中华文化的熏陶,还能广交新朋友,尽快融入到新的环境中,冲淡他们的思乡情结。

4. 发挥好班主任和留学生班干部的作用,实现优化管理。

以我院为例,常年在校学生超过千人,而留学生管理教师只有十多人。留学生管理教师要想全面掌握所有留学生的情况,及时发现问题,无疑是不可能的。所以我院采取班主任和留学生班长制度,让他们担任沟通的桥梁。我院曾经发生过留学生和任课老师沟通产生误解,而来投诉老师的情况。最终这次纠纷在留学生班长客观的告知我们当时的情况,并帮助我们劝解同学后顺利解决。

三、总结

随着来华留学生人数的不断增多,留学生管理工作也越来越繁重。作为留学生管理教师必须在尊重各国学生的文化背景的情况下,寻找到最有效的方法,帮助留学生尽快适应中国的学习环境,不能让文化差异成为留住各国学生的拦路虎。

参考文献:

Samovar, L. A. et al, Communication Between Cultures[M], Beijing Foreign Language Teaching and Research Press, 2000.

柯进,《谱写中国教育对外开放华美篇章——来华留学工作60年成就综

述》,《中国教育报》2010 年 9 月 30 日

张毅,《来华留学生文化差异的心理研究与应对措施》,《企业导报》2010 年第 2 期

结合教学管理对微格教室软件系统的几点建议

黄一苇

［摘要］ 为配合汉语国际教育专业硕士点的建设，我院新建了一套微格教室。其硬件部分已经完成，管理软件尚在完善中。在试用管理软件后，本文根据当前使用流程，从时段预约、录像传输、专家点评、登陆访问、用户管理、录像管理等几个方面提出了一些意见和建议。

微格教学是指在录音录像等手段辅助下的有控制的教学实验系统。长期以来，微格教学在国内外广泛运用于师范生教学以及在职教师培训。在师范教育中，微格教学的地位被称作是教学理论和教学实践之间的桥梁。（张德明，2004）

为适应汉语国际教育专业硕士培养的需求，我院最新装配了一套微格教室。微格教室的主要功能要素分为硬件部分和软件部分，在硬件建设完成后，对教学过程关系最为密切的是软件部分中的课程管理软件。当前试用的课程管理软件存在诸多不便，因此结合教学管理和使用要求，对当前系统提出一些修改意见。

一、微格教学对微格教室软件系统的功能需求

微格教学的教学过程讲求技能的细化、分解，对单个教学技能逐一进行集中学习、训练，在掌握部分单项技能后再进行组合训练。微格教学的一般过程如下：

1 学习理论——2 编写教案——3 观看示范——4 角色扮演——5 反馈评价——6 修改教案——7 返回第一步进行下一项训练

在上述环节中，需要使用到微格教室软件系统的步骤有“3 观看示范”、“4 角色扮演”和“5 反馈评价”。

根据上述教学环节的需求，微格教室软件系统需具备如下功能：视频点播功能——包括直接点播和远程视频点播——以满足“观看示范”的环节；实时录播功能——包括录像和直播功能——以满足“角色扮演”的环节；后期影像保存和影像点评功能——以满足“反馈评价”的环节。

二、微格教学与教学管理

除了教学过程中会使用到微格教室的软件系统，在教学管理上同样对微格教室的软件系统有所需求，需要实现的功能大致如下：

第一，需要有微格教室使用时段管理的功能。微格教室一般都是以公共教室的形式使用，使用时间相对不固定。因此微格教室软件系统中应包含使用时段预约功能，当一个时段被预约后，系统将不再接受其他预约，同时到达该时段系统可自动启动进行录播。

第二,需要有微格教学录像自动上传的功能。由于录播主机和点播服务器分属两套系统,还需要有影像资料从录播主机向服务器传送的功能。由于录播主机无法一边录制一边上传,则应于录制结束后的空余时段自动向服务器上传影像。

第三,需要有点评专家点评功能。微格教学中“反馈评价”也是非常重要的一个环节。对教学影像的点评需要有专家手工进行,因而需要一个友好便捷的点评界面。该功能应允许专家便捷地在需要点评的地方插入文字点评。

第四,需要有远程登录访问的功能。由于使用了微格教室服务器,硬件上完全可以提供远程登录访问的功能,因而微格教室软件系统应具备该功能。能实现远程访问就能便于专家点评、学生观摩,提高微格教学影像的使用率。

第五,需要有访问用户管理的功能。在微格教室的使用中会有管理员、教师、点评专家、观摩学生等人员,对不同的人员应在权限上有所区分,方便用户使用同时又不影响系统的正常运作。

第六,需要有录像的管理功能。在微格教室的使用中,会保留下大量影像资料。哪些录像已经接受哪些专家点评、评分结果是多少等信息要在系统中能够反映出来,甚至可以由管理员将课程视频分配给相应专家。

三、当前试用的课程管理软件存在的问题

微格教室软件系统的设计需要结合教学管理的需要。当前在我院微格教室已经试用了一套课程管理系统,针对该系统现状,我们提出以下几种意见:

1. 预约功能

当前试用的课程管理系统对预约功能设计如下:规定每天上下课时段及每周微格教室使用时段,每周到达该时段就开始

录像,另外需在规定时间内进行录制内容上传。

现行的软件系统中预约功能在操作上似乎简便易行,但在使用中会出现诸多不便。例如只需要录制某几天的课程,在时段上就不能提前预约,只有到那一周才能调整录制时段,过后还必须全部改回。针对这个问题,建议系统能够改成预约时段可以具体到日期和起止时间。

另外,如果上传功能要在规定时段中才能进行,那必定占用了某一个时间段,在该时间内不能用于录播。虽然可以在较少使用的时段上设定上传时间,但对使用总有不便。针对这一问题,建议系统的上传时间可以自动默认安排在每次拍摄结束后,或一天中任意的空闲时段——每逢没有任务时就可上传视频。

上述两个方面的问题解决后,对微格教室使用的时间增加了许多自由度。

2. 点评功能的实现

在当前的课程管理系统中,当点评专家从教师端登录后,在点评教学过程时只能标记出一个个时间点,在看完全部录像后才能对时间点添加标注评论。这个在实际操作中不具可行性。一堂课短则 45 分钟,长要 90 分钟以上,每次点评专家有意见都无法输入,到最后可能已经遗忘了一些问题,甚至观看时为什么要定这个点已无法讲清楚,很可能要反复重看录像。针对该问题,建议设计改成在按下打点功能键的同时,播放暂停,在跳出的窗口或相应文本框中输入相关评语,保存后,再自动继续播放。

另外在现有系统中,并没有考虑到一段视频由多位专家点评的情况。建议系统中能增加一段视频多位专家点评的功能,甚至在播放时能反映出多位专家的评语。

3. 用户群的分类

当前录播系统中的用户分类分为教师和管理员两类,这样在权限设置上有一些混乱,建议能分出授课教师、点评专家、管理员三种用户的用户模式。管理员可以统管微格教室软件系统中的各项功能,授课教师可以在已预约的时段中自由操作微格教室的录播功能,点评专家可在后期对课程录像进行点评。

四、模拟流程

在简述了对上述功能的一些看法后,我们可以设计一套微格教室的模拟使用过程。教师甲要于 10 月 11 日下午 1:30 使用一次微格教室,在管理员处查询时段后得知该时段已被教师乙占用,教师甲只能将使用时间调整为10 月 14 日下午1:30,管理员在课程管理系统中定好预约时段。教学时间开始后,录播主机自动启动开始录像,并可在网上同时直播,授课教师在教室中登录授课教师账号,适时暂停、启动录播功能。下课后,录播主机自动停止,在课间休息的间隙将该时段中的录像上传至服务器中。课后管理员将课程录像分配给专家丙和专家丁,他们分别对课程录像进行点评,一边观看一边插入点评内容。在点评完后,所有用户可以观看经过点评的录像。

五、小结

前文从对微格教室软件系统功能的需求和现行试用系统的差异着手,探讨了微格教室软件系统应具备的功能。文中提及的功能在第四部分的模拟流程中都已涉及到,当然也一定会有一些其他的使用流程或是需要其他的功能,这有待今后补充。

参考文献:

黄仲佶,《微格教研:高校教师教学技能提高的有效途径》,载《兰州教育学院学报》,2006 年第 3 期;

刘汉庆、王静芳,《外语微格教学的认识与实践》,载《黄冈师范学院学报》,

2006 年 S1 期；
闫蒙钢、金莉莉、史铁杰、江家发，《微格教室的科学管理探讨》，载《安徽师范大学学报(自然科学版)》，2003 年第 3 期；
张德明，《试论微格教学》，载《铜仁师范高等专科学校学报》，2004 年第 3 期。

"差一点 Vp"句式的研究与二语教学
——兼谈语言研究与语言教学的接口

黄　友

[摘要]　本文结合汉语学界已有的对"差一点 Vp"句式的研究,探讨其如何有效地指导和应用于二语教学,让二语学习者弄清并掌握该句式的含义和用法。经过研究,指出教材应优先并且只优先安排肯定句式"差一点 Vp",再安排否定句式"差一点(没/不)Vp";对学生的任务可区分理解型和生成型,这一句式中的肯定式属于前者,否定式则属于后者;在任务型教学法指导下,借助语料库,结合句式的典型上下文和情境,启发学生探究其典型含义和典型用法:庆幸与惋惜,坚决杜绝孤零零地就句式讲解句式以及提出一些生造的或极不常见的特别用例;根据学生的偏误分析偏误产生的原因,得出进入句式中 Vp 的限制与整个句式的使用限制;并在复现与纠错过程中加深理解,形

成语感。最后，文章还谈及语言研究与语言教学的接口问题，指出前者可为后者提供理论指导，但需要教学者对之进行取舍与提炼；而后者可以检验前者，也可为前者提供新的研究视角或课题。

[关键词] 任务 典型 情境－结构 启发 接口

“差一点 Vp”[①]是一个备受学界关注的有趣的句式。尤其是其否定式，即使是中国人都有可能被弄糊涂，何况二语学习者。

一、已有研究

(一) 语义方面

对于“差一点没 Vp”，对已有的研究影响至深并在二语教学中不可回避的是朱德熙(1959)的企望说：

1. 凡是说话的人企望发生的事：肯定形式表示否定意义，否定形式表示肯定意义：如：差一点及格了(没及格)，差一点没及格(及格了)。

2. 凡是说话的人不企望发生的事情：不管是肯定形式还是否定形式，意思都是否定的，如：差一点摔一跤＝差一点没摔一跤。

朱德熙同时也意识到“企望”并不能解释所有的“差点没”句子，又指出企望不企望因人而异。以甲乙两方赛足球为例，球踢进甲方球门是乙方企望实现的，甲方不企望它实现。因此甲方说“差一点踢进去了”或“差一点没踢进去”两句话意思一样，指没踢进去。有些事是中性的，在说话人看来无所谓企望不企

① 该句式有一些变体“差(一)点(儿)Vp”，为简便起见，采用该形式

望。石毓智(1993)的“积极成分”和“消极成分”与之无异。

董为光(2001)“趋向说”、周一民(2003)“客观事实说”试图在朱先生的研究上加以推进,但解释都过于繁杂,而周一民认为采用何种句式取决于客观事实,而不是主观企望。如:

(1) 这盘儿棋我差点儿没输,他这几招真够厉害的。(没输)

(1') 这盘儿棋我差点儿没输,到最后让他得手了。(输了)

我们觉得,这样的句例大概是作者生造的,而其“客观事实说”等于什么也没有说。

(二) 句法方面

主要在“差点”、“差点没”与动词短语的组合及组合关系上,其中具有参考价值的有:马庆株(1992)从“差点儿”后接动词的语义特征出发认为VP必须具有“限度”这一语义特征,具有限度义的动词有丢、死、走等;张庆文(2009)揭示了进入该句式的Vp必须是封闭性的谓词(包括有界动词、心理动词和部分行为动词如“哭”、“笑”)。渡边丽玲(1994)是结合二语教学来做研究的,她从学生的偏误处分,从逻辑的角度进行分析,认为“差一点Vp”句式往往用于因果关系句中的结果句部分。

(三) 语用方面

李忠星(1999)指出“差一点没VP”中“差一点”对否定的谓词结构之否定是加强的肯定。在特定语境下,它对否定的否定,表面上是肯定,其实是运用“正话反说”的修辞格表达情意,其语气更强烈。张谊生(2004)指出“差点没”是羡余否定式,表回顾与推测,用于对实际上已经幸免了的不如意情况的庆幸和回溯。任鹰(2006)从生成理据方面解释“差点儿没”是两个意象在说话人头脑中的映现,“差点儿”是对一种状况几近出现的印象，“没”则是事情的结果，说话人把头脑中两个最为突出的意象组合在一起，就反映了整个事件。

二、教学对策

（一）安排顺序

“差一点 + Vp”与“差一点（没/不）+ Vp”相比，前者意义单纯。留学生不会遇到什么理解障碍；后者则要根据动词的语义加以理解，留学生常常犯迷糊；尤其是把二者放在一起进行对比时，学生更是常常犯错。因此，在学习顺序上，前者应该先学，且不要和后者裹在一起学；在教材安排上也是如此。《发展汉语·中级汉语（上）》中有这样一个例句：

我差一点儿要放弃了。（第四课《中国给了我一枝“天使之笔”》）

课后语言点的解释是这样的：

“差一点儿”，副词，也可以说成“差点儿”。表示某种事情几乎实现却没有实现，或几乎不能实现却终于实现。

1. 表示不希望实现的事情，几乎实现而没有实现，有庆幸的意思。动词用肯定式或否定式意思相同。例如：

（1）路太滑了，我差（一）点儿（没）摔倒。（事实上没摔倒）

……

2. 表示希望实现的事情，几乎失败，不料却实现了，也带有庆幸的意思。动词用否定式。例如：

（5）我差（一）点儿赶不上车。（实际上赶上了）

……

3. 表示希望实现的事情，几乎实现而终于没有实现，有惋惜的意思。动词用肯定式，前面常用“就”。例如：

（9）我们差（一）点就赢了。（事实上没赢）

……

这样的解释至少存在这样一个问题:把肯定否定混在一起,增加了难度。

(二) 分析频率,明确任务

什么事可以忽略的?重点是什么?难点是什么?理解型(只知道意思就可以)还是生成型(还需要知道怎么用)?

对于该句式,语言学者研究指出,希望与否带有人的主观性,既前面说到的朱德熙先生提到的“差一点踢进去了”相对于甲方与乙方来说,其期望值正好相反。又如“小李和小王差点没结婚”,“结婚”一般来说是希望发生的事,该句一般理解为“小王和小李终于结婚了”;但对于他们的情敌来说,则不希望发生,那么该句似乎应理解成“小王和小李到底还是没有结婚”。理解固然不错,但对于留学生而言,太过复杂了,也不是典型用法,可暂不对学生讲。当然,留学生果真遇到这样的情形或者提到了这样的问题,还是有必要提示一下。

查阅北大语料库,我们发现“差一点 + Vp”有 868 例,而“差一点没 + Vp”则只有 48 例。对后者进一步分析,发现 Vp 为不希望发生的行为的有 45 例,占到 93.75%。我们还发现“差一点就 Vp”一共 94 例,其中 Vp 为不希望发生的行为的有 74 例,占到 78.72%;“差一点 Vp”随机抽取 72 例,其中 Vp 为不希望发生的行为的有 68 例,占到 94.44%。由此可见,肯定式与表示否定意义的否定式是学习的重点,为生成型任务;表示肯定意义的否定式则是少见的,为理解型任务。而学习的难点自然就落到“差一点没 $Vp_{不希望}$”上了。

(三) 利用语料库,给出真实而典型的语例

(1) 他跑到校长背后,学狼狗叫,吓得校长太太摔了一跤,为了这,爸差一点没有拿到毕业证书。(读者(合订本))

(2) 她连忙把头转过去,感到丢人,并且生了气,差一点没有抓个什么东西甩在他的头上。(悲惨世界)

(3) 因为她开始说起法国话来,老百姓就差一点没把她打死……"(战争与和平)

由此可见,句式出现的环境是一个后续句。可概括为"……,差一点 Vp……",按照渡边丽玲的研究,该格式主要为因果关系,所以,可以添加关联词语:"因为……,所以差一点 Vp……"。

(四) 分配任务(思维型任务):启发学生用一句话或一个公式、图式概括归纳典型语义和用法

能否抽取抽象结构(常量和变量)? 能否得出对进入结构中的 Vp 的语义特征? 能否概括结构义和用法?

差一点没 $Vp_{不希望}$ = 差一点 $Vp_{不希望}$,差一点没 $Vp_{不希望}$、差一点 $Vp_{不希望}$与没有 $Vp_{不希望}$的区别?

"差一点没 + $Vp_{希望}$"与"差一点不 + $Vp_{希望}$"的差别?

"差一点 + Vp"可以简化为:

"差一点"具有否定含义,否定后面的 Vp。差一点 Vp = 没有 Vp

对于"差一点(没/不) + Vp",我们可以先只说"差一点没 + Vp",可简化为:

希望发生的事情就发生了,不希望发生的事情就没有发生,总之,结果都是好的。

差一点没 $Vp_{希望}$ = $Vp_{希望}$ 了

差一点没 $Vp_{不希望}$ = 没有 $Vp_{不希望}$ = 差一点 $Vp_{不希望}$

"差一点不 + $Vp_{希望}$"(进入该格式的动词只能是希望的动词):

表示希望实现的事情,几乎不能实现而终于实现了,也有庆

幸之意。

差一点不 + $Vp_{希望}$ = $Vp_{希望}$了

(五) 纠错与分析,得出使用限制

学生可能说出如下不合法的句子:

(4) *我差一点吃饭。

(5) *我差一点不病了。

(6) *我昨天晚上努力学习,今天的考试差一点没及格。

(7) *今天睡过头了,差一点赶上了火车。

(8) *早上我慌慌张张地出门,差一点带了书包。

(9) *他跑得很快,差一点迟到了。

对于(6)-(9)的错误,我们可以引导学生得出以下结论:

	原因 C	一般 结果 R	结果 R1 差一点 Vp	结果 R2 差一点 - Vp	实际 结果 R3
C 消极 Vp 消极	听了谗言	(因此)可能离婚	(因此/险些)差一点离婚了	(因此/险些)差一点没离婚	没离婚,庆幸
C 消极 Vp 积极	睡过头了	(因此)可能没赶上火车	*(因此/险些)差一点赶上了火车①	(因此/险些)差一点没赶上火车	赶上了,庆幸
C 积极 Vp 消极	他很努力	(因此)不大会失败	*(因此)差一点就失败了	*(因此/险些)差一点没失败	
C 积极 Vp 积极	他很努力	(因此)成功了	(因此)差一点就成功了,(可惜!)	*(因此/险些)差一点没成功②	没成功,惋惜

① “睡过头了”不能成为“几乎赶上火车”的原因,不合常理和逻辑。

② “努力”也不能成为“险些不成功”的原因,同样不合常理与逻辑。

续表

	原因C	一般 结果R	结果R1 差一点Vp	结果R2 差一点-Vp	实际 结果R3
C中性 Vp中性	感动	(因此)流下泪来	(因此)差一点流下泪来	(因此)差一点没流下泪来	没流泪,无所谓庆幸或惋惜,主体在意识与潜意识之间斗争

俗话说“种瓜得瓜,种豆得豆”,你播下什么因,就会得到什么果。也就是说,一般说来,恶因得恶果,善因得善果。为了表述的方便,我们用消极和积极来区分。由此可以得出结论:

按照一般的情况,积极的原因一般产生积极的结果,消极的原因一般产生消极的结果。

1. 消极的原因险些产生消极的结果,但不料没有实现,有庆幸之意,所以可以用“差一点 $Vp_{消极}$”和“差一点没 $Vp_{消极}$”

2. 消极的原因导致积极的结果险些不能产生,还好,毕竟产生了,也有庆幸之意,所以可以用“差一点没 $Vp_{积极}$”

3. 积极的原因不可能导致消极的原因险些发生或不发生,因此不能用“差一点Vp”句式。

4. 积极的原因有可能导致离积极的结果很接近,但还是没有成功,所以有惋惜之意,所以可以用“差一点 $Vp_{积极}$”

5. 中性的原因导致其一般的中性结构几乎发生,但没有发生,无所谓庆幸或惋惜,但有主体在意识与潜意识之间斗争之意,所以可以用“差一点 $Vp_{中性}$”和“差一点没 $Vp_{中性}$”

(六) 复现、练习、形成语感

给出语料,让学生反复体会理解;设置练习:填空、改写、选

择、判断、给出情境,运用句式表达等等。如:

这次考试语文刚刚得了60分;数学得了58分,爸爸想要打他们,但妈妈劝阻了。

(语文差一点没及格;数学差一点及格,爸爸差一点/差一点没打他,妈妈劝阻了。

他差一点就考上大学,太遗憾了!

三、语言研究与语言教学的接口

已有的语言研究大部分是以观察的充分性、描写的充分性、解释的充分性(Chomsky)为旨归的,这样的研究面向的是语言事实及其背后的实质和规律,而语言教学的目标是让学生掌握并运用语言,具备目的语听说读写译的能力,目标的不同决定了两者之间必然存在缺口;语言研究存在着不少有争议的问题;一个问题也可以进行多角度研究;面对不断变化的语言现象和应用领域,语言研究具有滞后性……换句话说,很多语言研究成果不是直接拿来就可以用的,教师和教材编写者需要甄别、取舍、精炼之后方能为我所用。

语言教学中,必然要用到语言研究的相关成果,如介绍词性、结构义、搭配限制、使用语境等等,必要时还需介绍相关语言知识。反过来,面对新的目标和对象,语言教学也为语言研究提出了很多新课题;语言教学实践中也能发现很多亟待研究的语言问题。总之,两者之间也一定有其接口。

参考文献:

[1] 程饶枝."差点没"和"差点"语义同指考察[D].暨南大学硕士学位论文,2007

[2] 渡边丽玲."差一点"句的逻辑关系和语义结构[J].语言教学与研究,1994,(3):81-89

[3] 董为光.语言认知心理对“差点儿 Vp”结构的影响[J].语言教学与研究,2001,(3)
[4] 马庆株.与“一点儿”、“差一点儿”相关的句法语义问题[A].汉语语义语法范畴问题[C]..北京:北京语一言文化大学出版社,1998
[5] 石毓智.对“差点儿”类羡余否定句式的分化[J].汉语学习 1993,(4)
[6] 张庆文.谓词性成分的封闭性与“差不多”和“差一点”的语义阐释[J].世界汉语教学,2009,(2):160 – 176
[7] 周一民.北京话里的“差点儿没 Vp”句式[J].语言文字学,2004,(3)
[8] 朱德熙.说“差一点”[J].中国语文,1959,(9)

从教学管理角度浅谈我校汉语教学评价工作的实践及思考

张宇清

[摘要] 近年来,高校学生作为教学主体参与教师的教学评价已成为我国高等学校广泛采用的一种教学评价方式。历年来,我校在对对外汉语教师的教学评价实践活动中,也愈发关注评价主体的多元性以及评价组织活动的有效性,从而使评教活动真正达到目的。本文拟从我校评价工作的基本模式、历年评价实例及评价工作的经验总结三个方面,以高校留学生教育管理角度为着眼点,结合对外汉语教学特点,探索一条有效的评价之路。

[关键词] 教学管理教学评价　对外汉语　学生评教

一、我校教学评价基本情况

1. 评价目的和作用

教学评价旨在多方受益、共同发展,因此教学管理部门和被评价的教师之间不是对立的,而是互助伙伴关系。

从教师角度看,教学评价是教师个人的自我发展诊断。评价不是简单的教师之间的对比,而是要促进教师的个人自我发展。以人为本且公正科学的教学评价可以营造出积极向上的工作环境。不仅对好教师给予肯定,提高积极性,而且每个教师可以通过评价正确地认识自己的优缺点,及时修正自身的发展方向,改进教学方式,提高教学效果从而获得更多的发展机会。

从教学管理角度看,教学评价的结果能提供判断教学质量好坏的重要标准,核定教师的教学技能。评价中反映出的现象和问题,能启发教学管理部门对下一阶段工作中可能出现的情况做出预测。因此,评价能利于管理部门优化教学管理:监控教学工作,改善教学效果。

2. 评价主体特点

实施评价的主体多维,有教师同行、学生、教师本人以及教学管理部门。其中,"学生评教表"以学生为主体,个别访谈以教师和学生为共同主体,这两种方式需针对我们学生的特点设计评价的具体细节。

我校学生主要是语言生,属非学历生。因此,评价指标所使用的语言力求简明易懂,同时具有启发性;对教师的评价重点不在学术研究,而在语言文化传播方面,如跨文化交际能力、语言技能训练技巧等;对教师教学活动有效性的评判依据不仅仅在于学生获得知识,而是学生的技能提高。

相对中国学生来说,语言生对教师的评价更加真实,因为学生与老师的之间不存在学业分数杠杆,没有利益冲突。而且,由于语言生的学习动力完全是来自于自身的兴趣和需求,所以更加注重教学质量,“教师评价表”和“个别访谈”能相对真实地反映其对教学过程的意见。

我校还专门设置了兼职学生导师的岗位,由教学经验丰富且具有亲和力的老师担任,负责在“个别访谈”时跟学生交流,了解学生对教师的意见,同时做好学生心理的疏导工作。

3. 评价方式、实施时间和评价内容

一直以来,我校对汉语教学的评价都采用多元方式,并与沟通结合,是双向、互通的过程,从确定评价主体,建立评价指标体系,展开评价,到反馈评价结果,一步步展开。我校采用的评价方式主体有同行,学生和教师本身,有他评也有自评,评教结果有定性也有量化。具体包括以下六种:

3.1 检查教学档案

实施主体为教学管理部门,负责检查教师提供的每一份档案,了解其教学大纲、教学活动,并及时与教师沟通,帮助其改进、完善教学活动。

具体作法包括,教学质量管理部门制定了规范的“学期教学计划”和“学期教学情况”模板,前者为学期教学活动的计划,后者为教学计划的实施情况记录。教师根据模板,开学初向教学管理部门提交各门课程的“学期教学计划”和教案模板,学期结束时提交“学期教学情况”以备案。学期中间,不定期检查经由教师批改后的学生作业。

3.2 同行评价

实施主体为教师同行。开学后一个月内以及“学生评教”后,教学管理部门组织经验丰富的教师通过课堂观察得到受评者授课情况的第一手资料,对授课教师的教学活动进行评价,评价的方面包括:对教材的处理方式、授课语言表述的准确性、课堂控制力、教学目标的达成性等。课后沟通时,同行对授课教师的教学形式和方法提出实际有效的操作性建议。同行评价还调动了优秀教师参与评价的积极性,发挥优秀教师的教学特长和辐射作用。

3.3　课堂评价

实施主体为学生,由任课教师组织。教师根据本课或近期的学习向学生给与问卷或请学生写小条子的形式,及时得到学生对教师教学的反馈。这样的形式比较灵活,教学管理部门常常鼓励老师们主动和学生就教学情况进行交流,鉴于学生的语言表达能力有限,往往采取聊天式的交流方式,这种形式同时也会鼓励学生如有疑问时主动向老师提出。

3.4　教学效果评价,即学生评教

实施主体为学生。为了解学生对教师和教学情况的意见,教学质量管理部门在学期中期向全体学生发放“学生评教表”。此时师生已经历过两个月左右的磨合期,相互间比较了解,学生的评教能相对客观。评教的项目包括总括的评价,以发展技能为基准的评价以及书面的开放性评价。质量管理部门会根据学期的经验和本学期实际教学安排对学生评教的指标体系作适度调整,以求考评内容更加明晰、规范。

3.5　个别访谈

实施主体为学生导师。在听课和评教结束后,导师与学生进行个别访谈,教学管理部门针对听课和学生评教中发现的问题,跟学生个别访谈,了解学生的学习情况和学生对教师教学活动的理解和看法。有的学生在评教表中不愿意回答问题,导师通过有技巧的提问与之面对面交谈,能获得第一手信息,教学质量管理部门据此能更全面地考察该课程授课情况。

3.6　自我评估

实施主体为教师本人。前文几种评价的主体都是他人－同行或学生,是“他评”,是促进被评价教师个人发展的外部机制。而自我评价是“自评”,这是教师自身发展的主要动力机制。在自我评估在听课、评教、个别访谈之后进行。正确的自我评估包括自我反省、自我监控、自我诊断和自我完善的过程,且具有使师生关系更加融合的作用。教学管理部门结合“他评”和“自评”的结果,及时与被评价的老师沟通。

二、实例分析

我校每学期都以学生评教为评价重点,结合同行评价和自我评价等方式,展开教学评价工作。下面试通过本学期教学评价实践活动来具体介绍。

1. 设立针对外汉教学特点的评价指标

我校的评价指标突出对外汉语教学的特点,如考察教师的语言表达、结合实例进行教学、跨文化交际等能力。实施的重点“学生评教表”以发展技能为基准,指标涉及教师的敬业精神、教师的基本功和教师的教学技巧等三大方面,把认可度分成五个等级,让学生根据自己的判断作出选择。问卷最后设一个开放性问题,让学生对所评教师的教学情况作评价或给建议。

2. 分析评价结果,以从“学生评教表”中获得的数据为主要依据

剔除“学生评教表”中的无效问卷后,用 excel 工具作数据分析,得出一系列量化数据,并在此基础上进行多维比较,了解教学情况和教师的成长情况。我校教学管理部门所关注的重点不在于各项指标的绝对值,而是相对值,因为绝对值是人为设定的,相对值更直观、更具参考性。分析重点在于以下三个方面。

首先,教学管理部门通过历年数据比较、新老教师情况对比、主副课教师对比,发现某些存在普遍问题的点和异常点,把

握各项指标、各位老师、各科教学情况的趋势。

其次,采用红绿色标记极端最高和最低分,计算每位教师分项得分偏离基准分离散度,据此分析每位教师的各项表现在总体数据中的分布情况。这是学生评教表数据统计的核心部分,对教师的个人发展最具指导意义。

此外,教学管理部门根据专职教师的成长曲线,分析其长项和弱势,发现其潜力和软肋,据此为其规划更合适的职业前景。

3. 评价结果的应用

3.1 以“学生评教表”的量化数据为依据,有针对性的开展同行评价,两次的评价结果相结合。

每次“学生评教表”的数据都能基本反映出学生对教学整体的评价。从本学期所作的分析中可以看出,与板书、听力课的授课态度以及口语课的教师语言相关的几项指标处于曲线的低位,据此我们能看出本学期存在如下几方面问题:板书不够专业,听力教师授课态度不够敬业,口语教师的语言表达不规范。针对这些问题,教学管理部门安排听课,得到部分教师授课情况的第一手资料,利用同行评价,对教师进行定性评价。结合两次评价的结果制定下学期教学质量管理工作的重点,对以上三点做专项提升。

3.2 对“学生评教表”的量化数据、同行评价的定性数据作适度的过滤处理后,与受评教师交流,向其反馈评价数据,同时引导其进行自我评价。

出于对教师的保护,教学管理部门在向教师本人反馈评教结果时,反馈的是过滤后的数据,信息半透明,采用一对一的形式。因为,学生评价的结果既反映了他们眼中教师教学行为的优缺点,又兼有学生本身的主观因素。同样的标准,不同学生的主观理解有偏差,因此这个量化的结果不排除学生主观因素产生的误差。照顾到教师的心理因素和可能产生的负面因素,我们必须采用过滤后的数据与教师沟通。

教师本人在了解学生和同行对自己的大致评价后,也会有感而发。教学管理部门以此为契机,既肯定其优势,同时又引导教师自我反省和自我诊断,为教师的自我完善提供有用的指导。

三、经验总结

1. 评价结果是形成性评价而非终结性评价

我们采用的任何一种教学评价都不是终极审判,我们不以任何评价的量化或定性的结论为最终结论。评价是手段,是每个学期持续不断的工作内容,目的不在于人事决策,而在于一步步帮助教师反思教学活动,不断改进,提高教学水平和质量,促进自身的专业发展。

2. 评价多元化,非仅靠量化

评价方式多元,评价主体多元,评价指标体系及时调整更新,评价标准能量化的尽可能量化,而不能量化的必须用定性的方式衡量。这样才能最大程度地消除评价者主观因素产生的干扰,使评价方式民主,指标科学,结果公正,从而为我们教学管理措施的制定和实施提供相对准确的事实依据。

3. 及时向被评价的教师反馈信息,以双向沟通的方式共同发展

教学评价的价值在于使教师及时注意到自己在教学活动的准备过程中可能忽略的东西。教学管理部门必须向教师及时反馈评价信息,了解教师本人的想法,并给予能促进其专业发展的有效指导。否则评价只能流于形式而失去实践意义。

4. 评价结果应用时要控制结果的透明度

从人性化角度出发,评价结果的应用要以人为本,评价结果只宜跟教师本人见面。而且,考虑到评价结果的主观因素以及

其对教师可能产生的压力，一定要先过滤结果数据，否则有可能影响教师的课堂情绪、态度和表现力，这对新教师的保护尤为重要。此外，在教师流动性越来越大的现状下，我们更要在人文关怀的氛围中展开教学评价。

四、小结

我校教学管理部门在对汉语教师的教学质量管理中，以"以人为本"为理念，在与教师双向互通的过程中实施教学评价活动。对教学评价结果要客观地看待和分析，淡化其人事决策作用，重在从监控、改善和发展的角度出发，把评价结果作为引导教师专业发展的依据。通过历年教学评价活动，我校教学管理部门已成为教师成长过程中的诤友，共同发展。

参考文献：

1. 范华风，杨庆玲发达国家高校教师教学评价模式探析(J)《教育研究》2010(2)

2. 王丽萍美国高校学生评教特点分析及启示(J)《美中教育评论》2005(10)

3. 王若梅近十年国内高校教师教学评价研究与实践综述(J)《江苏高教》2008(3)

从留学生汉语能力看趋同管理问题

王永德

[摘要] 以汉语句子为语言材料,母语是英语、日语和韩语的留学生为被试,母语是汉语的大学生作参照,通过分析留学生汉语句子的理解能力,来探索对他们实施趋同管理所面临的语言问题。结果发现:(1)和母语是汉语的大学生相比,留学生理解汉语句子的自动化程度较低;(2)不同类别留学生理解汉语句子水平的差别仍与其母语类型有关,母语是英语的留学生跟母语是日语和韩语的留学生存在差异。最后根据结果提出了解决趋同管理语言问题的策略。

[关键词] 留学生 趋同管理 语言问题

一、问题提出①

进入新世纪以来，随着我国改革开放力度的加大和现代化进程的加速，汉语国际教育遇到了一个空前好的发展机遇，汉语国际传播事业正得到越来越多的人士共识。作为与国外快速发展的孔子学院汉语教学的相辅相成部分，国内来华留学生教育也进入一个新的阶段。学生人数逐年增长，其中学历学位生的比例随着总人数的增加而有提高趋势。与国外孔子学院主要学汉语和中国文化不同的是，国内来华留学生中有一定比例是学各种专业的学历学位生。在汉语培训之外，他们还面临学习相关专业知识的任务。世界各国对国际学生管理的通行做法，是把这部分学生纳入就读学校学生的整体管理之中。参照国际通行做法，教育部已向全国高校推行来华留学生的趋同管理，并得到大部分高校的积极响应。无疑，推行趋同管理，对提高留学生教学质量和最终实现完全相同管理具有引导和推动作用。

实施趋同管理是否会引发新的问题，特别是留学生汉语能力不适应，而导致学习专业困难、学生汉语水平差异大教学组织难等类问题，研究这类问题在当前汉语国际传播背景下有重要的指导意义。

二、研究方法

采用混合设计，其中被试类别为组间变量，句式类别为组内变量。

（一）被试

本研究选择了对外汉语教学中涉及较多的 3 组留学生被试，包括母语为英语、日语和韩语的被试（以下称英语被试、日

① 国家社会科学基金项目（10BYY011）和上海市教育委员会科研创新重点项目（09ZS79）资助。

语被试和韩语被试),他们的母语类型(指根据句子的语法关系对语言的分类;Li & Thompson, 1976)具有代表性。每组20人,共60人。这些留学生学习汉语2年以上,均具有中等汉语水平,等级水平为6~8级。他们来自复旦大学、华东师范大学和安徽大学,年龄为20~33岁。另选1组以汉语为母语的大学生被试(以下称汉语被试)作对照组,该组被试为安徽大学学生,年龄17~19岁,共20人。所有被试是自愿参加,完成测试后给予适当报酬。上述人数已删去在语言实验中表现不符合要求的少数被试,为统计分析使用的人数。

(二)语言材料

句子是语言交际的基本单位。包含1个动词性成分和2个名词性成分(以下分别用VP和NP_1、NP_2表示)的句子在汉语中使用格式很多。在对外汉语精读教材全部单句和动词谓语句中,其使用频率分别约为55%、73%,在留学生日常交际中具有重要的地位(赵淑华等,1995)。依据NP和VP排列顺序、句子中是否用“把”“被”、NP_1和NP_2生命度差异大小均衡、施事前后位置分布均衡(以免被试出现定势反应)等实验限制条件,本研究选择了10个句式,其名称和例句见表1。

表1 实验中使用的10个句式名称及其例句

句式类别	例 句
主动宾1	校长昨天在这家宾馆招待了我们。
主动宾2	院长在办公室会见外国来的朋友。
主动宾3	在学校的时候,老师们只好吃食堂。
施宾句	今天上午,他来了两位以前的同学。
主领句	他们工作计划现在已经制订出来了。
主受句	那家餐厅的名字我们现在想起来了。

续表

句式类别	例　　句
把字句 1	刚才,奶奶把她仔细地打扮了一下。
被字句	读者曾经被这篇文章的观点所吸引。
把字句 2	这么多的汉字把留学生写得手酸了。
被把句	小李也被一个朋友把他骗了一回。

按照实验要求,编制 10 个句式练习句和测试句的数据库。练习句数据库有 10 句,每句代表 1 个句式。测试句数据库有 10 集句子,每集句子有 9 句代表 1 个句式,共 9 * 10 = 90 句。根据原国家对外汉语教学领导小组办公室汉语水平考试部字、词和语法等级大纲标准(1992,1996),除了主动宾 1 和被把句在语法等级上分属初等与高等、字词均为中等水平外,练习句和测试句数据库中其余 8 个句式的每个句子所使用的字词和语法项目均为中等水平。上述每个句子均通过以汉语为母语的大学生句法语义合适性评价,其长度(含标点符号)约为 15 个汉字,按属于不同句式及不同的数据库分别编号。

(三) 设备和程序

本研究编制了专用语言实验软件来测试汉语句子理解水平,由被试在电脑上操作来完成。通过被试在施事指认任务(正式实验前对包括施事在内的指导语内容进行了例释)中对句中施事的选择,记录反应时和反应选项。具体程序和设置为:计算机屏幕先呈现黑色。接着在屏幕要呈现句子位置的中上方呈现 1 个三号宋体字大小、黑底白色的提示信号 * 750 毫秒。然后在提示信号的中下部,分两行呈现句子和可能的选项。句子中汉字和数字均为三号宋体,黑底白字。以施宾句为例:

今天上午,他来了两位以前的同学。

1. 他　　　2. 同学　　　3. 不好确定

句子呈现100毫秒后,呈现句子的可能选项。实验指导语要求被试既准确又快地按微机键盘右边数字键1、2、3中的一个键(1、2、3分别对应施事的三个可能选项)来选择所呈现句子的施事。软件自动记录被试在每个句子上的反应时和反应选项(即按的是哪个键)。2秒后,进入下一句测试。句子及其可能的选项作为一个整体,呈现次序随机。正式测试前先进行试测,以便使被试熟悉正式测试的反应方式。

三、结果与分析

做完实验后,对被试在反应中可能出现速度-准确性权衡问题进行检验。把4组被试在10个句式上应选的正确项目(和准确性有关)与"不好确定"项目(和被试可能牺牲准确性而只关心速度有关)分别进行选择比率配对比较。统计分析发现,3组留学生被试在施宾句上差异不显著,另外,日语被试在被字句上差异也不显著。汉语被试在主领句上差异边缘显著,为 $t(19)=2.087$,双尾检验 $p=0.051$。这3个句式出现差异不显著的原因主要与它们语法结构规则的特殊性有关,并不是被试牺牲准确性而采取快速选择策略。从这些句式与其余9个句式(日语被试是8个)的比较看,每组被试在其余句式上的差异均达到 $p=0.000<0.001$。在所有句子随机呈现的条件下,被试不太可能只对其中的一、二个句式的句子牺牲准确性而采用快速选择策略。从被试在这些句式上的反应时看,留学生被试在施宾句上的反应时基本上与所有句式的平均反应时接近,汉语被试在主领句、日语被试在被字句上的反应时分别是他们在所有句式中最长的。从这些句式本身看,施宾句的施事位于动词之后,主领句具有歧义性,被字句施事位于受事后且为无生命特征,这些特殊语法结构方式使被试很难做出准确选择,有时他们

不得不选择“不好确定”项目。上面的分析说明，在本实验中，被试施事指认的反应时和正确率（反应模式中正确反应的比率）数据均有效。

语言实验形成反应时和正确率两个数据库。被试在正确率上的反应结果表现在汉语是否为母语和留学生母语类型的差别上，与本研究被试在反应时上的两个特点类似。但从本研究的结果看，反应时比正确率对认知加工过程精细度刻画灵敏，因此本文只分析反应时数据。留学生被试和汉语被试在10个句式上的反应时结果见表2。

表2　4组被试在10个句式上的反应时（毫秒）*

句式类别	被试类别			
	汉语被试（$n=20$）	英语被试（$n=20$）	日语被试（$n=20$）	韩语被试（$n=20$）
主动宾1	2674	8563（5889）	6295（3621）	6489（3815）
主动宾2	2915	9180（6265）	6259（3344）	6690（3775）
主动宾3	2979	9259（6280）	7488（4509）	8192（5213）
施宾句	3493	9779（6286）	7837（4344）	7990（4497）
主领句	4849	12347（7498）	8276（3427）	8901（4052）
主受句	3246	10587（7341）	7494（4248）	7995（4749）
把字句1	3593	8657（5064）	7520（3927）	8051（4458）

续表

句式类别	被试类别			
	汉语被试 (n=20)	英语被试 (n=20)	日语被试 (n=20)	韩语被试 (n=20)
被字句	4412	10363 (5951)	8994 (4582)	9016 (4604)
把字句 2	3939	10582 (6643)	8527 (4588)	9068 (5129)
被把句	4194	8213 (4019)	8035 (3841)	8293 (4099)

注:* 每个句式的第一行是反应时均值。第二行括号里数值是 3 组留学生被试与汉语被试在该句式上反应时均值之差。

均值多重比较(表 3)发现,留学生被试和汉语被试在反应时上差异表现为以下特点:

首先,表现在汉语是否为母语。汉语被试在所有句式上的反应时均比 3 组留学生短,前者理解容易。除了在主领句上汉语被试与韩语被试反应时均值差异水平为 $P=0.018$ 外,在其他句式上,汉语被试分别与英语被试、日语被试、韩语被试存在极其显著差异,均为 $P=0.000<0.001$。

其次,表现在留学生被试的母语类型差别上。除被把句外,英语被试在其余 9 个句式上的反应时都比日语被试和韩语被试长,前者理解困难。除了在把字句 1、被字句和被把句上无显著差异外,在其余 7 个句式上,英语被试跟日语被试、韩语被试存在显著差异,均达到 $P<0.05$。上述有显著差异的句式均跟被试的母语类型有关,即英语被试分别与日语被试、韩语被试有差别,而母语语法规则接近的日语被试与韩语被试之间则不存在显著差异。在句子的语法关系上,语言类型理论认为英语是主

语突出的语言，而日语和韩语则是主题和主语都突出的语言。这两种类型语言在句子中动词的位置、主语的构成与省略等方面存在明显的差别（Li & Thompson, 1976）。

表 3　留学生被试和汉语被试在 10 个句式上反应时（毫秒）多重比较*

句式类别	被试类别(I)	被试类别(J)	MD(I－J)	SE	P
主动宾 1	汉语被试（n＝20）	英语被试（n＝20）	－5889	577	0.000
		日语被试（n＝20）	－3621	577	0.000
		韩语被试（n＝20）	－3815	577	0.000
	英语被试	日语被试	2268	577	0.007
		韩语被试	2074	577	0.040
主动宾 2	汉语被试	英语被试	－6265	618	0.000
		日语被试	－3344	618	0.000
		韩语被试	－3775	618	0.000
	英语被试	日语被试	2921	618	0.001
		韩语被试	2490	618	0.018
主动宾 3	汉语被试	英语被试	－6281	721	0.000
		日语被试	－4509	721	0.000
		韩语被试	－5213	721	0.000
	英语被试	日语被试	1771	721	0.008
施宾句	汉语被试	英语被试	－6285	693	0.000
		日语被试	－4344	693	0.000
		韩语被试	－4496	693	0.000
	英语被试	日语被试	1942	693	0.019

续表

句式类别	被试类别(I)	被试类别(J)	MD(I-J)	SE	P
主领句	汉语被试	英语被试	-7497	1099	0.000
		日语被试	-3427	1099	0.000
		韩语被试	-4051	1099	0.018
	英语被试	日语被试	4071	1099	0.001
主受句	汉语被试	英语被试	-7341	834	0.000
		日语被试	-4248	834	0.000
		韩语被试	-4749	834	0.000
	英语被试	日语被试	3093	834	0.001
把字句1	汉语被试	英语被试	-5064	531	0.000
		日语被试	-3927	531	0.000
		韩语被试	-4458	531	0.000
被字句	汉语被试	英语被试	-5951	689	0.000
		日语被试	-4582	689	0.000
		韩语被试	-4604	689	0.000
把字句2	汉语被试	英语被试	-6642	511	0.000
		日语被试	-4588	511	0.000
		韩语被试	-5129	511	0.000
	英语被试	日语被试	2055	511	0.000
		韩语被试	1513	511	0.004
被把句	汉语被试	英语被试	-4020	658	0.000
		日语被试	-3841	658	0.000
		韩语被试	-4099	658	0.000

注：* 根据观察的均值。

上述特点可直观地从图 1 看出来。图中汉语被试、日语被试和韩语被试、英语被试理解这些句式的反应时呈 3 组差别明显的曲线。其中,汉语被试与 3 组留学生被试差别最大,其次是英语被试跟日语被试和韩语被试间的差别。

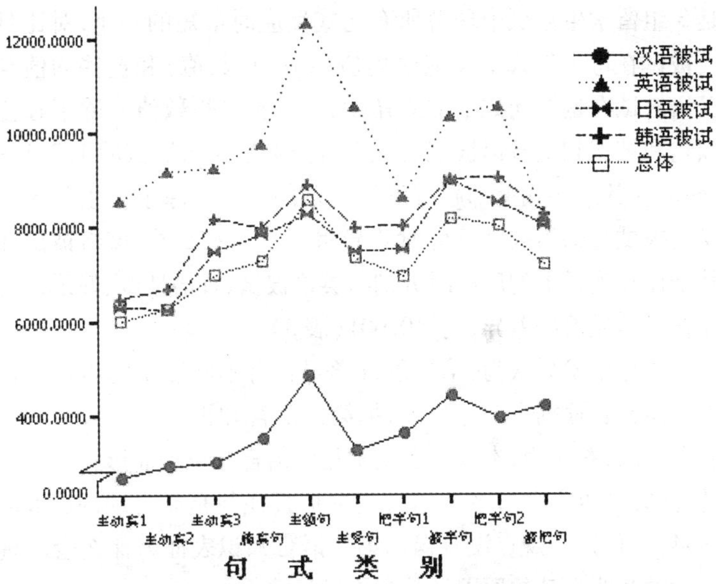

图 1　4 组被试在 10 个句式上的反应时(单位:毫秒)

四、讨论

以下讨论两个问题。首先,以汉语被试为参照,讨论留学生理解汉语句子的自动化程度;之后分析 3 组留学生理解汉语句子的差异。

(一) 留学生理解汉语句子的自动化程度低的原因

从 4 组被试在这些句式上的反应时因变量指标看,本研究发现,在总体上汉语被试跟留学生被试的差异程度要大于 3 组留学生之间的差异程度。从图 1 中可以直观地看出,汉语被试、日语被试和韩语被试、英语被试理解这些句式的反应时呈3组差别明显的曲线。汉语被试理解这些句式的反应时要比3组留学生被试短得多,表2中每个句式第二行的括号里数值是3组留学生被试与汉语被试在该句式上反应时均值之差。日语被试是3组留学生被试中理解所有句式反应时最短的一组,对比日语被试在每个句式上反应时均值(第一行数值)和这些均值与汉语被试在这些句式上的差异(第二行括号里数值),除了在主领句和被把句上日语被试的反应时分别是汉语被试的1.7、1.9倍外,在其余句式上都超过汉语被试的2倍。除了在主领句上汉语被试与韩语被试反应时差异水平是0.018外,该组被试在其余比较项目上的反应时分别与英语被试、日语被试、韩语被试存在极其显著的差异,均<0.001(表3)。

国际学术界认为,第二语言学习者有不同性质的语言知识库。研究者根据自动化程度,把第二语言知识区分为自动的和非自动的,并认为,本族语者最常见的语言知识表征形式是自动的,而第二语言学习者的语言表征形式往往是非自动的(Ellis,1994)。但这一观点没有揭示第二语言知识表征为什么会出现自动的和非自动的原因及其变化过程。

对于第二语言学习者来说,无论是用该语言表达还是用该语言理解,他们需要抑制来自母语及第二语言中无关信息的干扰。而随着第二语言学习水平的提高,他们对第二语言相关语言规则建立得就越牢靠。因此,他们理解和表达第二语言时,需要抑制来自母语及第二语言本身的无关信息就越来越少。从抑制产生的阶段看,学习者对无关信息的抑制从初学时多发生在抑制的后作用过程——删除、限制,到他们的语言水平达到一定程度后,抑制阶段逐渐转移到抑制的前作用过程——阻止通达(Hasher et al. 1999)。这样,他们在语言加工中分配给抑制的认知资源就比较少，因此能够以较快的速度完成任务，表现为加工自动程度的逐步提高。

（二）不同母语类别留学生理解汉语句子的差异分析

本研究发现，不仅留学生被试与汉语被试理解汉语句子时存在差异，而且不同组别留学生之间还存在差异。从图 1 可以看出，在中等汉语水平时，英语被试跟日语被试、韩语被试理解 9 个句式（在被把句上是交叉的，英语被试在该句式上的反应时比韩语被试短，表 2）反应时出现 2 组差别明显的曲线。

从表 3 可以清楚地看出，在中等汉语水平时，不同母语类型的留学生理解汉语句子时的差别表现出与其母语类型密切相关的规律，母语是英语的留学生跟母语为日语和韩语的留学生间存在差异。这一结果验证了以往研究中以英语、日语和韩语为母语的留学生，在理解和表达汉语句子时表现出来的规律（王永德，2004a，2004b）。只不过在中等汉语水平时，不同母语类型的留学生加工汉语句子时的差别已经随着他们汉语水平的提高而差异程度减小。从有显著差异的项目数看，3 组留学生在其中 7 个句式上存在两类显著差异：一是英语被试在主动宾 1、主动宾 2 和把字句 2 上分别跟日语被试、韩语被试差异显著，二是英语被试在主动宾 3、施宾句、主领句和主受句上只跟日语被试有显著差异。从差异水平看，中等汉语水平不同母语类型留学生之间的差异水平很少能达到 $P=0.000<0.001$（表 3）。

在第二语言加工过程中，被试需要抑制无关信息干扰，这种无关信息包括来自母语和第二语言两个方面。在上述 7 个有显著差异的句式中，被试理解某个句式时所抑制的无关信息有时不是单一的。这些非单一的无关信息既有可能来自留学生的母语，又有可能来自汉语。例如，英语被试理解把字句 2 时可能既需要抑制在汉语内部“把”通常作为“受事前的标记”的干扰，又需要抑制他们母语英语中 VP 在 NP_1 和 NP_2 中间这一句法规则的影响。值得关注的是,汉语中使用频率较高的主动宾句式,特别是主动宾 1,日语被试和韩语被试在理解这个句式时似乎已有较高的激活水平,使他们表现不出对他们母语中 VP 在句子末尾这一无关信息的抑制结果。

结构建造框架理论认为,语言理解需要建构一个连贯的心理结构或表征,包括奠基、映射、转移三个过程。开始时,理解者利用最初输入的信息奠定一个基础结构;之后,当输入的新信息与基础结构一致时,就把这些信息映射到这一结构上,从而不断发展基础结构;但当输入的新信息不适合正在建构的结构时,就需要转移以建立新的结构。心理结构的建构材料是记忆单元(如字词及其结构关系等),这些单元由输入刺激激活并受压制与增强两种认知机制调控。压制指主动抑制跟结构无关的记忆单元的激活,增强则是加强跟结构相关的记忆单元的激活(Gernsbacher,1990)。人们在理解上的差异跟其抑制效率密切相关,抑制效率低则不能及时有效地压抑记忆单元的无关信息,因此时常发生转移。这些没有抑制住的无关信息导致形成一些无关的心理结构,占有了一些认知加工资源,因而使可利用的认知资源相对减少,影响建立正确的结构(Gernsbacher & Faust,1991; Gernsbacher & Faust, 1995; Harnishfeger & Bjorklund,1993)。对于留学生被试来说,如果他们在理解某个汉语句式时受到无关信息的干扰而没有得到及时压抑,产生了多余的新结构,这就影响了他们建立正确的结构来理解句子,从而在加工过程中花费较多时间。另一方面,他们也可能因为激活合适信息的速度慢,而在奠基和映射阶段就花费较多时间。这两种情况都会造成他们在理解时反应时增加。

从抑制发生的阶段看,在基础结构之外产生多余的新结构,为抑制的后作用过程。例如,本研究中被试特别是英语被试理解主领句时,抑制过程可能表现为:删除和限制进入工作记忆中的无关信息。与此对应的抑制的前作用过程则表现为:无关信息在被激活之前就被抑制。在这种情况下,理解者就可以以更快的速度建立理解句子的正确结构。例如,在理解主动宾1之初,日语被试和韩语被试就可能阻止通达母语句法规则中动词在句末的无关信息。

五、结论和趋同管理语言问题的对策

通过上述分析,本研究可作如下结论,并据此从宏观上教学组织形式和课程体系的设计、微观上具体汉语教学内容的安排、专业教师的对外汉语教学能力的培训三方面提出趋同管理语言问题的对策。

(一) 留学生理解汉语句子的自动化程度低,他们还有一定量的单独组织教学需求。

相对于以汉语为母语的被试,中等汉语水平留学生,理解汉语句子时的自动化程度仍较低,两类被试之间存在显著的差异。这一结果提示,即便留学生汉语能力达到中等水平,他们还需要单独组织教学。把他们跟以汉语为母语的大学生放在一起学习专业课,效果可能并不好。因而,实施教学上趋同管理有个循序渐进的过程,要把握好"趋同度"。虽然留学生管理文件规定中等汉语水平留学生具备进入院系学习专业的条件,但他们的汉语水平与中国大学生存在显著差异,需要为他们开设相关课程逐步缩小这方面的差异。除了"中国概况"课程外,可以开设以重点提高他们书面语读写能力的"高级汉语"、"汉语写作"、"快速阅读"等课程。结合他们所学专业,开设涵盖学科知识程度不同的课程,如"科技汉语"、"医科汉语"、"财经汉语"等。

(二) 不同类别留学生间理解汉语的水平存在差异,不同句式理解上难易程度也有差异,汉语教学内容要有针对性。

留学生理解汉语句子的水平,跟他们受来自母语或汉语的无关信息干扰的多少有关,干扰多则理解水平低;反之理解水平就高。他们理解汉语句子的规律仍表现为与其母语类型有关的规律,母语是英语的留学生跟母语是日语和韩语的留学生之间存在明显差异。与不同母语类别留学生理解相同句式存在差异相关的另一结果是,相同类别留学生理解不同句式表现出难易。他们对语法规则上跟母语中相应规则差别大,但使用频率高的汉语句子,理解水平也高。这些结果提示,当留学生的汉语水平较高时,可以根据他们的实际差异情况来确定合适的编班方法,组织教学。教学内容要有针对性,根据汉语的不同语言点和母语语法跟汉语的联系程度,安排详略不等的教学内容,尤其要强化难以掌握的语法规则的教学,增加语言输入和练习的频率,使留学生在运用相关规则时少出或不出错误。

(三) 专业教师尚不能适应的教学对象的变化,他们需要必要的对外汉语教学能力培训。

留学生进入专业院系进行相关专业课程学习后,跟他们在基础阶段相比,他们面临两个重要变化:一是课堂学习主体由原来学汉语时都是留学生,变成主要是中国大学生。中国学生的汉语水平、反应能力通常都比他们略胜一筹;二是教师类别变了,上课的不再是对外汉语教师,而是相关的专业教师。不少教师使用带方言的普通话,讲课时语速较快,板书潦草,使用了许多专业词、惯用语等汉语等级大纲外的词语,这使他们一下子手足无措,跟不上进度。

第一个变化是趋同管理最终必须面对的,可以在进入院系的初期为留学生单独开设一些课程,以弥补他们与中国大学间的差距,具体见上述第(一)(二)条的建议。适应第二个变化要做的工作是培训专业教师对外汉语教学能力。参照国家汉办《国际汉语教师标准》,着重对他们进行汉语知识与技能、跨文化与交际、第二语言习得理论与学习策略、教学方法和技巧等方面培训,熟悉汉语水平等级与字词语法点大纲,使他们掌握汉语作为第二语言的学习规律和学习者特点,针对不同情况熟练运用合适的教学方法,以帮助学习者学习汉语,进而完成专业课程的学习。

参考文献:

国家对外汉语教学领导小组办公室编. 1992. 汉语水平词汇与汉字等级大纲. 北京:北京语言文化大学出版社,29～79, 322～333

国家对外汉语教学领导小组办公室编. 1996. 汉语水平等级标准与语法等级大纲. 北京:高等教育出版社, 35～88

王永德. 2004a. 不同母语类型留学生理解汉语句子的实验研究. 语言文字应用,51(3):120～126)

王永德. 2004b. 不同母语类型留学生表达汉语句子的比较. 心理学报,36(3):274～280

赵淑华,刘社会,胡翔. 1995. 北京语言学院现代汉语精读教材主课文句型统计报告. 语言教学与研究,2:11～26

Ellis R. 1994. The study of second language acquisition. Oxford: Oxford University Press,365.

Li C, Thompson S. 1976. Subject and topic: A new typology of language. In: Li C ed. Subject and topic. New York: Academic Press, 457～490

Gernsbacher M A. 1990. Language comprehension as structure building. Hillsdale, NJ: Lawrence Erlbaum Associates, Inc.

Gernsbacher M A, Faust M E. 1991. The mechanism of suppression: A component of general comprehension skill. Journal of Experimental Psychology: Learning, Memory, and Cognition,17 (2):245～262

Gernsbacher M A, Faust M E. 1995. Skilled suppression. In: Dempster F,

Brainerd C J eds. Interference and inhibition in cognition. San Diego, CA: Academic Press,295 ~ 327

Harnishfeger K K, Bjorklund D F. 1993. The ontogeny of inhibition mechanisms: A renewed approach to cognitive development. In: Howe M L, Pasnak R eds. Emerging themes in cognitive development, Vol. 1: Foundations. New York: Springer – Verlag, 28 ~ 49

Hasher L, Zacks R T, May C P. 1999. Inhibitory control, circadian arousal, and age. In: Gopher D, Koriat A eds. Attention and performance. Cognitive regulation of performance: Interaction of theory and application. San Diego, CA: Academic Press,653 ~ 675

来华留学生预科理工类零起点班
——“科技汉语”课程教学设计

许　涓

[摘要]　本文以教学实践为基础，总结预科零起点班理工类“科技汉语”课程的教学经验，论述“科技汉语”课程教学环节、教学步骤、教学方法的设计方案，旨为“科技汉语”课程的优质教学提供卓有实效的教学模式。

[关键词]　预科　零起点　理工类　科技汉语　课程设计

一、引言

“科技汉语”课程是教育部来华留学生预科试点院校理工类预科生的必修课。教育部预科试点院校之一天津大学经过近几年的摸索，把“科技汉语”定性为预科阶段普通汉语课程与专业基础课程的桥梁。据天津大学预科教育调研报告，理工类预科生把“科技汉语”视为预科教育阶段最为重要的课程。因此,“科技汉语”在理工类来华留学生预科教育阶段的重要性已经不容忽视。然而,绝大部分的理工类预科新生入学时汉语基础为零。面对零起点的学生,“科技汉语”的范畴怎样界定、“科技汉语”课程何时开设、课程容量与教材难易度怎样把握等等问题都需要深入研究。

目前,参考天津大学国际教育学院预科课程设置,同济大学理工类预科零起点班从第一学期第十周起开设“科技汉语”课程。我们认为“科技汉语”课程的任务是:让理工类预科生了解一定的科技汉语的词汇与句式;初步具有阅读科普资料的能力;能大致听懂内容浅近的科普讲座;能就科普内容提出问题,基本能陈述自己的观点;初步具备撰写科普类应用文的能力;能完成课后作业,能看懂汉语试卷并能用汉字答题。面对只有九周汉语学习经历的留学生,要在极为有限的课时内完成上述任务,一定要充分利用教学时间,优化课程内容,培养学生课前预习、课后自学的习惯与能力。本文试图以“教育部同济大学外国留学生预科部”2009-2010学年第一学期后9周“科技汉语”课程的教学实践为基础,总结“科技汉语”课程教学设计的成功经验,为“科技汉语”课程的优质教学提供卓有实效的教学模式。

二、预科理工类零起点班“科技汉语”课程教学设计

(1) 教学环节设计

1. 布置预习

部分预科生不懂英文,而“科技汉语”教材词汇表是用英文做的注释,如果没有课前预习的环节,不懂英文的学生课堂上临时查检词典,势必浪费宝贵的课堂教学时间,影响课程的进展速度。所以,必须让学生,特别是不懂英文的学生养成课前预习生词的习惯,一是保证具有不同语言背景的学生课堂教学同步进

行，二是学生课前对生词词义有了基本的把握与印象，会大大降低词汇教学的难度，提高课堂效率。

2. 课文引导

课文引导包括生词引导、句式引导、难句引导、话题引导等等，其目的是为进入课文扫清障碍，为语篇的输入乃至输出做好铺垫。

（1）生词引导

如前所述，学生课前通过预习已经对生词的词义有了基本的把握，但这种把握一般只停留在词语语义层面，且由于不同语言间词语义项的差异，词语色彩的差异等等，学生对词语语义的把握也不一定准确。生词引导这一环节至少有两个任务，一是使学生准确把握生词词义，二是用法较难的生词必须带入句子，使学生了解生词用法。

（2）句式引导

“科技汉语”课的句式引导涉及到普通语体句式与科技语体的常用句式。由于面对的是零起点班的外国学生，普通语体句式与科技语体的常用句式都务必要作为教学重点来处理，否则在下一步的课文教学中就会遇到困难。

（3）难句引导

“科技汉语”教材的课文中，不可避免地会出现一些不但长，而且生词多，结构又复杂的句子。面对零起点班的学生教学，在进入课文前，可以把这些“难句”中的难点分别进行处理，最后再整装组合，“难句”就变得容易理解，可以为进一步的模仿和活用打基础。

（4）话题引导

话题引导承担的任务是科普知识预热、语言熟巧与思维训练。

“科技汉语”课程的大部分科普知识对学生而言是已知信息,但也有一部分新知。由于学生得面对语言障碍接受新知,因此设计必要的话题逐步引导,是成功传授科普新知的有效环节。另外,即便是用法极易掌握的科技词汇,即便是已知信息,学生还有一个语言对接,并用汉语思考,用汉语进行交流的基本能力形成的问题,这些任务也可以通过话题的引导来实现。

课文引导的环节是每课必需的,但是以上四种引导方式,并非都得出现在每一课,使用哪些方式引导,应根据教学内容灵活决定。在课文引导环节,教师应该避免过多引导汉语课上已经讲练过的内容,因此教师备课时应了解汉语课,特别是汉语课中综合课的进度与讲练内容。

3. 课文讲练

预习、引导两个环节都是为课文的讲练做铺垫,前两个环节顺利完成,就意味着课文中的生词、新的句式、一些个难句甚至较难的句段、大致涉及的话题、少量的科普新知,在进入课文前都已经成功输入,因此课文的“讲练”,基本上已经可以不讲只练了。

4. 练习

练习是促进学生思考课文内容、检查学生对课文的理解程度、帮助学生记忆并正确输出教学内容、帮助学生写练汉字、扩展阅读等等的重要环节,是增强记忆、训练思维和提高运用能力的有效措施。

(2) 教学步骤与方法的设计

1. 布置预习

布置预习的环节看似不难,但往往有教师反映大部分学生不按教师的要求去做。这就要求教师不但要设计好教学环节,还要花心思在教学步骤和方法上做好进一步的工作,不但教知识、教技能,还要肩负起督促学生学习的责任。为了保证预习,教师可以在每次上新课的前一天甚至当天,利用学生上其他课的课间休息时间去布置和提醒学生预习,对于不懂英文的学生,最好一个一个关照到。预习这一环节一般不能指望学生自觉完成,教师若坚持每次课前提醒与监督,学生会逐渐养成习惯,预习的工作就可以得到很大程度的保障,为学习新课打下必要的基础。

2. 课文引导

(1) 生词引导

生词引导的步骤可分为以下三步:生词认读、生词学练、生词再认读。

生词认读是要求学生在生词表上的拼音的帮助下,准确认读生词;生词再认读是在生词学练完之后,不看拼音再次认读生词。显然,在生词引导这一步,教师的主要工作在于引导学生学练生词。

"科技汉语"课程的生词中既有科技汉语专用词汇,也有普通汉语词汇,对于只有9周汉语学习经历的预科生,这些生词不学透练熟,都将成为课文学习中的拦路虎,教师应采取各种方法,帮助学生从懂到会,从会到熟。

引导学生准确把握词义时,考虑到零起点班学生的认知能力,通常只应涉及课文中用到的词语义项,一般不宜扩展;用法不易掌握的生词(通常在普通汉语词汇中)应通过一定的有效的情景最后带入句子,让学生了解词语的语用状况。句子设计应从易到难,约3至5例,最后,也是极为重要的一点:展示课文中该词语出现的句子。

(2) 句式引导

句式引导的步骤分为学与练两步。学,常用例—规法。

例—规法对学生来说,是一种发现学习。句式的规则与特点是由学生自己通过对三五例句的分析和比较,总结和归纳出来的,领会深刻、印象牢固,且易于日后提取再现。对于只有9周汉语学习经历的学生,例句有时得辅以有效情景,语义才能被准确接收;有时得借助教师精心设计的问题,才能向学生准确揭示句式的规则。练,比较有效的方法是教师给出课前设计好的语境,规定大致的表义内容,要求学生用刚学的句式编码输出,这样输出的句子既不至于乱无章法,又实现了教学目的。供学生在课堂上练习句式用的语境设计,通常也需要三至五例。这样,在学与练的过程中学生反反复复接触同一句式,既充分理解又进行了语言实践,效果很好。

从教学经验得知,科技语体中确有一些不见于普通语体的句式,比如从"这层空气厚二、三千公里"等这类句子可以概括出"主语+度量形容词+数量短语"这样的句式,但总的说来,科技语体专用句式数量非常少,所以面对零起点班的学生,更多的时候是处理普通语体里的新句式。与普通汉语课不同的是,由于教材编写体例的差异,"科技汉语"课的新句式,只能由任课老师通过对学生汉语水平的了解,从课文中去遴选,这些被选择出来的句式,类似于普通对外汉语教材中的语言点。

(3) 难句引导

难句引导的步骤是先分解再组合。

也许是零起点班"科技汉语"教材目前还不够成熟,也许是"科技汉语"无法回避一些难以用其他简单的语言方式表述的内容,所以课文中有时会出现一些难句,比如:"中国医务工作者根据古代医书中有'针刺能止痛'的记载,在手术中用针刺麻醉,效果非常好。”①这个句子有 37 个汉字,8 个生词,主谓结构充当主谓谓语句的大主语,而这个主谓结构的谓语前还有两个状语,第一个还很长。又如“我们喝的汽水就是人们用很大的压力,把二氧化碳压入冷水中,使它溶解后制成的。”②这个句子有 34 个汉字,6 个生词,句子结构是“主 + ‘是’ + 动 + ‘的’”,表示对主语的说明,而动词前的修饰语是一个很长的含有状中结构的连动短语,而且“把”字句是新句式。

对于这样的难句,分解组合的方法,第一步是确认学生已经掌握了句中生词的语义,第二步是确认学生已经掌握了句中较难的短语的语义,第三步是交待新句式,第四步是逐层组合。以下是上面两例第四步逐层组合的情况:

① 中国医务工作者,在手术中用针刺麻醉,效果非常好。

② 中国医务工作者,根据古代医书的记载,在手术中用针刺麻醉,效果非常好。

③ 中国医务工作者,根据古代医书中有“针刺能止痛”的记载,在手术中用针刺麻醉,效果非常好。

☆ 中国医务工作者根据古代医书中有“针刺能止痛”的记载,在手术中用针刺麻醉,效果非常好。

① 我们喝的汽水是二氧化碳溶解在冷水中制成的。

② 人们用很大的压力,把二氧化碳压入冷水中,使它溶解。

☆ 我们喝的汽水就是人们用很大的压力,把二氧化碳压入冷水中 ,使它溶解后制成的。

(4) 话题引导

话题引导的方法最直接的就是提问,以问题引导学生思考,

---

①② 卢娅编著《科技汉语读写教程》(修订版)第七课“针刺麻醉”,天津大学国际教育学院,2009 年 1 月

在反复问答之间,完成语言熟巧、输入科普新知、培养学生用汉语思维的任务。为了问答的顺利进行,教师可借用多媒体手段,提问、讲解的同时,辅以图片、表格等,使理解变得容易、快速,使记忆变得深刻、长久,往往还可以把课堂气氛调节到最佳状态。

2. 课文讲练

课文讲练的步骤是先讲后练。由于预习和引导环节的有效支撑,课文的讲几乎只是回答个别学生的疑问,而练的方法一般是朗读、复述、回答、写作四种。

朗读看似简单,但是对零起点班的学生来说,在没有拼音帮助的情况下,要流利地读出"运动能增强新陈代谢,改善骨骼、呼吸等各个系统的功能"①、"固体二氧化碳是一种非常好的制冷剂"②,还得下点功夫。学生自读、教师领读、分组朗读、全班齐读,总之,变着花样反复读熟是语篇输入的第一步。

复述课文是非常有效的语篇练习方式,为避免死记硬背的难度和枯燥,教师可用 PPT 展示课文并隐藏部分信息,以学生可轻松完成为限,然后逐次增加隐藏信息量,逐渐提高复述难度。这样处理,学生感觉不到记忆的负担,就会积极配合,练习可以达到预期的效果。

朗读与复述都还处在语篇输入的阶段,问答的练习,开始进入带动学生输出的阶段,由于课程设计层层都做了精当的处理,到了就课文内容进行问答的时候,学生已经非常熟练了。为了给语篇输出创造条件,教师的问题最好以课文内容的先后为线索来设计,这样,学生不仅可以就问题一个一个回答,还可以顺着问题的思路,结合课文的内容与自己的学识,做口头的成段表

①② 卢娅编著《科技汉语读写教程》(修订版)第三课"运动是一种好药",天津大学国际教育学院,2009 年 1 月

达甚至成篇表达。有了问题的引导,有对课文内容的深刻理解,有学生自己早已贮备的一定的科技知识,有一定的汉语表达技能,本来应该是极有难度的口头语篇表达成为较为容易的练习,教、学至此,教师、学生开始具有成就感。

写作是课文练习的最后阶段,是培养学生撰写科普类应用文能力的起点。针对零起点班的学生,应避免只给话题,不给"拐杖"的写作练习。这里的"拐杖"是指教师把口头问答时的问题用汉字展示出来,让学生顺着问题的线索,写短文,实际上就是把口头语篇表达的内容用汉字写出来。看问题,写短文的好处一是避免零起点班的学生直接把自己的所思所想变成文字,那样的"作品"往往语病百出,教师批得满篇通红,学生无所适从,写作练习重点全无,师生都有挫败感。二是不但限定大话题,还限定小话题,学生得较大限度地在作文中复现课文里的生词与句式,即得把教的东西用出来;三是只能看问题,不能看课文,所以既不是抄写,也不是默写,是从学生自己的大脑里输出的;四是只要顺着问题线索写就行,不要求跟课文一模一样,具有一定的创造性。这样的作文交到教师手里,教师会有一种丰收的快乐。

不过,写作练习,不宜直接跟在问答练习之后,这是因为零起点班的学生写汉字需要通过一定的书写量才能达到较为自如的状态,所以问答练习之后教师应该教写汉字,并把写作练习放在课后练习全部完成之后(即写作能力完全具备之后)再进行。

4. 练习

教师应该分析每一个练习的目的,能够预见练习后的效果,并采取有效的方法指导学生练习。笔者使用的教材中,比如"判断正误"、"回答问题"可以启发学生思考,"选择正确的答案”可以帮助学生理解课文内容,“听写生词”可以让学生练习书写汉字,“听写句子”可以让学生练习记笔记的能力,“根据课文内容填空”可以为写作打基础等等,对于一些针对性不强的练习,教师应该舍弃或改进。为了培养学生初步具有阅读科普资料的能力,教师还应该给学生提供一些与课文话题相关的扩展阅读的资料。对于零起点班的学生,扩展阅读的资料必然要经过删改,控制好语言难易度,贴近学生的汉语水平,并以读后回答问题的形式出现。

三、结语

以上“科技汉语”课程教学设计以预科生第一学期后 9 周的教学实践为基础总结而成,所谓 9 周是指预科强化课程设置背景中的 9 周,即学生每周学习 32 课时,其中普通汉语课周课时为 28,科技汉语课周课时为 4。“科技汉语”教学容量每课生词约 20 左右,课文篇幅在 200 字左右,一般 4 课时可以完成一课。整个教学过程,语音、语义、语用、汉字分阶段输入,在课后练习全部完成的基础上,以短文写作的方式输出。教学实践证明,对只有 9 周汉语学习经历的学生讲授“科技汉语”是完全可行的。只要精心设计教学环节、教学步骤、采用有效的教学方法,可以收到很好的效果。

对于零起点班的学生,科技汉语课首先是汉语技能课,是带有科技色彩的微型对外汉语综合课,其次才是科普知识课。预科生进入第二学期后,每课容量将会增大,难度将会加深,教师应该开始注意引导学生适当脱离课文,按与课文相关的话题组织课堂讨论,布置课外阅读,使学生从第一学期零起点班以语言模仿为主的阶段过渡到第二学期以汉语学习和用汉语思考、表达并重的阶段。

参考文献：

1. 徐子亮著《汉语作为外语教学的认知理论研究》华语教学出版社，2000
2. 吕叔湘主编《现代汉语八百词》商务印书馆，1996

中国国际学术交流中的几个问题

——兼及对外汉语教学的战略提升

罗云锋

在谈及跨文化交流的一般问题的同时，我们不妨再将眼光转移到中国的国际学术交流这一领域，分析其现状及其问题。如上所述，跨文化交流不能一直仅仅落实在书面文献、影视等间接的层面，而必须深入到研究对象内部。然而，这种过渡又必然存在着一个过程。一般来说，在跨文化交流和研究上，很多国家都经历了一个从书面文献到实地考察的这样的一个转变过程。譬如海外的汉学界在中国学的研究上便表现出这样一个过程，近代日本的许多汉学家对中国的研究就是一个比较熟悉的例子。这或许是必然的过程。即我们对外国或另一文化体系的了解的一般过程常常是：由文献材料中的异国或对象国（外在打量）过渡到人类学的异邦（田野考察与实地考察），最后过渡到诸如“美国通”、“日本通”等所谓的“文化社会专家”。这也对应着上文所述的人类学考察的由外部到内部再到外部的一般过程。这当然也是一个大体的区分,三者之间并没有泾渭分明的区分和距离,有时候仅仅是第一种考察方式就可以对对象国和对象文化有较为全面深入的了解和理解;而有时候即使是到了第三个层次,也仍然对对象国或对象文化不甚了然。这些姑且不去管它。然而,牵涉到中国大陆的对外文化交流和国际文化研究,情形则颇为遗憾,中国对外国的了解尚未进入到第二层次,甚至,在第一层次上也还存在着许多问题,尽管随着改革开放的深入进行,情况已经比建国后的一段时间内的国际文化和学术交流好得多了,至少,第二、第三层次的文化学术交流早已初露端倪,并取得很好的效果,假如随着中国综合国力的增强,对文化学术投入的增大以及国际文化学术交流观念的发展,由第一种方式而进入第二、第三种方式就必将成为大势所趋而终将蔚为大国,并极大地促进国际文化学术交流的成效。

就目前而言,中国在国际跨文化学术交流上尚存在着一些缺陷,主要表现在以下几个方面:第一,研究对象分配上的不平衡,相对单一化,研究的功利性色彩太浓厚;第二,国际文化学术交流和研究关系上的不平衡;第三,在文化交流中的"立得住"与"容得进"之间的关系上尚存在一些问题。以上三点分别是从跨文化研究的广度、深度和"相关性"的角度来立论的。

第一,从研究对象上来说,我们的研究大都功利性太强,往往只集中在世界上的几个重要国家,而对其他文化体系、国家和地区尤其是所谓的经济欠发达以及所谓的文化落后地区等相对缺乏了解以及研究和理解的热情,除了因为外交需要而稍有所了解以外——对这些国家和地区的研究少有能真正拿得出来和称得上学术研究的成果。这和一些主要发达国家在这方面的研究状况恰恰形成对照,西方本来就有着比较深厚的人类学传统(我们当然也可以发掘中国历史上的人类学传统,揆诸中外交通史,更是班班可考),因而对世界的很多国家和地区都有较为实在的考察和研究,并且这种考察和研究不仅仅是国家行为,其承担者除了在国家名义下的各种研究机构和团体之外,还有纯学术或民间的各种(文化学术)组织乃至大量的个人,这些个人有的完全是凭着个人的兴趣和常识(有的纯粹是一项业余爱好)来进行考察和研究(西方人的个人兴趣往往表现出多元化的特色,所以其考察和研究的对象就不仅仅是局限于地球的那么几个文化体系、区域和地域,而是各有所选择和偏爱从而在研究兴趣、对象和领域方面从总体上呈现出了较为多元化特点,且这种多元化的兴趣往往是个体自由选择的,是内在于个体的生命冲动或基于个体的自我修养、自我实现等内在目的,而非外在的统一化倡导乃至变相的隐性强制,不是谋生的工具或炫耀的资本,而是较为纯粹的个人兴趣而并不带有功利性的色彩——尽管其研究结果总是具有一定的价值,并由于其价值的被利用而呈现出一定功利性),并选择合适的方式将兴趣付诸较为严肃或正式的行动(这当然和西方的教育体制中的所谓通文理通识教育、常识教育、个性教育(人生价值观、个体自我实现需求等)、文化普及、国民素质等方面的综合作用有着密切的关系。关于这点显然一言难尽,只能俟隙再专文讨论),国家性质的研究机构、大学、研究所以及宗教组织、民间机构、团体和个人的广泛参与,使某些西方国家在跨文化交流方面有着颇为厚实的研究基础,体现了西方国家跨文化交流中的主动和强势地位。当然,西方的这种人类学传统其实也是和所谓的殖民主义有着千丝万缕的关系——而且以上那种比照本身也容易被指斥为陷入了西方中心主义的窠臼,这是无可如何的事情。其实,关于研究对象的多样化,就中国的情形而言,当然是也要重视经济欠发达以及所谓文化相对落后的国家地区,要表现出一定的广度——

人类学的重要作用之一，不就是通过对异己的异文化的考察来重新打量和反思自己的文化，破除“从来就如此”的偏见，寻找替代的可能性以及新的发展思路么？眼睛盯着所谓文化先进经济发达的国家当然有其必要性，其意义亦毋庸赘言，但我们同样不能忽略了对其他地区的研究和经验借鉴，包括其他的一些作用和启示。

第二，从研究的深度来说，中西在跨文化交流方面也存在着甚至颇为严重的不平衡现象。简单说来，就是西方对中国的研究已经非常全面深入，而中国对西方的研究却没有达到相应的程度和水平。这并不完全是跨文化交流中的所谓强势文化与弱势文化或所谓的文化主体性的问题，甚至不全是所谓的“文化失语症”的问题，而是确确实实的现实和事实，即“技不如人”。甚至当自己祖宗的遗产都要由外国人来研究和发掘才能得到重新诠释和承认的时候——譬如“一经（外国学者的）品题，身价百倍”的现象——尤其如此，尽管作为一个中国人来说，这种现象确实是一种莫大的讽刺和悲哀。在各个学科，我们都可以列举出一批所谓的海外汉学家，这批汉学家在中国学界颇有影响，其研究成果亦确实有相当的价值和份量。然而，我们有多少文化学术意义上的美国学家、日本学家、俄罗斯专家、英国专家、德国专家、法国专家、波兰专家……呢？即使有，这些专家在其研究领域、在其研究对象国的学术圈内能得到广泛的承认、赞同乃至推崇吗——就像相当一部分海外汉学家在中国学术界所得到的那种学术声誉一样？在每一个学科领域，中国有多少学者能取得世界性的学术声誉呢？我们在大量译介引入外国的学术研究成果，可是，我们能输出多少？像这样的质问太多了，最终的结果令我们汗颜不已！当然，以上这种断言并不是绝对的，在某些领域，中国学术界也偶然地产生一些大家，然而，从总体而言，中国学术界和西方还是有着很大的差异。

另外,这里还存在着一个问题:真正的人类学研究都应该是“心平气和”的,即要求客观和充分尊重对象文化,而不是居高临下的俯瞰,或别有用心的调查(譬如人类学调查研究与战争的关系等,这比较复杂)。然而,这里确实存在问题,譬如:学术研究层面的文化认知和现实文化交流层面的文化认知的严重不对等状况,换言之,专家、学者对某一对象文化的研究可以达到极其全面透彻的程度,而民众对此一对象文化的认知却仍然十分缺乏,或呈现出简单化、脸谱化的特点——美国人对中国的了解便呈现出这样的特点。两种层面的认知之间有着巨大的裂痕和距离,缺乏必要有效的沟通。于是,第一,为什么出现这种分裂以及如何在两者之间进行有效的沟通便成为一个重要的研究课题。第二,除了“学术层面的文化认知如何转化为现实层面民众对他者文化的正确认知”这个重要命题之外,还有怎样处理书面文献认知与具体触摸体会对象文化的现实认知的问题,因为说到底,文化交流不能仅仅落实在书面文献的层面。文化交流的主体必须始终是人本身,而且必须是双向交互的,而不是书面文献的分析研究与被分析研究、解剖与被解剖、看与被看的单向权力关系。从这个意义上说,学术层面的文化认知仍只是文化交流的必要手段而非目的本身。只有秉承不同文化的人能够走到一起,才有可能真正做到文化的平等交流,这当然牵涉到许多极其复杂的实质问题,譬如主权、治权、人权、领土、民族主义、意识形态、经济形态等诸多问题。就目前的状况来看,一个比较现实的问题即全球化形势下的秉承不同文化的民众的充分现实交流的问题。然而,这里又体现了另一种不平等关系,即发达国家和地区的民众利用其经济、技术、政治等的强势地位而获得更多的走出去的机会——姑且不论在世界范围内跨文化交流频繁的西方国家,东亚地区的日本(大学教员和学者的出国访学制度)、韩国(游学制度)以及台湾地区在这方面也有着相应的颇具借鉴意义的做法——从而在文化的交流上似乎表现出某种优势,但饶是这样,就文化交流的实现程度来说,这仍然是一种欠缺的表现,而非文化交流的优势。因为文化交流除了必须以人为本位,还必须是双向互动的。如果只能维持单向度的所谓交流,则"世界和平"或者"大同社会"的良好愿望就难以真正实现——因为单方面的理解并不能导致和平。这就牵涉到不同国家和文化的共同责任问题,限于篇幅,只能简单说说。

第三,从跨文化交流和(学术)研究的相关性来说,一方面是中国目前相对缺乏"立得住"的东西(与此相反的事实则是,中国却拥有极其博大精深的文化积淀和文化资源。同时,必须说明的是,当代中国在跨文化学术交流现状中的"立得住的东西"的"相对缺乏"并非意味着完全没有,毋宁说,这更多地意味着没有充分挖掘出种种文化资源以及进一步培养自身的文化创造潜力和创新能力等),这种"立得住"的东西也是文化输出的重要泉源;另一方面则又同时缺乏"容得进"的胸襟和气度(在其他领域也是这样,大的层面姑且不谈,在许多具体研究领域,我们仍然处于依附状态——这种依附状态既是历史地形成的——,譬如知识自主产权的问题,譬如各种行业的核心技术问题,等等——也同观念制度等方面的僵化有着重要的关系,这会直接导致国际政治文化科技交往交流中的被动地位)。这里当然有体制、文化传统、学术体制、教育水平、社会文化观念等方面的错综复杂的因素(其实,关于跨文化交流,还有一个把握和处理好"一厢情愿"和"两情相悦"的关系以及所谓的"知己知彼"的问题。一个比较显明的例子便是中国的近代史研究领域中一些特点,譬如柯文在《在中国发现历史》一书中所阐明的和未阐明的与此相关的一些问题等),兹不赘述。

综上所述,中国与西方在文化学术交流方面确实存在着一定差距,我们要做的便是正视这种差距,并寻找学习或“赶超”的方法,以及行动本身。

总体而言,我们应该有明确的大国文化战略。这里值得一提的是中国在世界各地不断兴建的孔子学院,我们也必须制定相应的文化战略(某种程度上是以国内的传统文化复兴和创造性转化为前提的,即创造出文化、道德、生活方式、先进科学技术等的吸引力,或曰文化的向心力),而不能仅仅追求经济利益,同样,也不希望外国人仅仅出于经济交往的目的而学习中文。或一谈起中国文化,想起的都是古代中国。换言之,我们要努力达成这样一种局面,使得中国不仅是博大精深的古代中国文化的当然创造者,是文化积淀最为丰厚、保存古代中国文化典籍和文化遗产等最为丰富的绝对主人和文化母国,当代中国人也是古代优秀中国文化精髓的最佳继承、担当和发扬光大者。相反,最难以接受而尤当尽力避免的是古代中国文化精髓却在当代中国人身上荡然无存这样一种令人羞愧而悲哀的可能局面,以至于文化的正统性都成为可疑的而在文化正统性问题上授人以柄,为他者的质疑或觊觎窃取——虽然我们并非是胸襟狭隘的文化自私主义者和极端民族主义者——提供了可乘之机。换言之,当代中国和中国人要继承和创造出无愧于祖先的光荣的优秀文化,并惠及全世界。此外,外语学院和外交学院等(外语学院、外交学院等院校的培养目标和方案等应配合这样的大国文化战略而做出相应的调整)在这方面亦应有更高的追求目标,而不能仅仅停留在语言学习层面上,而应深入到文化、社会、政治、经济等更深广的层面(我们固然有诸如《欧亚学刊》、《俄罗斯东欧中亚研究杂志》、《南亚学会》、《西域研究》、《日本研究》

等各种各样的学术刊物,但还远远不够)。由语言文字的掌握、外国政经社会等基本情况的概述简介等,而至于对外国文献典籍(历史与现实)的翻译绍介{资料积累阶段,同时亦俾使后来者有所藉手,不至于总是要从一片空白处从头做起——学术毕竟是由一代一代人所长期积累起来的,通过翻译著述,将种种学术研究的成果用中文确定下来,代代承传,久之便可成为独立的学术资源和传统,乃至纳入主体文化体系而成为本土文化的一部分(事实上,世界上任何博大精深、源远流长的文化文明体系都是通过这样的过程而得以历史性地建立和丰实厚重起来,而并非仅仅是主体文化的自我再生产和扩展,揆诸古代中国历史以及历史上、现实中其他高度发达的文明体系,彰彰然也)——这同"个性扩展"的过程一样(详见笔者关于"人性扩展"与社会化方面的论文,兹不具论)——而不会由于某一大家的逝世遂至于学统中断这样一种局面},进而至于深度参与到对方的文化学术研究进程中,出现更多的诸如罗念生这样得到研究对象国的学术界同行认同乃至推崇的古希腊文化专家(不能仅仅停留在译介层面,而应在促进对方的文化学术研究水平上有更大的贡献和作为)或德意志文化专家、法兰西文化专家等,不仅要让汉学、中国学的研究中心在中国,亦致力于谋求古希腊学、印度学、美国学、日本学等的研究的中心在中国——即"让西方学的研究中心在中国",或说得更自负显豁一点理想和抱负就是,"让世界学术文化文明的中心在中国"(所谓"西方学"当然是一个比喻性的说法,而且并非单数形态,而是复数形态的关于全球范围内的外国或其他文化文明体系、社会和区域的种种研究)。换言之,中国亦应致力于成为西方学的研究中心之一——这样长远宏伟的理想和目标,为世界的文化发展做出更大的贡献,并在此过程中谋求和凸显自身文化的主体性,同时促进本国文化的开放气度、宏阔视野等特质,真正使中国成为一个具有世界重要影响的文化大国。但这里必须强调的一点是,这一理想的实施和实现却必须以向文化先进国家虚心地学习为前提,即大力引进、吸纳和消化世界先进学术思想文化和科学技术等。与此目标相应,在研究内容和方法上,我们不仅要有基于现实功利主义研究目的和初衷的有关中外相关性的外国研究,还要有基于研究对象国的内部视角出发的“超然”研究,或中国学者自居为研究对象国的主体而展开的内外研究,后者大体相当于基于研究对象国自身的内缘自发性研究(亦即“在研究对象国或地区的文化脉络里谈论对方的文化、社会等”,或“从研究对象国或地区的文化语境里研究其文化、社会等”),换言之,从对方的历史文化和现实社会需要出发进行研究,打个不太切当的比喻,也即“多管闲事”式的研究——当然不是干涉他国内政,而是为他国免费提供智力因素,为促进其进一步发展做出中国的贡献{在历史(本国史)研究尤其是世界史研究和撰写中存在着相同的关联。譬如本国史研究和撰写体例中如何处理内缘自发性与外缘影响的关系、本国史和世界史的关系、世界史观念及其编撰体例(这其中又涉及到外国国别史的研究和撰写体例)——世界史(体系)中的国别史以及国别史(中心主义)视野下的世界史等。详见笔者的相关论文,兹不具论},在此过程中同时促进中国文化的丰富和文明的进步,因为分析研究对方的同时也是借鉴汲取对方优长的过程。这当然是一个极其长远的过程,正如《大藏经》不是一日译编而成的一样,类似于《四库全书》及其《总目提要》一样的《世界百科全书》及其《总目提要》也非一人一力、一朝一夕所可奏功,但我们应该有这样的愚公移山的意识、意志和深远战略。商人、外国定居者、外交人员、对外汉语教学工作者乃至于国际务工华人等都可以参与到这一汲取(双向传输交流)世界文明营养的伟大进程中(譬如通过撰写游记、日记、回忆录等方式——古代中国人不乏这样的优良传统)。当然,这是以常识教育、通识教育以及相关教育科技政策等的完善为前提的(笔者另有相关论文专门论述)。

研究生论文

关于对外汉语初级阶段课堂提问的思考

李 茜

[摘要] 课堂提问作为教学法的一个重要体现，在对外汉语教学过程中发挥着重要作用。尤其是对于教授初级阶段的汉语教师而言，课堂提问必须讲究策略，一方面应尽量避免教学过程中的常见错误，提高教学质量；另一方面也要准确把握教学各个环节的提问模式，设计各类富有针对性的问题，激发学生的学习兴趣，同时也营造一个轻松、活跃的课堂氛围。

[关键词] 对外汉语 初级阶段 提问

有学者对北京语言大学汉语速成学院10位教师的课堂提问次数进行过考察，①包括综合课、口语课和听力课。每位教师

① 参见杨惠元《课堂教学理论与实践》，北京语言大学出版社，2007年，第132页。

100分钟的教学录像中,最少的提问次数是156次,最多的提问次数达到279次。可以说,提问是外汉教学中一种最常见的教学手段。

第二语言教学,尤其是初级阶段的教学,学生大部分都是"零起点",课堂教学的推进很大程度上依赖于教师与学生"一问一答"的课堂形式,可见提问在外汉课堂中担任着至关重要的角色。此外,学术界在长时间的调查过程中,也对教师提问的内容、类型、方法及反馈作过相关研究。① 然而,专门对"初级阶段"课堂提问的研究成果却很少见,本文以此为契机,结合自身教学实践,试图弥补这一空缺。

一、初级阶段课堂提问的误区

提问既作为课堂教学的方法,也是课堂教学的技巧之一。②教师通过提问,可以引导学生定向思考,让学生关注教材重点、难点;还有助于教师了解学生的掌握情况,从中得到反馈,调整教学。然而,提问是否恰当、及时有效、富有针对性,也在考察着每位教师的素质和能力。换句话说,若课堂提问不当,不但起不到促进作用,反而会影响教学效果,削弱学生的积极性。因此,教师在提问前必须认真地斟酌和思考,避免提问时常犯的一些通病。

(一) 提问主次不分明,过于频繁

一些教师在提问时常常不分主次,讲解生词、课文、语法甚至练习时,在遇到的每一个新知识点、每一个细节时都要发问。这种提问不仅浪费了课堂时间,重要的是让学生分不清重点和

① 参见李珠,姜丽萍《怎样教外国人汉语》,北京语言大学出版社,2008年;杨惠元《课堂教学理论与实践》,北京语言大学出版社,2007年等相关章节内容。

② 参见孙保华《追求理想的课堂提问》,载《教学与管理》,2009年,第5期。

难点，降低了教学效果。例如：在《汉语教程》第47课的课堂教学中，教师问学生："服务生和谁说话？""摄影机被谁扛在肩上？""女记者手里拿着什么？"等等，这些问题显然没有多大的代表性，与课文重点（动词+"着"形式）也相隔甚远。假若学生过度地关注于这些问题，难免会误导他们：究竟哪些是重点难点，哪些又不是？

（二）提问泛化，过于深奥

教师在导入新课前，往往会刻意涉及到一些将要学习的知识点，有些提问会让学生摸不着头脑，此时提问无效。严重时会在一定程度上挫伤学生的积极性与自信心。比如，即将学习课文《幸福的感觉》，教师提问："请问同学们，什么是幸福啊？"试想，这类问题即便是在中高级阶段的课堂上提出，也未必能得到100%的理想答案。提问过于深奥泛化，不适合对初级阶段的学生发问，或更换一些较简单、浅显的问题，避免无意之间给学生带来心理顾虑。

（三）教师提问说得多，学生答得少

有些教师十分注重培养学生的汉语交际能力，在课堂教学中也十分鼓励互动，教学效果不错。然而，有时也难免"当局者迷，旁观者清"。笔者曾旁听不同教师执教的初级阶段综合课，其间发现个别教师讲课生动，课堂互动到位，气氛活跃。只是存在一个瑕疵——提问时说得过多。再以《汉语教程》第47课为例，讲解课文语法时，教师问："这位女记者的身后站着什么人？""今天老师穿着什么颜色的衣服？""我们教室的墙上挂着什么？""你身边的女同学头上戴着什么？"等等。学生回答："摄影的人"、"黄色"、"地图"、"帽子"。这些提问虽然都涉及了课文的重点和难点，但笔者认为：更应当鼓励学生自己说出来，教师给予适当的提点和引导即可。再如，有个别教师问到："老师

(我)是不是站着讲课?""你们是不是站着听课?"学生回答:"是"、"不是"。这种"是"与"不是"的简单答案,学生无需更多的思考便能回答。这类提问无疑是一种无效提问,回答也是一种机械回答。对此笔者认为,即使教学效果可观,教师也不能掉以轻心,应随时回顾课堂提问环节,避免提问时说得过多,学生回答过于简单。如果能及时调整提问策略,教学效果必定会更上一层楼。

(四) 提问时机不当,对象过于固定

一些教师在掌握了学生(尤其是欧美学生)的特征、学习策略后,会适当地安排课堂互动,并对学生提问,以提高他们的学习积极性。然而,普遍存在这样的问题:教师提问的地方恰好是学生不感兴趣的地方,或是临近课堂结束时,教师还抓住学生不放,甚至拖堂提问。可想而知,这种提问不仅没有起到提高学生学习积极性的作用,反而让学生觉得不耐烦,屡次发生也会严重影响师生之间的默契度和感情。此外,在类似"快节奏"的课堂教学中,互动时教师提问往往更会关注优等生,不自觉地期望得到迅速、正确的回答。这种提问环节无意识地冷落了别的学生,尤其是反应慢、性格内向的学生,其带来的负面影响不可忽视。

二、初级阶段的课堂提问策略

作为在目的语环境中的二语教学,汉语既是教学手段又是教学目标。这也决定了对外汉语教师语言在语音、词汇、语法等语言结构及教学功能等方面独具特色,提问也作为教师语言的一种运用,势必需要教师具备语言意识、目的意识。因此,在初级阶段的教学中,教师除应尽量避免常见通病外,还应根据课堂教学的进程与环节,注重并及时调整策略,采取相应的提问方式,从而提高教学质量。

（一）复习环节的提问

复习是对外汉语课堂教学中必不可少的一个环节，复习方式可多种多样，但提问总是不可或缺的部分。复习环节通常占据一节课的前20分钟，提问的比重往往占其中的8—10分钟。如何牢牢把握好这10分钟，遵循正确的原则，把握准确的提问策略对于教师而言，是十分重要的。

1. 以学生为中心，照顾到每一位学生

一个好的提问应"以学生为本"，与学生的知识基础、情感基础相适应，能激发学生探究解决问题的欲望，有助于教学过程中各项具体目标的实现，同时富有启发性，使学生内省。

一堂新课的开始，首先应当复习之前所学的内容，这时的提问应当照顾到每一位学生，设计具有针对性的问题，让所有学生都感受到自己的重要性。对于学习比较依赖老师，擅长记忆的学生，教师可以提问一些概念性的问题，比如：让学生背诵课文中的段落，默写学过的生词，回答记忆性的问题；对于学习比较主动，擅长思考的学生，教师可以让他们回答综合性、现实性的问题，比如：课文中出现的问题——"玛丽的信是什么时候寄出去的？""现在这封信为什么在这儿？"或可以综合提问："玛丽前天寄出去的信今天为什么退回来了？"再如，根据课文内容联系实际，可以提问真实性问题："你的铅笔盒里都放着什么，拿出来看看好吗？""今天你的早餐都有哪些？"等等。教师只有在把握了每个学生学习特点的前提下，才能更有针对性地进行提问，并对学生的回答给予认可、表扬或修改、鼓励，为下一步的教与学提供动力。

2. 提问要循序渐进，联系实际，学以致用

问题不能过于浅显直露，太简单的问题让人感觉无滋无味，学生只回答"是"或"不是"，"好"或"不好"，这样只会抑制学生

的思维,无法锻炼学生自主思考的学习能力;问题太难,学生便会无所适从,长久以来就会打击他们的学习积极性。因此,教师设计的问题要有一定的"坡度",要环环相扣,循序渐进。另外,适当地联系实际会使复习效果更加明显,学生也容易进一步地吸收和运用。比如:先提问课文中学过的内容:"昨天是晴天吗?""小红她们去哪儿玩了?"再联系实际提出问题:"今天天气怎么样?""你们想去哪里玩?"最后可以提问学生:"谁能告诉我上个星期天的天气怎么样?你们都去哪儿玩了?"

在这一环节中,教师首先应当把握每位学生的水平,根据其不同的特点,设计难度等级不同的问题,使每位同学都有自己能独立解决问题的自信。教师若能把握好这类有"坡度"的提问方式,不仅可以有效避免学生不参与课堂、课堂氛围松散的不良现象,而且也有助于下一步教学的顺利开展。

3. 提问方式灵活多变,呈现新鲜感

前文提到,复习环节中的提问应照顾到每位学生,若一个初级班有 18 名学生,教师都用一种方式提问 18 个问题,学生定会感觉单调、疲倦。此时若采用不同的提问方式,灵活多变地为学生呈现出新鲜感,帮助学生拓展思维,教学效果也会大大提高。现例举几种方式,以供讨论:

(1)"身体语言"提问式

复习时,教师做一些动作,让学生看动作并回答问题。例如:复习精度课《我去邮局寄包裹》一课的"连动句"语法点时,教师做动作:拿起铅笔→写字,学生看动作后回答:老师用铅笔写字;教师做动作:(教室门外)骑自行车的动作→(教师内)上课,学生回答:老师骑自行车来上课。借助"身体语言"来辅助教学,在初级阶段是非常有用的,吸引学生注意力的同时,也活跃了课堂气氛。

（2）“连续式”提问式

教师针对学生的回答，进一步提问，一方面让学生有一种“克服障碍”的心理，调动积极性；另一方面也有助于锻炼学生的口语交际能力。如：复习《我们都是留学生》一课时，教师提问：“请你介绍一下自己好吗？”学生回答：“我叫杜铭萱，是印度尼西亚人。”教师再问：“好，还有吗？”学生再说：“我20岁，来中国学习汉语。”教师回答：“很好。你汉语学得怎么样？”学生再说：“我觉得汉语很好听，我很感兴趣，我的口语不错。”这时教师要表扬该生的反应和回答，并鼓励：“你能不能再介绍一下自己呢？”学生这时很可能会尽力回答：“我叫杜铭萱，今年20岁，是印尼人，来中国学汉语。我觉得汉语非常好听，我很感兴趣，我的口语也不错……”在教师的有效提问下，学生不仅能够较完整地介绍自己，而且老师也加深了对该生的了解。

（3）“情景式”提问式

复习期间，教师不一定非要“奉陪到底”，可以适时充当一个“旁观者”，让学生自己完成复习的任务。比如：复习前一课的课文内容时，教师可以根据课文中的角色，请两位或三位学生完成对话，为班级创造“情景”。此时，教师应认真旁听，记录错误。这种“情景”可以尝试两至三次，邀请不同的学生参与完成，再由其他学生进行点评，最后由教师给予褒奖，也一定要指出明显的错误，防止类似偏误的再犯。这种“情景法”是教学法的一种，同样适合于课堂提问。以上情景的再现完全可由教师发问、学生表现来完成，而且课堂氛围也会相对轻松、开放。

（二）新课学习环节的提问

课堂提问在新课环节中比重较高，此环节的提问不仅可以帮助学生熟悉新课内容，也有助于他们联系实际，加深与老师、同学的沟通与交流，逐渐培养交际意识。与复习环节相似，新课学习环节的提问同样需要教师掌握一些技巧,设计不同的提问方式,以便保证课堂教学质量,赢得学生喜爱。

(1) 讲解式提问

教师在课文讲解过程中,通过提问引导或帮助学生理清思路,理解内容,可以针对课文中的语句,分别设计问题。随着提问的完毕,新课文也就学完了。这种讲解提问的方法有别于教师课文讲解完后的提问,前者是在学习的过程中就锻炼了学生的概括、归纳和思考能力,后者可以在前者的基础上进行,以此达到巩固、深化的目的。

(2) 概括式提问

如上文所述,学生对课文内容已经有了一定的感知与认识,教师可以紧跟着提一些对课文内容概括、综合的问题。这类问题既应当包括学过的生词和语法,还要增加句子的数量。要求学生用自己的话语重新组织课文内容,回答时要有一定的叙述性和概括性。[①] 如:“这篇课文一共有几个人,他们的特点是什么?”“这几个留学生是从哪儿来的? 他们来中国的原因一样吗? 如果不是,那么原因又是什么?”等形式。

(3) 动作性提问

教师在讲述新课语法知识点的时候,为吸引学生的注意力和重视度,可以通过类似前文中的“身体语言”来提问,即从学生熟悉的情景入手,教师做动作,让学生在不知不觉中理解该语法点。比如,讲解《汉语教程》第47课“动词+着”这个重要语法点时,教师边做动作边问学生:“教室的窗户关着吗?”学生明白后回答:“关着”;或:“房间的灯开着吗?”学生回答:“开着/房

① 参见李珠,姜丽萍《怎样教外国人汉语》,北京语言大学出版社,2008,第125页。

间的灯开着”;再通过多次类似的典型示范,学生便会重视这个语法点,也会学得比较主动。

(4) 创造性提问

留学生学习汉语的主要目的是运用汉语进行交际,教师应时刻紧抓抓这个目标,在新课学习的课堂上多给学生说话、交流的机会。当学生对课文内容有所掌握,教师可以设计一些结合实际的问题,这些问题最好能够将学生所学的新旧知识都串联起来,充分发挥学生的联想力,创造性地组织自己的语言,达到交际的目的。如教师先提问:“这是你第一次来中国吗?”根据学生的回答情况再问:“你去过哪些地方?那些地方都是哪儿?给我们大家介绍一下好吗?”学生这时可以根据自己的亲身经历,借助学过的词汇、语法,组建自己的语言。这类具有创造性质的提问实质上属于开放性问题,在对外汉语教学中,这类提问方式非常适用于培养学生成段表达的能力。

(三) 结束环节的提问

教师授完课之后,针对刚讲完的内容,结合学生掌握的具体情况,可以提出一些思考性的问题,帮助学生再次巩固、吸收这些新知识,逐渐培养自己的知识体系与结构。比如教师可以提问:“你们认为现在的男女是否平等?”学生便会去琢磨。如果时间有限,教师可以布置为课后作业,让同学们在课下互相讨论、交流,到下节课时不妨也做个简短的汇报。思考性的提问,对培养学生汉语思维、交际能力具有重要启迪意义。

三、结论

目前,真正以对外汉语课堂提问为专门研究对象的专著和论文数量稀缺,而对外汉语教学实践中,教师课堂提问时又容易走进“误区”,普遍存在一些通病。针对提问在对外汉语课堂教学中的重要作用和地位,我们首先应看清这些问题及其带来的不良影响,才能有针对性地设计有效问题。

国内对外汉语教学课堂对象大多是各国的成年人,初级阶段的教学对象总体汉语水平又不高,教师提问时采取的策略也相应地变得复杂,加上每一课时的课堂教学步骤衔接紧密,过渡明显,在连接的各个教学环节中就更应当采取多样化的提问方式,讲究课堂提问策略,提高学生的学习积极性,上文简表如下:

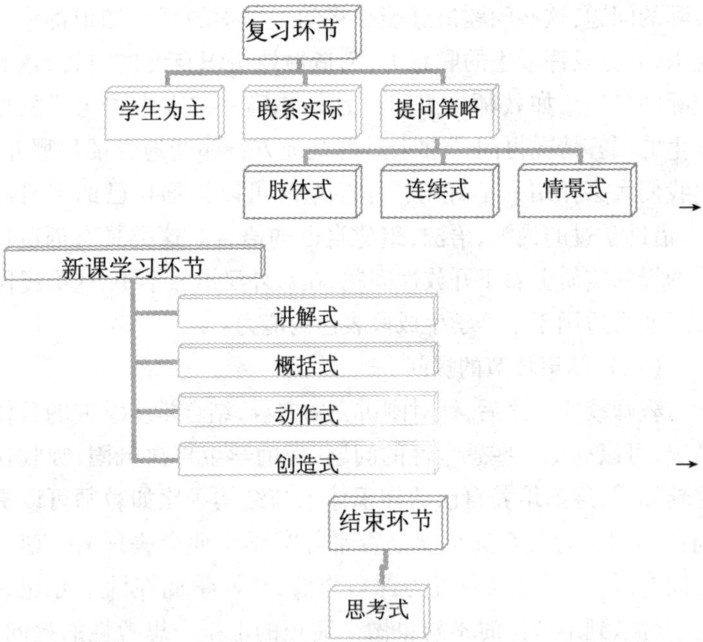

课堂提问是教学法的一个重要体现,是教师所拥有的最重要的工具之一;对外汉语课堂提问也是二语习得研究的一个重要课题;初级阶段的课堂提问是激发留学生学习汉语兴趣,开启心智,培养思维的有效方法,是教师组织课堂教学的重要手段,更是师生情感和信息交流的重要渠道。作为外汉教师,我们应重视并善于挖掘课堂提问的功效及策略,为学生专门设计他们

真正喜爱的汉语课。

参考文献：

[1] 傅惠钧. 略说课堂提问的功能与要求[J]. 修辞学习,1997,6.

[2] 金传宝. 美国关于教师提问技巧的研究综述[J]. 教学研究,1997,2.

[3] 李珠,姜丽萍. 怎样教外国人汉语[M]. 北京:北京语言大学出版社,2008.

[4] 吴顺岭,史慧颖,张庆林. 对教师课堂提问策略的思考[J]. 基础教育研究,2006,2.

[5] 许苇. 对外汉语初级阶段教师课堂提问研究[D] . 广州:暨南大学,2007,5.

[6]杨惠元. 课堂教学理论与实践[M]. 北京:北京语言大学出版社,2007年.

多义词“意思”的义位分析

周　洋

［摘要］《现代汉语词典(第5版)》对于多义词“意思”的释义存在义位遗漏、义位交叉、义位归纳矛盾等方面的明显不足。我们基于北京大学现代汉语语料库中的语料，借助义素分析法，对“意思”的义位结构进行分析，归纳描写出其10个固定义位，并且重新撰写了“意思”一词在词典中的词目。

［关键词］ 意思　《现代汉语词典》　词目　义素分析法　义位结构

一、问题的提出

现代汉语普通话中，“意思”是一个多义词，也是一个常用词。据《现代汉语词典(第5版)》(下文简称《现汉》)，“意思”有6个义项：①语言文字等的意义；思想内容。②意见；愿望。③指礼品所代表的心意。④指表示一点心意。⑤某种趋势或苗头。⑥情趣;趣味。其中,义项④为动词用法,其他都是名词用法。在这6个义项上,“意思”都能够独立运用。可见,《现汉》将“意思”分析为6个义位。但是,我们认为,《现汉》对于多义词“意思”的义位分析并不恰当。主要体现在:

1. 义位遗漏。以下两例中的“意思”不能归于上述6个义项中的任何一个:

例(1)空调压缩机老化,再进行维修没什么意思,还不如买台新的。

例(2)世界上除了老婆对他有意思,别的女人没对他有过什么意思。

2. 义位交叉。义项①中的“思想内容”之义和义项②的“意见”等,前者语义或覆盖后者,有交叉之嫌。

3. 义位归纳矛盾。义项②中“意见”和“愿望”分明是两义,却用以描写一个义位,实在不妥。要么分立为两个义位,要么概括为一个义位。

这些弊病同义位划分紊乱、释文表述偏差等因素也不无关系。因而,我们需要重新梳理、归纳、编排多义词“意思”的义位,通过厘清相关语言事实,在一定程度上弥补当前《现汉》对该词释义之不足,同时,也为对外汉语教学提供参考。

二、多义词“意思”的义位结构分析

一个多义词,由共性义素联系着几个义位,可视为一种最小的语义子场。“意思”由两个词根语素“意”和“思”构成①。贾彦德(1999:31)认为,复合词中语素义仅对前者义位起提示作用,或添加附加义。因此,对于“意思”中语素义同其义位的关

① 据《现汉》,“意”有3个语素义,分别是①意思;②心愿;愿望;③意料;料想。“思”有4个语素义,分别是①思考;想;②思念;怀念;想念;③希望;想;④思路。

系,我们不加赘言,直接借助义素分析法对“意思”的义位结构进行分析。

基于对北京大学现代汉语语料库中相关语料的分析,我们归纳描写出多义词“意思”的10个固定义位。本文先将义位一一列出,后作统一解释。

意思$_1$:[-实体]f[+(以……载体)(语言)(文字)(标志)(声音)(动作)……][+表达][+信息][+约定性]

意思$_1$:指符号或行为所表达的、约定俗成的信息。如:

例(3)“斯里兰卡”在梵语中是“宝石”的意思。

例(4)在我国和其他一些国家,翘拇指的意思是称赞对方干得好、了不起。

意思$_2$:[-实体][+人或人格化的主体|认识对象][+认识][+信息][+动态性]f[+(以……载体)(大脑)(语言)(文字)……][±表达][±接受者][±理解]

意思$_2$:指想法。如:

例(5)比赛之后,姚明说了些话,主要的意思是让大家不要放弃,要把训练做好。

例(6)遗嘱必须表示遗嘱人的真实意思,受胁迫、欺骗所立的遗嘱无效。

意思$_3$:[-实体][+人或人格化的主体|行为][+目的][-直接][±实现]

意思$_3$:指通过实施某种行为所希望达到的目的或意图。如:

例(7)卢武铉选择李海瓒为总理还有一层意思,即推行分权型“责任总理制”。

例(8)在七夕,有的地方会把全村庄的雄鸡宰掉,意思是,没有雄鸡报晓,牛郎织女就可朝夕相守,不再离别。

意思$_4$:[－实体][＋历史事件|未来事件][－可控制][＋依据][＋猜测][＋可能性]

意思$_4$:指某一事件发生的趋势或可能性,通常是旁观者的猜测。如:

例(9)春雨如丝,一连下了十几个小时,直到下午也不见停歇的意思。

例(10)洗完脸,洗完脚,她低头坐在那里不动,丝毫没有给他铺床的意思。

意思$_5$:[＋情感][＋男人|女人][＋爱恋][±双向]

意思$_5$:指对异性的爱恋之情。如上文例(2)。

意思$_6$:[＋情感][＋利益][＋赠送][＋友好]f[＋(以……为目的)(祝贺)(慰问)(求助)(帮助)……]

意思$_6$:指赠送给他人的好处所代表的友好情感。如:

例(11)沈太福送你4万元表示一点意思。

意思$_7$:[±实体][＋利益][＋赠送][＋友好]f[＋(以……为目的)(祝贺)(慰问)(求助)(帮助)……]

意思$_7$:以道贺、慰问、求助等为目的送给他人的好处。如:

例(12)一些人悄悄把几千、上万元的“意思”塞进了局长办公室。

例(13)上领导家前先备点小意思,几盒烟,几瓶酒,一袋水果……

意思$_8$:<动>[＋行为][＋赠送][＋利益][＋友好]f[＋(以……为目的)(祝贺)(慰问)(求助)(帮助)……]

意思$_8$:指送给他人好处,以表达道贺、慰问、求助等目的。如:

例(14)在中国社会,亲朋好友间,参军、上学要表示,老人过生日要凑份子,婚丧嫁娶等也须到场意思一番。

例(15)纪检部门规定不能搞吃吃喝喝,可是有些单位总感到不意思意思,不能表示热情。

$意思_9$:[-实体][+理性][+价值]f[(以……为载体)(行为)(事件)……]

$意思_9$:指某一行为或事件所具备的作用或价值。如:

例(16)如果人活着总是为赚钱而赚钱,是没有意思的。

$意思_{10}$:[-实体][+感性][+乐趣]f[(以……为载体)(人)(物)(行为)(事件)……]

$意思_{10}$:指事物或人所带来的趣味或欢乐。如:

例(17)中国人过春节很热闹,很有意思。

例(18)整天练琴,太累,太没意思了!

下面,我们从区别性语义特征的角度对多义词“意思”义位的划分作一点说明。

“意思”的10个义位中,有9个是名词性义位,有8个只涉及非实体概念;其中1个表示具体行为的动词性义位$意思_8$,以及另一个涉及实体概念的名词性义位$意思_7$,都和表示情感的$意思_6$的转喻认知有关。

$意思_1$同$意思_2$的根本性区别在于,前者表示的信息是约定俗成的、符号化的;而后者的信息是临时组织的、非符号化的。《现汉》把“语言文字等的意义”和“思想内容”纳入同一个义位,正是忽视了上述差异所致。

$意思_3$是$意思_2$的狭化,增加了手段性、间接性和目的性的语义特征,收缩了“想法”的语义范围,演化出“意图”之义。同理,$意思_4$、$意思_5$、$意思_6$都可被视作$意思_3$的狭化,只是演化的方向不同。$意思_4$突出“预测”之义,$意思_5$专指“爱恋的情感”,$意思_6$缩至“表示友好的心意”。

$意思_7$和$意思_8$是$意思_6$的转喻义位。$意思_6$到$意思_7$是由“心意”转喻“表示心意的好处”，由非实体转喻实体。意思$_6$到意思$_8$是由“心意”转喻“通过赠送好处来表达心意”，有抽象概念转喻行为动作。

意思$_9$和意思$_{10}$同样和人的认知活动有关，是具备程度性的评价。意思$_9$侧重理性认知，以[价值]、[作用]等为区别性义素；意思$_{10}$侧重感性认知，以[趣味]、[欢乐]等为区别性义素。

从组合义位角度考察，“意思”的义位大多在使用时都和其他义位有同现现象。这涉及“意思”构成义丛时的固化搭配规则。意思$_4$通常用在“的”字后作中心词，“的”前是动词短语，描述可能的情况，整个名词短语前往往有表示存在义的动词，例如，“有/没有/看得出/不见 VP 的意思”。意思$_5$前一般都有介词“对”引介人物以及“有”、“没”、“没有”等，例如，“对 Sb 有/没有意思”。意思$_6$和意思$_7$前通常出现表示“小”的定语，如“小”、“小小”、“一点”等，对“意思”作量度上的弱化。意思$_8$常和“一下”同现，也常重叠使用，如“意思一下”、“意思意思”，也是对“意思”作量度上的弱化。另外，意思$_9$和意思$_{10}$总和“有”或“没有”搭配。

从文化义位角度考察，“意思”的义位中有些是和汉民族文化传统密切相关的委婉语言。在保守的中国传统社会中，男女间的爱慕之情并非可在光天化日之下振臂相告的。现代汉语中尚有一些与“爱情”相关的委婉语，以“意思”指“爱恋之情”就是其一。此外，意思$_6$、意思$_7$和意思$_8$在语用交际中，都会和一些表示“少量”的修饰词或限制词搭配。这和中国的交际文化密切相关。这几个义位在搭配时，说话者都会通过贬低自己的心意或赠送的物品，来显示谦虚和礼貌，这种搭配是约定俗成的。

从语境义位角度考察，一个义位在进入组合后，可能同它的固定义位或词典中的义项产生差异，称语境义位。它是义位的变体,是临时义位,为了表达的需要,使某些局部语义特征临时改变。语境义位虽然不能作为义项进入词典,但在普遍使用后有可能演变为固定义位进入词典。例如:

例(19)虽然湖人、凯尔特人等强队都对他有意思,但他最终选择了更适合自己的金州勇士队。

上例中的"意思"是意思$_5$的语境义位,在这一语境中,意思$_5$中[+男人|女人]、[+爱恋]等义素发生改变或偏移。该语境义位把[+男人|女人]替换为[+球队|球员],[+爱恋]替换为[+青睐]。

三、简短的结论

在对现代汉语多义词"意思"进行义位分析后,我们认为有必要重新撰写"意思"在词典中的词目。

【意思】yì · si 名 ① 指符号或行为所表达的、约定俗成的信息:"斯里兰卡"在梵语中的~是"宝石"。|翘拇指是称赞对方干得好的~。

② 指想法:遗嘱必须表示遗嘱人的真实~。|你照我的~办,不会错。

③ 指目的或意图:我丈夫不在家,你们半夜敲门是什么~?

④ 指事件发生的趋势或可能性,通常是旁观者的猜测(作"的"后的中心语,构成名词性短语):春雨如丝,一连下了十几个小时,直到下午也不见停歇的~。

⑤ 指对异性的爱恋之情(总与介词结构"对……"及"有/没/没有"搭配):世界上除了老婆对他有~,别的女人没对他有过什么~。

⑥ a. 指送人好处所代表的心意(与"一点/小/小小"等定语搭配):沈太福送你 4 万元表示一点~。b. 转指好处本身:这点

小～，留个纪念吧。c. 动 指送给别人好处（与“一下”等补语搭配，或重叠使用）：有些单位觉得不～～，不能表示热情。

⑦ 指某一行为或事件所具备的作用或价值，意义（与“有/没/没有”搭配）：如果人活着总是为赚钱而赚钱，是没有～的。

⑧ 指事物或人所带来的趣味或欢乐（与“有/没/没有”搭配）：中国人过春节很热闹，很有～。|这个老师真没～。

注：本文所使用的语料来源于“北京大学中国语言学研究中心现代汉语语料库”（http://ccl.pku.edu.cn:8080/ccl_corpus/index.jsp? dir=xiandai）。部分语料经笔者修改。

参考文献：

贾彦德. 汉语语义学[M]. 北京：北京大学出版社，1999. 中国社会科学院语言研究所词典编辑室.

现代汉语词典[C]. 北京：商务印书馆，2005.

皖中[①]方言中的“好 Adj 一个”句式分析

张友学

[摘要] “好 Adj 一个”是一个状中式短语。“好”为程度副词;Adj为单音节或双音节形容词;“一个”是虚化了的数量词短语,无实际意义,只起到的构成这个句式表示感叹的作用。“好 Adj 一个”在句中常常处于谓语和补语的位置,可以独立成句,多为感叹句。

[关键词] 好　一个　虚词　感叹

与皖中人说话,常常会听到“好漂亮一个、好丑一个、好香一个”这类短语,此类短语具有口语的性质且多为女性使用。在皖中人的语感中,这个“好”很明显有“多么”、“非常”之意。据《现代汉语八百词》,“好”主要有以下两种含义:

① 皖中:安徽滁州明光一带地区

① 表示程度深,多含感叹语气。

例:“好深一口井、好黑的头发、你这个人好糊涂、昨天晚上好晚才回 家。”

② 好+动,常带动量词。

例:“原来你们在这里,让我们好找了一通;挨了好一痛骂。”

数量短语“一个”也并非是“一个”所表示的实际数量意义,查阅《现代汉语词典》,“一个”与本文有关的含义是“程度深,多含感叹语气。

本文打算对这一现象和“好 Adj 一个”句式作一粗浅的描述。

一、“好 Adj 一个”各要素的性质

1. “好”为程度副词,相当于“很”、“多么”、“真”。它是由表示“美好”义的形容词“好”虚化而来的,始见于晚唐五代时期,但很少见。元明清是其出现的高峰时期。章太炎《新方言·释词》云:“今人谓甚曰好,如甚大曰好大,甚快曰好快。”普通话的“好”与别的词语构成感叹句的时候,句尾的语气词可用可不用,例如:

1) 这件衣服好大啊!

2) 他好绝情啊!

3) 这个小孩子真聪明!

而皖中方言中由“好”构成的感叹句,句尾一般要用虚化的数量短语“一个”,如:

4) 这瓜好苦一个!

5) 天气好热一个!

6) 好漂亮一个!

2. Adj 为单音节、双音节形容词或形容动词

2.1 “好 Adj 一个”中的 Adj 大致有三类:

甲.“高、矮、胖、瘦、长、短、大、小、稀、丑、慢、壮、干净、整洁、漂亮、土气”等等。

乙.“甜、苦、酸、酥、松、紧、难、淡、咸、冷、浓、硬、软、生、香、难受、痛苦、快活、容易”等等。

丙.“担心、妒忌、佩服”等等。

甲类形容词主要是表示人或者事物的性质和特征的,乙类词主要是表示人对事物的感觉,前者属于性质形容词,后者属于感觉形容词。甲乙类词大多是成对的反义词。从使用的情况来看,表示积极一面(如“高、胖、长、香”)的反义词的使用频率和表示消极一面的反义词(如“矮、瘦、短、臭”)差不多。丙类词是表示心理感受的动词,跟别的动词不一样,它们能受“很”的修饰,跟形容词的性质很近。周有斌、邵敬敏说这类词也可称为形容动词[2]。具体地说,当它们用上了“很”、“好不”以后,其形容词性增强,动词性减弱,后面不能跟宾语。

2.2 在“好 Adj 一个”短语中,Adj 要重读,Adj 一般限于单音节或这双音节,如“好丑一个”、“好漂亮一个”,另外,句中的 Adj 带有口语色彩。

3. “一个”是虚化了的数量短语,没有实在的意义,相当于语气词“啊、哇、啦”之类的。

目前,一些著作和论文中对现代汉语中的“一个”的语法意义及其演变的论说比较多,如康端红 陈惠玲[3]的《现代汉语中的“一个”的语法意义及其演变》一文通过采用河北作家铁凝的新作——《笨花》由今而古,逐步探源,反映和再现了“一个”语法意义的历史演变过程。从历史的角度看,“一个”基本上经历了由表数量的实指到表“某类中的一个”的“虚实结合”到最后完全虚化的过程。又如卢优卫[4]的《试说现代汉语中的“个”与

“一个”》一文认为

现代汉语中的“一个”，有两种语法功能：①作实词，即量词和数量词，这是语法学界所公认的. ②作虚词，这一点语法学界有个别前贤曾提出，但语法学界仍不承认，只把其作为一种特殊情况来处理. 作者认为其为虚词主要从结构的替换对比中来看它的特殊语法功能及相关的语法意义，将其与实词的“一个”区分开来. 并且从作者收集的语料分析来看，“一个”虽然有实词，即作为量词、数量词的一面，但这并不能排除它们作为虚词的可能性与实在性，并且这方面的功能正在趋向强化。比如“一个”可以作为连词，将谓词转化为体词. 如以下出于《醒世姻缘传》[5]的例句：

7）我捞看他不打一个够也不算！（P41.）

8）把魏氏作践一个不住才罢，许神许愿的方才歇手。（P616）

9）老夫人关了房门，痛哭了一个不歇，住了声，却又不见动静。（P227）

10）人家觅做短工，恨不得吃那主人家一个尽饱，吃得那饭从口里满出才住。（P461）

11）家鬼弄那家神，钩他一个罄净！（P379）

如上面的形容词“饱”、“罄净”，动词“够、住（‘停止’义）、歇（‘停止’义）”都是谓词，本来不能做宾语；但是由“一个”连接，就有了体词的性质。这种句式朱德熙先生称作“程度宾语”[6]，吕叔湘先生称作“程度补语”[7]。卢优卫主张将这类宾语称作“结果宾语”。

不过，皖中方言中的句式“好 Adj 一个”中的“一个”与上述虚化的“一个”有所不同，这表现在它们所处的动词或者形容词的前后位置不同，上述虚化了的“一个”一般是放在形容词或动词的前面,而"好 Adj 一个"中的"一个"放在形容词或动词的后面,起到构成这个句式表示感叹的作用。另外后置的"一个"也不是连词,只是虚化了的数量短语,其虚化过程和词性有待考证。

二、"好 Adj 一个"构成的感叹句

"好 Adj 一个"可构成一下三种感叹句:

12) 这个男生好高一个! 13) 他字打得好快一个! 14) 好帅一个!

1. "好 Adj 一个"作为一个短语经常充当谓语,对主语所表示的人或事物加以描写或评论(褒扬或贬斥)。

1.1 "好 Adj 一个"可以陈述名词性主语:

15) 这个人好高/矮一个!

16) 这件房间好漂亮/狭窄一个!

17) 她们的校园好大/小一个!

1.2 "好 Adj 一个"可以陈述谓词性主语:

18) 打字好快一个!

19) 走路好慢一个!

20) 老师的课好精彩一个!

2. "好 Adj 一个"可以作补语,说明动作的结果;作补语有一个条件:借助结构助词"得",句子的主语或表受事(甲组)或表施事(乙组)。如:

甲. 21) 这菜炒得好好吃一个!

22) 这房子建得好漂亮一个!

23) 这风放得好高一个!

乙. 24) 花儿长得好快一个!

25) 他吃得好慢一个!

26) 她干得好仔细一个!

3. “好 Adj 一个”可以单独回答问题,也就是说它能独立成句。这有两种情况:一是回答谓语部分的问题,如:

27) 今天天气怎么样? ——好热一个!

一是回答补语部分的问题:

28) 她菜做得怎么样? ——好好吃一个!

上述“好 Adj 一个”能取代“怎么样”进一步证明了它作谓语和补语的功能。

“好 Adj 一个”无论是作(名词的)谓语还是作补语,都要求主语是特指的,不是泛指的。语形上一般是由近指代词“这”与名词组成同位短语——这“N”(N 前一般不用量词)。

三、结语

本文对皖中方言中的“好 A 句式”进行了详细地描述。此句式具有强烈的口语色彩,且多为女性使用,表示感叹的意义。其中“好”是表示程度的副词,“Adj”可以是形容词或形容动词,句末数量短语“一个”已经虚化,没有是在的意义,在“好 Adj 一个”中帮助构成句式所表达的整体含义,即感叹。

参考文献:

[1] 陈刚.北京方言词典[M].北京:商务印书馆,1985.311.

[2] 周有斌、邵敬敏:汉语心理动词及其句型[M].北京,《语文研究》.1993 年第 3 期。

[3] 康端红 陈惠玲.现代汉语中的“一个”的语法意义及其演变[J].北京.《语言应用研究》,2007.

[4] 卢优卫.试说现代汉语中的“个”与“一个”[J].宁波大学学报(人文科学版),1998(3).

[5] 西周生,醒世姻缘传[M].安徽:安徽文艺出版社,2004.

[6] 朱德熙.语法讲义[M].北京:商务印书馆,1982.121.

[7] 吕叔湘.“个”字的应用范围,附论单位词前一字的脱落[A].汉语语

法论文集[C].北京:商务印书馆,1984.P153－P154.
[8] 芜崧.荆楚方言中的“好A子”句式[J].荆门职业技术学院学报.2000(5).
[9] 吕叔湘.现代汉语八百词[M].北京:商务印书馆,2005.
[10] 中国社会科学院语言研究所词典编纂室.现代汉语词典[M].北京:商务印书馆,2002.
[11] 网站:http://www.baidu.com.

运用任务型教学法进行对外汉语听力教学的应用和思考

顾小丽

［摘要］ 听力教学是对外汉语分技能课程的重要部分，但由于语言知识、文化知识以及心理因素等各方面的障碍，听力课成为教师和学生的一大困难。任务型教学法把与语言应用的基本理念应用到课堂教学中，通过教师制定任务，学生完成任务，活跃了课堂气氛，激发了学生的积极性，使学生的听力技能得到提高。

［关键词］ 听力教学　障碍　任务型教学法　任务　教学实例

在对外汉语教学中，言语技能的训练与提高无疑是教学的重点。听、说、读、写这四种技能中，“听”是其基本的言语技能，同时对以汉语作为第二语言学习的学习者来说，“听”也是一种重要的学习途径,自然对听力的培养就具有十分重要的作用。何谓"听力","是指听别人说话的能力,也可以说是一种话语理解能力。它的重要性性表现在两个方面:(一)从语言学习过程的角度说,听总是先于说。(二)从语言交际的角度说,听的能力总要大于说的能力。"(李晓琪,2006)为提高学习者的听力能力,训练学习者各项听力技能,听力课在对外汉语教学中的作用也受到越来越多的重视。但是对听力课的反应并不乐观,从学生而言,课堂上常常被动地听课文录音或老师朗读,枯燥乏味。即使课堂上可以听懂老师准备的材料,在实际生活中却很难听懂中国人的汉语表达。从老师而言,听力课上学生的积极性和主动性难以发挥,课堂气氛不活跃,上课十分吃力。针对这些问题,本文试从教学法的角度来谈谈对听力教学的相关思考。

一、影响听力的障碍和听力课程的作用

在第二语言的学习过程中,学习者在各种各样的场合都需要听,课堂上要听老师、同学说;课外要听周围人的谈话;参加语言测试,听力也是重要的环节。使用的频率越频繁,发现的问题也越多,留学生在学习、生活中所面临的听力障碍,主要表现在以下几个方面:

1. 语言知识上的障碍

首先是语音知识问题。具备一定的语音知识是听力理解的基础,语音课上的留学生会接受大量的语音训练,但主要是以老师示范、学生模仿为主,即使在熟练掌握汉语声、韵、调的发音基础上,在听力过程中依旧会产生很多语音上难以辨别的问题。

其次是词汇量问题。词汇量在汉语学习中起着重要的作用,听力理解中的每一对话、语段、语篇都是由句子组成,而句子的基本单位正是词和短语。不掌握一定的词汇量,便无法把与其所代表的符号和词联系起来,也就无法得知符号所代表的意义。

再次是语法问题。听汉语时，学生被包围在一定语速的语流中，在遇到长句、篇章等需要分析的语言材料时，都会感到语法分析无用武之地。即使学生觉得每次词都能听懂，都很熟悉，但将所有的词连在一起却无法理解完整的意思，导致听力理解的错误。

2. 文化障碍

听力的理解过程不是一种纯语言信息解码的过程，而是一种解码过程与意义再构建的结合。听者的社会文化背景知识和语用学知识与听者的语言方面的知识同样重要。在听力理解过程中，学生自然要频繁地接触目的语的文化信息，如果缺乏对中国文化的了解，必定会影响对话语深层次的理解。

3. 心理障碍

有效的听力理解要求听者积极参与整个听力过程，但在很多情形下学生会出现疲劳、精神紧张、注意力不集中和记忆力差等情况，还有学生错误地认为听力只需要坐在位置上听材料，能听懂多少是多少，这种被动接受的心理现象毫无疑问会影响听力理解的完成。其中记忆力差对听力理解的影响最突出，瞬时记忆和短时记忆所保持的时间是很短暂的，这也大大增加了听力理解的难度。

开设听力课的目的就是要训练听力理解技能，解决上述一系列影响学生听力的障碍，促进对听力内容的理解、积累、和语感的培养，其主要作用有以下几个方面：(李晓琪,2006)

(1) 打听力基础。课外听的能力以课内培养的听的能力为基础，打不好基础语言学习和言语交际就会困难重重。解决语言知识的障碍就是打好听力基础的重要环节，如果无法帮助学生克服这些障碍，那么听力课的作用就得不到展现。

(2) 培养学生听的技巧，听有专门的技巧，如抓关键、跳障碍等。所谓抓关键,就是抓住关键性内容。跳障碍,就是把不懂的非关键性词语跳过去,非关键性词语就是不影响基本信息和主要信息的词语。听力技巧对解决词汇、语法上的障碍作用十分显著,学生掌握一定的听力技巧,即使遇到某些听不懂的词汇或无法分析的句子,也可以不影响对整个话语的理解。

(3) 培养听的适应能力。每个人说话都有自己的特点和风格,每个说话场景也存在着不同的方式和习惯,不同语言的表达也有很多的差异和特点,这些都要听话者适应。培养学生听的适应能力,可以帮助学生解决文化障碍。

(4) 培养注意力和开发智力。在听力课上训练学生的注意力和集中力,这对提高记忆和归纳分析有很大的帮助,这样也帮助学生克服了心理上的种种障碍,减轻听力的难度,有利学生听力活动的顺利进行。

二、任务型教学法

任务型教学法(Task - based Approach)是20世纪80年代以来西方英语教学法的新发展成果,是交际法的新发展,它是基于前苏联心理语言学家Vygotsky(1962)的语言与学习理论提出来的(鲁子问,2002:26—30)。

1. 理论基础

任务型教学法的理论基础是"输入与互动假设",该假设是基于Krashen的"习得——学习"假设,"输入"假设及Long的变化性互动理论之上的。Long重视输入如何被理解,他认为语言习得不可缺少的机制是"变化性的互动"。学习者所需要的并不是简单的语言形式,而是可理解的输入与输出的机会。"变化性互动"与语言习得的关系可用以下三句话表示:(1)变化性互动可使输入成为可理解性;(2)可理解性的输入有利于语言习得;(3)变化性互动有利于语言习得。第二语言课堂教学应

具有"变化性互动"的各项活动,即任务。(魏梅,2003:40—43)

2. 任务的理解

对于任务的理解存在着很多不同的观点,国外很多学者都对"任务"给出了相应的解释。Candlin(1984)将把 task 的定义为具有连续性、区别性和问题设定的一种行为活动,该行为需要学习者通过一定的过程实现预先设定好的目标,并和学习者的认知、交际活动密切相关,最好是不依赖社会生活中的其他学习者独立完成。Richards(1986)认为任务就是处理和理解语言的行为,Nunan(1989)认为任务是指由教师控制和调节,学生获得信息,并经过思维加工,最后输出语言的学习活动。Skehan(1998)总结了 Candlin(1987),Nunan(1989)和 Long(1989)等研究者的观点,对任务型教学法中的"任务"作了五点定义:(1)任务以意义为主;(2)任务中要有问题需要通过语言交际进行解决;(3)任务与真实世界的活动有内似之处;(4)首先要完成任务;(5)根据结果评估任务。(吴文,2004:289—291)根据这些定义,本文对任务的理解是用语言做事,在用语言做事的过程中,学习者始终处于一种积极的主动的学习心理状态。任务重视学生如何沟通信息,任务具有在现实生活中发生的可能性,学生学习的重点是放在如何完成任务上,在完成任务中提高各项语言能力,是否成功完成任务是评估任务的标准。

3. 任务型教学法的原则(汪静娜,陶国霞,2009:82—84)

(1) 真实性原则

真实性原则主要包括四个方面:(1)语言输入的真实性;(2)学习者对语言输入的理解的真实性;(3)对语言学习有益的练习活动的真实性;(4)语言课堂所需的社会情景的真实性。

(2) 整体性原则

首先,教学的过程必须有整体性原则,要有同一的目标,也就是要围绕一定的主题设计任务并组织教学。其次,整体性指的是输入与输出在学习过程中相辅相成,共同存在于教学过程中。

(3) 意义优先原则

任务的焦点是解决一个具体的交际问题,而不是以操练某种意义不大或没有意义的语言形式。

(4) 以学生为中心的原则

首先,在设计任务时应该考虑到学生的兴趣、经历、爱好以及学生语言水平的等各个方面因素。其次,在实施任务型语言教学过程中也重视学生的中心地位。最后,让学生自己进行意义的建构,积极地参与课堂的活动,鼓励他们去发现问题,增加自己的感觉和体验。

(5) 互动性原则

互动性原则强调人的学些和发展发生在与他人的交往互动之中,互动和交流是人们掌握语言的主要方式。

4. 任务型教学法实施的步骤

英国语言学家 Jane Wills(1996)提出了任务型教学法的三大步骤:

(1) 前任务——教师引入任务。

(2) 任务环

1 任务——学生执行任务;

2 计划——各组学生准备向全班报告任务的完成情况;

3 报告——学生报告任务完成情况。

(3) 后任务

1 分析——学生分析其他各组的执行情况;

2 操练——学生在教师指导下练习语言难点。

三、任务型听力教学操作框架

根据任务型教学法的原则和实施步骤,听力教学中可以采取以下三个基本步骤：

1. 前任务阶段

在前任务阶段，教师需要帮助学生启动已有的、与听力材料有关的各种知识，针对听力内容适当地向学生补充背景知识，其中既有对中国社会与文化的背景知识，又包括对听力材料的篇章类型、语体、形式等的语言知识。同时还要在听前帮助学生回忆已学知识，使学生将旧知识和即将听到的新信息联系起来。

2. 任务环阶段

此阶段是听的实践阶段，主要训练学生在逐步使用汉语语音、语调、语速的基础上，获取课文大意和捕捉主要信息的能力，以保证学生听的有效性。在这个阶段，要遵循“教师是主导，学生是主体”的原则，教师布置任务，学生完成任务。

教师需要设计出各种形式的小任务，要保证任务涵盖课堂教学的所有内容，实现此阶段的教学目标。如，生词的处理上，可以根据课文或听力材料来让学生进行猜词游戏；课文的处理上，可以改变听课文回答问题的单调程序，可以根据特定的情节设计相关的活动任务，如采访、问路、购物等等；课后习题的处理上，可以实行小组比赛的形式，让学生充分参与。这样，学生在听力课上就不容易觉得枯燥乏味，课堂气氛能得到充分的活跃。

3. 后任务阶段

在这个阶段，学生可以以个人或小组的形式展示结果，教师检查学生听时任务的完成情况，验收任务结果，分析学生存在的问题。在可理解输入的基础上，培养学生从听力材料中分析、提取有关知识，并及时布置输出性任务，要求学生把听到的语言知识通过语言实践任务转化为语言能力，加速学生语言输入的内化过程，促进听力活动的语言输入。如根据不同的听力材料写出书面材料，可以是故事、对话、报告等等。

四、教学实例展示

下面以北京语言大学出版社《汉语教程》第四十三课《我是跟旅游团一起来的》为例说明任务型教学法在听力教学的具体步骤:

1. 前任务阶段:

首先将学生分成若干小组,讨论并回答以下几个问题:①喜欢干什么,对什么有兴趣;②喜欢中国传统文化吗?知不知道几个中国古代的文人?③平时出去旅游吗?一般怎么去旅游,乘飞机、坐火车还是其他?④上学期间打过工吗?做过哪些工作?每个小组派出代表回答问题。

通过讨论,学生之间实现信息的交流和互补,学生回答问题后,可以将文中出现的生词,如"导游"、"学说"、"传统"等进行补充,利用学生的答案引导他们对生词的理解。同时引发学生对听力材料的兴趣。

2. 任务环阶段

(1) 在听录音前,准备相关卡片,每张卡片上都会有几个和课文相关的问题,如"说话双方的关系是什么?""卡琳是什么时候到北京的?""卡琳来北京是干什么的?",每个问题都会根据难易程度设定相应的分值,每张卡片分值均等。将这些卡片分给各个小组,让学生带着问题去听录音。

(2) 听录音,听后回答问题,先让学生互相评分,教师做总评定人,给各个小组计分。如出现错误,其他小组可以进行更正,更正正确可以给以加分。

带着问题听录音,让学生类似现实生活的听力实践过程,为学生听力找到动力,通过小组交流获取所需信息,促使学生积极参加听力实践,有效地引导学生理解大意和捕捉主要信息,避免无目的地听,是听力活动成为双向、互动的过程。

3. 后任务阶段：

（1）对所听的课文进行巩固，让学生把对话中关于卡琳的信息进行重新组合，编成小短文，并在班级上进行朗读。

（2）模仿对卡琳的描述，对自己或班上的同学做类似的介绍，可以以短文的形式，也可以是以对话的形式。并要求用上文章学过的生词或新的语法点，如“是……的”、“一……就”等。

（3）先由学生讲述他们是如何执行任务的，并提出在任务过程中的困难和问题。然后，教师对各组完成任务的过程和结果进行评价。

在此环节中，学生可以根据输入的知识进行知识的输出，激发学生听、说的积极性，学生在说的过程中体会语言、运用语言，又给听者增加了听力训练的机会，实现教师和学生间的互动以及学生之间的互动。

五、任务型教学的相关思考

任务型教学法通过让学生完成语言任务来习得语言的模式，强调以任务的设计和完成为中心来组织和安排教学，使语言在真实的交际中得到训练和提高。这既符合语言习得规律，又极大地调动了学生的积极性，并且具有极强的实践操作性，但也无疑对教师提出了更高的要求。

在传统的听力课堂上，教师是支配者，支配学生的活动，支配听力教材的输出，但在任务型教学法中，教师不再是课堂的中心，而是学生的助学者，是任务的设计者、组织者。一方面不仅要传授给学生听力的各项技能，还要管理好课堂节奏，发挥自身的助学者的作用，充分调动学生学习的积极性，使学生做到充分实践、自主学习。

同时，任务型教学法采用小班制或小组活动，这固然有利于学生之间的交流，但这就要求教师准确把握每一次完成任务的时间、难度,这些因素都会影响学生是否能自始至终积极投入到活动中。如何合理安排教学进度,如何处理好能力培养和考试成绩之间的关系,这些都是需要教师探讨的问题。

虽然任务型教学法在听力教学的应用中存在着不少问题和困难,但是这种教学方法的优越之处也得到了展现,要使它更加适应对外汉语的听力教学,还需要一个不断实践、总结、反思和再实践的过程。

参考文献:

雒玲,王海燕."任务型"教学法在英语听力教学中的运用[J].教学经纬.2006(8).(73—74)

丁艳.对外汉语中影响听力理解的因素及对策[J].云南师范大学学报.2004(1).

李晓琪.对外汉语听力教学研究[M].北京:商务印书馆,2006.

李学仁.影响听力理解的主要因素及对策[J].语言与翻译.1999(3).(61—63)

鲁子问.任务型英语教学法简述[J].学科教育,2002(6).(26—30)

马晓文.任务型教学在对外汉语听力教学中的应用[J].赣南师范学院学报.2007(1).(132—134)

汪静娜,陶国霞.任务型教学法在对外汉语口语课堂的实践浅析[J].喀什师范学院学报.2009(3).(82—84)

魏梅.对任务型教学法的理论基础和课堂实践的思考[J].新疆大学学报(社科版).2003(31).40—43

吴文.任务型教学法的产生发展及反思[J].文山师范高等专科学校校报.2004(3).(289—291)

Willis,J. A Framework for Task - based Learning[M]. Addison Wesley Longman,1996.

浅析同素同序词及其在对外汉语教学中的相关问题

锁晓璇

［摘要］ 本文对汉语词汇中的一种特殊形式的词类——同素同序词的定义、判断标准及类型等方面进行了分析，并整理出了《现代汉语词典》中的189对同素同序词。并再次用定量的方式，统计出了《汉语水平词汇与汉字等级大纲》中的53对同素同序词，就其在对外汉语词汇教学中的可能出现的问题进行了讨论。

［关键词］ 同素同序词　对外汉语　词汇教学

语素是语言中最小的音义结合体，汉语就是以语素为基本单位的语言。由于语音、词汇发展、构词的巧合等多方面的原因，汉语中存在一部分的同素词。词素相同的一组词，彼此互为同素词，是词和词彼此在语素上的同一性联系形成的现象[1]

(P167)。在汉语中,同素词是一种特殊的构词形式,跟别的语言比较起来(英、日、韩等),汉语同素词的比例还是比较大的。

在《现代汉语词汇概要》中,王勤、武占坤提出了同素词存在三类:词素的序位相同的同素词;词素的序位颠倒的同素词;词素的同序、异序交错的同素词(王勤、武占坤 1983:170－173)。已经有很多学者对其中的序位颠倒的同素词,即同素异序词进行了大量的研究和分析,但是关于序位相同的同素词,也就是同素同序词,如:“摆设(bǎishè)\(bǎishe)”、“入口(rùkǒu)\(rùkǒu)”。

至今还没有找到相关的论文,本文将试图从同序的角度来分析一下同素词,从定义、标准、定量这几个方面对同序同素词进行阐述,并对其在对外汉语词汇教学中的可能出现的问题进行一定的探析。

一、汉语中的同素同序词

(一) 同素同序词的定义

什么是同素同序词? 顾名思义,即语素相同且语素位序相同的一组词。从该定义我们也可以推出,同素同序词就是指汉语词汇里一种语素相同且位序相同的、成对出现的双音节合成词。

要成为同素同序词,首先要求这一对词必须有两个语素;其次是两个词的两个语素都分别相同;最后是语素的位序要相同,这与同素异序词是正好相反的。如:“摆设(bǎishè)\(bǎishe)”、“入口(rùkǒu)\(rùkǒu)”,而像“扑腾(pūtēng)\(pūteng)”,其中第一个原音的“扑腾”是一个拟声词,是一个语素,这就不能和第二个轻声的构成一对同素同序词了。

(二) 同素同序词的标准及定量

那如何来判断一组词是否为同素同序词呢? 同素同序词的

标准是什么？由于至今学界也没有给同素同序词一个确切的界定，在本文中我们提到的这个标准，也是在参考了各位学者的文献，跟同素异序词进行了比较之后概括出来的。

从同素的角度来看就是语素义要相同，相同的语素可以有不同的意义，但是不同的意义之间必须要有联系，所以我们首先得出了一个判断同素的标准：在《现代汉语词典》[2]（以下简称《词典》）中，语素义属于同一个词目的语素就是同素，而不属于同一个词目的则不是同素。确定了同素的标准之后，再加上位序相同这个标准，便可以确定《词典》中的同素同序词了。如：

1. a 告诉（gàosù）v：被害人向法院提起诉讼。

   b 告诉（gàosu）v：说给人，使人知道。

（注：为了方便标注，在以下的同素同序词中，a 就代表一对词中的前一个词，b 就代表后一个词。）

“告 a”的语素义是“②向国家行政司法机关检举、控诉”，“告 b”的语素义是“①把事情向某人陈述、解说”，这两个语素义都是列在同一个“告”的词目下的；“诉 a”的语素义是“③控告”，“诉 b”的语素义是“①说给人”，也同样是列在一个“诉”的词目下的，所以这是一对同素同序词。（文中的“①”“②”等序号表示的是该语素义在词目下属于第几个义项，下文中出现的这种序号也同样表示该义项的序号。）

2. a 直播（zhíbō）v：不经过育苗，直接把种子播种到田地里。

   b 直播（zhíbō）v：广播电台不经过录音或把电视台不经过录像而直接播送。

“直 a”与“直 b”都有“直接”的意思，“播 a”的语素义是“②播种”，“播 b”的语素义是“①传播、传扬”，这两个语素义属于同一个“播”的词目下，所以说这是一对同素同序词。

根据前面总结出来的判断标准,我们对《词典》中的同素同序词进行整理、统计,共找出 189 对(详见附表),并将这些词分为两大类:一类是 a、b 两个词的语音有原音与轻声差别的,在此归为 A 类,如例 1;一类则是语音没有变化,完全是同音同形的,在此归为 B 类,如例 2。在这 189 对同素同序词中,A 类有 79 对,B 类有 110 对。

(三) 划类上仍存在的问题

根据标准,基本上是可以判断出大多数的同素同序词的,但由于汉语中的词语大多是意合而来的,有些合成词的语素义已经无法很清楚地从词义中划出来了,如:"大方(dàfāng)n\(dàfang)adj";还有的是存在普通话和方言的关系,至于语素义因口语化的原因也已经不易分析清楚,如:"风光(fēngguāng)n\(fēngguang) <口> adj"。不过本文中暂时还是把其中的一些词放入了这个类别中来,作为一种广义上的同素同序词。

二、对外汉语词汇教学中的同素同序词

(一)《汉语水平词汇与汉字等级大纲》中的同素同序词

联系到对外汉语教学,首先我们需要对汉语学习中所需要掌握的词汇里的同素同序词进行一个定量。根据从《词典》中统计出来的 189 对同素同序词,我们对《汉语水平词汇与汉字等级大纲》[3](以下简称《大纲》)中的这一类词语进行了整理统计,其中同素同序词的数量以及等级分布如下表:

《大纲》中同素同序词数量及等级分布表

	甲级词	乙级词	丙级词	丁级词	总数
A 类同素同序词	6 个	11 个	6 个	10 个	33 个
B 类同素同序词	2 个	8 个	4 个	6 个	20 个

其中有的是成对出现在同一级词汇中,有的是成对的两个

词分别出现在不同的两个等级中,还有的就是一对词中只有一个出现在《大纲》中。

《大纲》中的同素同序词如下:

1. A类同素同序词(33个)

甲级词:别人(biéren)、地方(dìfang)、告诉(gàosu)、精神(jīngshén)、劳动(láodòng)、运动(yùndòng);

乙级词:本事(běnshi)、地方(dìfāng)、地下(dìxià)、男人(nánrén)、女人(nǚrén)、配合(pèihé)、人家(rénjiā)、生意(shēngyi)、星星(xīngxing)、兄弟(xiōngdì)、丈夫(zhàngfu);

丙级词:裁缝(cáifeng)、大方(dàfang)、大意(dàyì)、精神(jīngshen)、人家(rénjia)、特务(tèwu);

丁级词:废物(fèiwù)、风光(fēngguāng)、公道(gōngdao)、花费(huāfèi)\(huāfei)、人性(rénxìng)n、刑法(xíngfǎ)n、言语(yányǔ)n、用人(yòngren)、章程(zhāngchéng)、照应(zhàoying)

2. B类同素同序词(20个)

甲级词:过去(guòqù)n\v、结果(jiéguǒ)n;

乙级词:安心(ānxīn)adj、后天(hòutiān)n、进口(jìnkǒu)v、开展(kāizhǎn)v、生气(shēngqì)v、突出(tūchū)v\adj、想法(xiǎngfǎ)n、作为(zuòwéi)v;

丙级词:机动(jīdòng)adj、结果(jiéguǒ)pre、开口(kāikǒu)v、压制(yāzhì)v

丁级词:沉着(chénzhuó)adj、开化(kāihuà)v、前景(qiánjǐng)n、调剂(tiáojì)v、直播(zhíbō)v、做工(zuògōng)v

(二)同素同序词的教学中的问题

从前面列出的同素同序词,我们可以看出大纲中大多是只有两个词中的一个出现,只有几对是成对出现的,而且出现在同一个等级中的只有3对。现在我们面临的几个问题是:是不是这些出现在《大纲》里的词都要把其相应的同素同序词对也提出来教给学生?成对出现的同素同序词该如何展示给留学生会达到比较好的教学效果?

1. 教哪些词语的问题

在我们统计的结果里,大部分都是只出现了同素同序词对中的a或b,那我们是不是对于每个词都要指出它还有一个同素同序词?有人可能会说:既然《大纲》中没有出现的,那就不要增加学生学习的负担了。但是我们认为这也是要根据该词语在现实言语中使用的情况来决定教与不教的问题。

(1) 如:《大纲》丙级词中出现的"大意(dàyì)",是一个名词,指"主要的意思";而它相应的同素同序词对是"大意(dàyi)",表示"疏忽、不注意",是一个形容词。通过在语料库(国家语委语料库)中进行语料的搜索,24条语料中,"大意"作形容词用的有16条,作名词用的有7条。在日常的生活中,"大意"也是作为形容词用的更多些,而作为名词的意思多是出现在书面语中。留学生学习汉语,最重要的目的之一就是能够进行日常的言语交流,一个日常使用如此频繁的词语即使《大纲》中没有出现,也是应该教给学生的。从这里也可以看出《大纲》在收词上存在的一个问题。

(2) 再如:同样是丙级词中的"大方(dàfang)",是一个形容词,表示"①对于财物不计较;不吝啬。②(言谈、举止)自然;不拘束。③(样式、颜色)不俗气"的意思,是我们常见的意思;但"大方"还有名词的用法,"方"读原音,可是这种用法,在现代汉语中基本上是不用的,表示"①指专家学者;内行人。②绿茶的一种。”第①义项只有在书面语或文言文中才会出现，除非是谈到古文时，一般情况下我们是不用的，所以也不是必须要解释给学生听的；而第②义项，或许可以在讲到中国的茶文化时顺带提一下，但也不是必须的。

从上面举的这两个例子来看，教与不教不是绝对的，而是要根据词语在语言和言语中的使用情况而定的，使用频率高的意义我们还是需要给学生讲解的。

另外，教也存在解释的程度的问题，比如像乙级词中的“男人(nánrén)、女人(nǚrén)”，在口语中读轻声，可以指“丈夫、妻子”，这不需要很详细的解释，只是提一下就可以了。而且可以在学习了乙级词的“丈夫”之后再去复习一下之前提到过的“男人(nánren)”。

举这些例子就是想说，在词汇教学中遇到存在同素同序现象的词语时，首先我们应该是根据课文的编排来讲解出现的那个词语的意义，如果该词的相应的同素同序词是平时肯定会用到的或生活中、口语中经常使用的，那就应该讲解给学生听，并要提醒留学生两个词语存在语音上的差异以及语音差异所带来的语义上的差别，如 A 类；而没有语音差异的 B 类，则是需要学生去区别并加以记忆它们的意义的。而如果该词语相应的同素同序词不是经常使用的甚至是意义很偏僻的，一般情况下就不需要给学生讲解了，避免加重学生的词汇负担。当然是前后课文中出现的，也可以适当提及一下，但不需要很深入地解释。

2. 关于成对出现的同素同序词的教学的问题

从上面的对《大纲》中的同素同序词的分析统计来看，还存在成对的同素同序词出现的情况，有的是分别在不同的词汇等级中，有的则是在同一词汇等级中的。

比如像“花费”这种两个词语同时出现在丁级词中的情况，

在遇到这个词语时,教师就可以直接指出它有两种读音,每种读音又有不同的意思,且两个词义之间存在着一种引申关系,a 表示"因使用而消耗掉",是个动词;b 表示"消耗掉的钱",是个名词。因为两个词义之间存在比较明显的联系,所以在给留学生解释时应该还是比较容易让他们理解的。

而像"过去 n\v"这种情况,语音相同、字形也相同,刚开始接触,学生可能会存在辨析不明的问题,这就需要教师在讲解时分别找出两个语义突出的地方,来让学生分别对它们形成不同的认识。当"过去"作为时间名词出现时,就可以把它同"现在、将来"放在一起,它们分别是一个时间轴上的三个不同的时段;当"过去"作为动词出现时,我们就可以把它同"过来"放在一块。

成对出现的同素同序词(包括同时出现在同一词汇等级中,但可能会出现在不同的课文中的情况和两个词语出现在不同的等级中的),是存在一个出现顺序的先后问题的。在教学时,我们一般认为是在后一个词语出现后,在向留学生解释完该词的意义之后,教师可以以提示的方式帮助学生回忆起前一个词语,包括其语音及语义,最后是需要教师总结出这对词语主要在哪些方面存在差别,帮助学生区分并能够正确使用它们。

再比如,"精神(jīngshén)"是出现在甲级词中的,是一个名词,表示"指人的意识、思维活动和一般心理状态",相应的同素同序词是出现在丙级词中的"精神(jīngshen)",指"①n. 表现出来的活力;②adj. 活跃,有生气"。我们可以在学到丙级词里的"精神"之后,再请学生以回忆的方式,找到之前学过的"精神",让学生自己去判断它们的区别,并加以运用,以此加深学生的印象。

这样成对出现的同素同序词首先在视觉上让学生进行了复习,提高了该词的复现率,也可以帮助学生更好地记忆。同时也可以算是一种扩大词汇量的方式,这也是需要教师在词语的讲解上作出适时合理的安排的。

三、小结

我们认为适时适当地讲解一些同素同序词,对于这些词语的习得还是有一些帮助的;而且有时可以让学生们认识一些更加口语化、生活化的词语。比如:"抄手"这个词,书面语的意思是"两手在胸前相互插在袖筒里或两臂交叉放在胸前",在方言中它还有另外一个意思,指的是馄饨,这是四川的一种小吃,因为包它的时候会将其两只脚交叉捏紧,很象一个人交叉双手,故叫抄手。既让学生多学到一个词语,同时又了解到了中国的一种美食文化,一举两得。

本文只是对同素同序词作了一个初步的论述,在判断同素同序词标准方面还需要进一步研究,归纳出一个更加准确的标准,以求学术的严谨性。谈到教学时,因为还没有实际的教学经验,没有进行同素同序词教学的实际操作,所以只是就同素同序词的特点提了一些教学中要注意可能出现的问题,有待于进一步的研究。

参考文献:

[1] 武占坤 王勤,现代汉语词汇概要[M]. 内蒙古人民出版社,1983;

[2] 中国社会科学院语言研究所词典编辑室编,现代汉语词典[Z]. 商务印书馆,2005;

[3] 国家汉语水平考试委员会办公室考试中心,《汉语水平词汇与汉字等级大纲》(修订本)[M],北京经济科学出版社,2001;

[4]杨奔,关于同素反序词的规范问题[J]. 玉林师专学报(哲学社会科学),1999;

[5]唐健雄,现代汉语同素异序词语分析[J]. 语文研究,2004,2:

[6]闻静,同素逆序同义词浅析[J]. 柳州职业技术学院学报,2003,2(3)。

附表(189对同素同序词):

A类:

白话(báihuà)n\(báihua)〈方〉v

摆设(bǎishè)v\(bǎishe)n

褒贬(bāobiǎn)v\(bāobian)v

本事(běnshì)n\(běnshi)n

避讳(bìhuì)v\(bìhui)v

别人(biérén)n\(biéren)pro

裁缝(cáiféng)v\(cáifeng)n

差使(chāishǐ)v\(chāishi)n

抽打(chōudǎ)v\(chōuda)v

大方(dàfāng)n\(dàfang)adj

大气(dàqì)n\(dàqi)n

大人(dàrén)n\(dàren)n

大爷(dàyé)n\(dàye)n

大意(dàyì)n\(dàyi)adj

德行(déxíng)n\(déxing)〈口〉n

地方(dìfāng)n\(dìfang)n

地下(dìxià)n\(dìxia)n

定规(dìngguī)n\(dìnggui)〈方〉v

端详(duānxiáng)adj\(duānxiang)v

发送(fāsòng)v\(fāsong)v

反叛(fǎnpàn)v\(fǎnpan)〈口〉n

方向(fāngxiàng)n\(fāngxiang)〈方〉n

方丈(fāngzhàng)n\(fāngzhang)n

废物(fèiwù)n\(fèiwu)n

风光(fēngguāng)n\(fēngguang)〈口〉adj
风头(fēngtóu)n\(fēngtou)n
告诉(gàosù)v\(gàosu)v
公道(gōngdào)n\(gōngdao)adj
裹脚(guǒjiǎo)v\(guǒjiao)n
号丧(háosāng)v\(háosang)〈方〉v
豪横(háohèng)adj\(háoheng)〈方〉adj
合计(héjì)v\(héji)v
后晌(hòushǎng)〈方〉n\(hòushang)〈方〉n
忽闪(hūshǎn)v\(hūshan)v
花费(huāfèi)v\(huāfei)n
犄角(jījiǎo)〈口〉n\(jījiao)〈口〉n
惊醒(jīngxǐng)v\(jīxing)adj
精神(jīngshén)n\(jīngshen)adj
开通(kāitōng)v\(kāitong)adj
来路(láilù)n\(láilu)n
劳动(láodòng)v\(láodong)v
老娘(lǎoniáng)n\(lǎoniang)n
忙活(mánghuó)v\(mánghuo)〈口〉v
眉目(méimù)n\(méimu)n
面糊(miànhù)n\miànhu)〈口〉adj
男人(nánrén)n\(nánren)〈口〉n
女人(nǚrén)n\(nǚren)〈口〉n
配合(pèihé)v\(pèihe)adj
扑打(pūdǎ)v\(pūda)v
铺盖(pūgài)v\(pūgai)n
起火(qǐhuǒ)v\(qǐhuo)n

清亮(qīngliàng)adj\(qīngliang)adj

人家(rénjiā)n\(rénjia)pro

人性(rénxìng)n\(rénxing)n

仁义(rényì)n\(rényi)〈口〉adj

丧气(sàngqì)v\(sàngqi)〈口〉adj

生意(shēngyì)n\(shēngyi)n

世故(shìgù)n\(shìgu)adj

试探(shìtàn)v\(shìtan)v

受用(shòuyòng)v\(shòuyong)adj

说道(shuōdào)v\(shuōdao)〈方〉v

松散(sōngsǎn)adj\(sōngsan)v

特务(tèwù)n\(tèwu)n

填房(tiánfáng)v\(tiánfang)n

图书(túshū)n\(túshu)〈口〉n

文气(wénqì)n\(wénqi)adj

邪行(xiéxíng)n\(xiéxing)〈方〉adj

星星(xīngxīng)n\(xīngxing)〈口〉n

刑法(xíngfǎ)n\(xíngfa)n

兄弟(xiōngdì)n\(xiōngdi)〈口〉n

烟火(yānhuǒ)n\(yānhuo)n

言语(yányǔ)n\(yányu)〈口〉v

营生(yíngshēng)v\(yíngsheng)〈方〉n

用人(yòngrén)v\(yòngren)n

运动(yùndòng)v\(yùndong)v

章程(zhāngchéng)n\(zhāngcheng)〈方〉n

丈夫(zhàngfū)n\(zhàngfu)n

丈人(zhàngrén)n\(zhàngren)n

照应(zhàoyìng)v\(zhàoying)v

B 类：

安心(ānxīn)v\adj
白地(báidì)n\n
白头(báitóu)n\adj
包金(bāojīn)v\n
标金(biāojīn)n\n
残毒(cándú)adj\n
插花(chāhuā)v\adv
插口(chākǒu)v\n
长款(chángkuǎn)adj\v
唱名(chàngmíng)v\n
抄手(chāoshǒu)v\〈方〉n
超生(chāoshēng)v\v
沉着(chénzhuó)adj\v
成服(chéngfú)v\n
成年(chéngnián)v\〈口〉adv
成事(chéngshì)v\〈书〉n
吃水(chīshuǐ)v\v
冲顶(chōngdǐng)v\v
重播(chóngbō)v\v
出槽(chūcáo)v\v
出口(chūkǒu)v\v
大号(dàhào)n\adj
大举(dàjǔ)〈书〉n\adv
大事(dàshì)n\adv
得手(déshǒu)v\adj
底线(dǐxiàn)n\n
地头(dìtóu)n\n
点播(diǎnbō)v\v
短款(duǎnkuǎn)adj\v
断案(duàn'àn)v\n
断代(duàndài)v\v
对号(duìhào)v\n
对开(duìkāi)v\n
法场(fǎchǎng)n\n
翻车(fānchē)v\〈方〉n
分头(fēntóu)adv\n
跟班(gēnbān)v\n
关门(guānmén)v\n
过去(guòqù)n\v
合口(hékǒu)v\adj
合拍(hépāi)adj\v
合体(hétǐ)adj\n
黑人(hēirén)n\n
后天(hòutiān)n\n
机动(jīdòng)adj\adj
机制(jīzhì)adj\n
急火(jíhuǒ)n\n
急难(jínàn)〈书〉v\n
家居(jiājū)v\n
结果(jiéguǒ)n\v

结集(jiéjí)v\v
开播(kāibō)v\v
开化(kāihuà)v\v
开展(kāizhǎn)v\v
口服(kǒufú)v\v
落草(luòcǎo)v\〈方〉v
暖房(nuǎnfáng)v\n
谦辞(qiāncí)n\v
燃点(rándiǎn)v\n
入口(rùkǒu)v\v
生气(shēngqì)v\n
试播(shìbō)v\v
弹奏(tánzòu)v\〈书〉v
贴边(tiēbiān)adj\n
通读(tōngdú)v\v
投注(tóuzhù)v\v
推展(tuīzhǎn)v\v
下场(xiàchǎng)v\n
下网(xiàwǎng)v\v
星火(xīnghuǒ)n\n
压制(yāzhì)v\v
摇手(yáoshǒu)v\n
引领(yǐnlǐng)v\〈书〉v
油饼(yóubǐng)n\n
展期(zhǎnqī)v\n
正色(zhèngsè)〈书〉n\adv
直播(zhíbō)v\v

进口(jìnkǒu)v\n
开河(kāihé)v\v
开口(kāikǒu)v\v
科考(kēkǎo)v\〈书〉v
流放(liúfàng)v\v
民运(mínyùn)n\n
跑车(pǎochē)〈口〉v\n
前景(qiánjǐng)n\n
热炒(rèchǎo)n\v
杀气(shāqì)n\v
生息(shēngxī)v\v
死信(sǐxìn)n\n
调剂(tiáojì)v\v
通电(tōngdiàn)v\v
通名(tōngmíng)v\n
突出(tūchū)v\adj
文饰(wénshì)n\v
下水(xiàshuǐ)v\v
想法(xiǎngfǎ)n\v
修好(xiūhǎo)〈方〉v\〈书〉v
眼线(yǎnxiàn)n\n
一线(yīxiàn)n\数量词
应变(yìngbiàn)v\n
油嘴(yóuzuǐ)adj\n
战机(zhànjī)n\n
知情(zhīqíng)v\v
指画(zhǐhuà)v\n

主拍(zhǔpāi)v\v

转机(zhuǎnjī)n\v

自重(zìzhòng)v\n

作法(zuòfǎ)v\n

作为(zuòwéi)n\v

做工(zuògōng)v\n

网络时代古字复活现象的研究[①]

尹　露

［摘要］　以“囧、槑、烎”等为代表的古字近来在网络上流行起来，这些“复活”的古字有新的意义，呈现了网络时代语言的新特点，是一种新兴的语言现象。它们的“复活”的方式和理据呈现一定的特点，我们对其“造字”方法进行总结，从社会语言学、符号学的角度对这种现象进行考察，并研究影响、造成这种现象产生的因素，在此基础上考察网络对汉字发展的影响。

［关键词］　古字复活　网络新词　流行语　符号学　囧

近来网络语言中涌现了一批新字，如“囧、槑、王、奣、嫑”等

① 本文的语料主要分为两部分，一部分来自网络，由百度、GOOGLE 等引擎搜索得到；另一部分是由笔者实际收集的口语语料。

等,初次听到、看到这些字的人,一定会有这样的疑问:这些五花八门的字都是什么字,它们表示什么意思? 事实上,这些怪字被赋予了各种新含义,并正被网友争相使用。“继‘囧’和‘槑’之后,王、奤、嫑、嘦、巭、嫑、烮、兲、炏、忈、孬、浛等生僻字近期成为网络新语。网友呼吁,‘让古字焕发第二青春’。”(《“生僻古字”网上复活》来源:海南日报)

这些古字历史上曾经出现过,但因为语言的经济原则的作用又一度消失了。这些古字已经被历史淘汰,但是富有创新、娱乐精神的网友还是把它们从故纸堆里面翻捡出来,通过“看图识字、望文生义”,赋予它们新的意义,体现了网络时代的幽默和文化。举例来说,“槑”表示“很傻很天真”;“嘦巭好”就是“只要功夫好”的意思;“圐圙”四面八方都被围起来了,就只好是“陷入困顿”。

1. 使古字复活的“现代造字法”

“现代造字法”不是真正的“造字”,而是在故纸堆里搜寻一些有意思的字,加上现代人的想象,赋予一些临时的意义,并在网络上流传。本文认为,使用“现代造字法”产生的汉字主要包括“现代象形字”和“现代会意字”。

1.1 “现代象形字”囧及其衍生字

1.1.1 “现代象形字”囧

囧(jiong 三声)字是在网络背景下复活的汉字,因字形特殊,迅速风靡网络。囧字最早出现于甲骨文中,《说文解字》对它的解释是:囧,窗牖丽廔,闿明也。在古代汉语中,囧是窗户的意思,描摹了古时窗户的形状。聪明的网友从故纸堆里发现了这个现代汉语早已抛弃了的汉字,惊喜地发现囧字的形体酷似一个失意无奈的表情。因此,囧在网络中迅速流行,表示窘迫、无语、无奈、尴尬、受不了等意思。

(1) 这游戏的名字很囧吧?(《囧 rz 死人的破游戏》来源:有意思吧 u148. net)

(2) 完事之后我囧囧有神地瞅了几眼说,幼稚。(《瞧这些小囧样儿》来源:有意思吧 u148. net)

在例(1)中,用"好笑、令人无语"可以替换囧字,但是其效果却不如囧字。在例(2)中,囧字更是替换了成语"炯炯有神"中的两个炯,更加传神、有趣地描摹了"我"无奈、受不了的神态表情。囧字更能传递人物内心的感觉,在不同语境中产生不同的修辞效果。

囧作为汉字中的一个特例,能够依靠其特殊的形貌传递不同的修辞意义。许慎在《说文》中写道:"象形者,画成其事,随体诘诎,日月是也。"网络新字"囧"的笔画和线条勾画出一个失意的、无语的脸的形象,因此称为"现代象形字"。当然,其造字的认知理据除了字形像表情意外,字音的象似性也不可忽略。根据周根飞(2010)的调查,[①]结果显示由于语音和语义上的相似相近性,"囧"字很容易让人联想到"窘迫"的"窘"字,反映了人们在接触新事物过程中象似性认知思维的重要性,深化了人们对"囧"字新义的理解和记忆效果。

1.1.2　新"象形字"囧和古象形字囧

它与古代象形字"囧"相比,都能描摹形象,也有显著的差异。首先,古字"囧"是依物形造字,是根据所指创造能指;而新字"囧"则是看字想象其意义,是根据能指创造所指。第二,古字描摹窗子的形状表达的意义就是窗子;而现在使用的囧描摹了一个"失意的脸",但表达的意义却是窘迫、无语、无奈、尴尬、

① 周根飞."刀"、"雷"、"囧"、"槑":网络翻新词语个案研究.安徽大学汉语言文字学硕士,2010, 26 - 27

受不了等,即是说表达的意义和字形之间尚有一个中介——失意表情的形象。这是通过字形的联想产生的。第三,古字“囧”意义单一,词性单一,而新字“囧”则表示丰富的意义,可作形容词、动词,例如:

(3) 这个铃声我去年还是前年听到过的,反正当时我很囧。(来源:club. pchome. net)

(4) 拍了张照片,同学说很囧。(来源:zhidao. baidu. com)

在上两个例子中,囧都是作形容词,例(3)中因为听到了不恰当的铃声,“我”很窘迫、很尴尬、很无语,例(4)中,囧表示让人感到很无语,可以想象看了照片的人会做出像囧的字形一样的表情。另外,囧可以作动词:

(5) 我被仙三电视剧囧到了。(来源:tianya. cn)

(6) 囧翻你的 NBA 解说:科比和布莱恩是好兄弟。(来源:TOM 体育 sports. tom. com)

(7) 第一天上班我囧了。(来源:i. yoho. cn)

在例(5、6)中,囧作动词,表示使人感到很无语、很受不了,而在例(7)中,囧表示遇到了囧事。

新字囧特殊的形貌和表情功能,使它可以和各种符号的结合。囧可以和语言符号结合,如:囧 rz,源自“orz”即失意体前曲,也是利用形貌类似图形的特征,表达心理的一种手段;囧也可以和非语言符号结合,如囧字网络早操(╔囧╗ ╔囧╝ ╚囧╝ ╚囧╗ ╔囧╗)。

与古有象形字“囧”相比,新字“囧”的字形更图形化,或者说漫化了。汉字形体的发展历程是从图形到符号化的过程,而囧字反其道而行之。囧字现象的产生与汉字特有的形貌有关,也与时代背景有关。从甲骨文到现代网络语言,囧字经历了弃用和复活的过程,使用象形“造字”,体现了中国式的智慧,实现了古老的文化和现代网络的完美对接,体现了汉字表义文字和平面型文字的特点,反映了汉字的一脉传承。

1.1.3 囧的衍生字

囧在各种不同的场合的使用,产生了多种类多层次的强大的意义和功能。网友渐渐不再满足于单独使用囧,开始使用一些其他和囧形体相似的字,使得囧产生了许多变体,如“崮、莔、圙、商”等等。以“莔”为例,在囧字表示的人脸上面再加一个形似后冠的草字头,得到了表示“囧国皇后”的莔字。莔整个字描摹了一个头戴后冠的囧人脸的形象,也是“画成其事”,因此也是一个“现代象形字”。其他“崮(囧国国王)、圙(没眼睛的囧表情)、商(戴斗笠的囧)”等囧的衍生字也是同样描摹形象的,它们组成了“囧族象形字”。

另外需要说明的是,除了囧字及其衍生字外,还有其他一些“现代象形字”,例如“曾”表示“假面骑士”,“益”表示一个“闭起眼睛,很痛苦且咬牙切齿的脸”等等。但是这些字不如囧字使用广泛,故本文不对它们作具体描述。

1.2 “现代会意字”

1.2.1 “槑、烎”等“现代会意字”

随着囧字在网络和生活中大行其道,一些其他冷僻汉字也开始渐渐出现和流行,例如,槑、烎、靐、王、奣、嫑、嘦、巭、嫑、怼、兲、烎、忈、巄等等。

以“槑(mei 第二声)”为例,由两个“呆”组成,古意为“梅”,《康熙字典》注:“槑,古文梅字。”而形象上很像两个呆头呆脑的人手牵手站在一起,被用来形容人很傻很天真,例如:

(8) 2008 年很槑的一些行为。(来源:google.com)

(9)《赤壁》——一代槑片的开山怪。(来源:baidu.com)

槑一方面加倍了“呆”字形,使“傻,天真”的意义加倍甚至更多;另一方面,通过形体描摹,使字更加形象化。它与囧的区别在于,囧是对表情的直接描写,槑是间接地利用了呆字的形象和意义,是一个"现代会意字"。《说文解字》对会意的解释是:"会意者,比类合谊,以见指撝,武信是也。"也就是说用两个或两个以上的独体字根据意义之间的关系合成一个字,综合表示这些构字成分合成的意义。"槑"就是把两个相同的独体字"呆"合成一个字。

"烎"则是把"开"、"火"两个字合成一个字,也是"现代会意字"。《2009 中国语言生活状况报告》中指出,"烎"是 2009 年度最靠前的两个热字之一,相对于 2008 年开始流行的"囧"字所代表的无奈、无语等复杂的心理感受,"烎"代表了积极昂扬、勇于挑战的精神,该字开始从描述网络游戏比赛的状态向其他领域辐射引发网络上"烎"文化的流行。

从某种意义上来说,古字的复活,新意义的创造是建立在汉字原有的"六书"造字法之上,并不是随便捏造的,并不是对汉语语言的颠覆。这种"造字法"对语言的使用和认知有一定的影响。

1.2.2 "现代会意字"的两种类型

"现代会意字"可以分为两种类型,"异体会意字"和"同体会意字"。

"异体会意字"是像"烎"一样由不同的独体字合成的"会意字"。"仧、奣、嫑、嘦、巭、嫑、怼、兲、仧、忈、兺、嘂"等字都是"异体会意字"。其中,"烎"(yín),原意为光明。百度百科最新的解释是:"在游戏中,意义衍生为'遇强则强,斗志昂扬,热血沸腾,你越厉害我越要找你挑战,希望在竞争或对抗中一比高下'。"而从字的结构来看,"烎"字可以理解为"不管三七二十一直接开火再说"。与"烎"不同,新字"嘂(jiào)、仧(nì)"的意义和其古字的意义相似。“嘂”是由“叫”字和三个“口”字合成的，四张口同时“叫”，在网络用语中夸张而形象地表示“大叫”的意思，《说文解字》对它的解释是：“嘂，高声也，一曰大呼也。”“氼”依形猜意，人在水下，在古代在现代网络上都表示“溺水”，“氼嫑嘂”的意思就是“溺水不要大叫”。

“同体会意字”是像“槑”一样的由相同的独体字合成的“会意字”。“同体会意字”要比异体的数目少，“靐”(bing 第四声)也是其中的一个例子。“靐”字是由三个“雷”字合成的，在网络语言里，“雷”是指看到某些事物，脑子里忽然“轰”地一声，感觉像被雷电过一样。“靐”堪称雷的最高境界，例如：

(10) 我今天被芙蓉姐姐再一次靐到了。(来源：baidu.com)

再如，“孖”表示双生子、克隆。

2. 复活古字的特点

2.1 形象化、符号化

“囧”字借助其“象形”意义得以在网络蹿红，“槑”字借助其手牵手的傻人形象迅速成为网民新宠，这些现象充分体现了网络语言形象性特征。汉字本身的形象特征可以直接用来表示某些特殊的意义，用于特定的交际情境。这些网络符号不仅形象传神，生动地传达了表情和动作，而且使网络聊天具有了“望文生义”的即时效果、表情效果，给虚拟的网络交际增添了趣味和实在感。“囧、槑、烎”等古字复活现象，反映了网络新字形象化、符号化、复古风的趋势。

2.2 使用领域和群体的倾向性

比起杂志报纸等媒体，目前复活古字多是在网络上使用。都市青少年群体，是在网络上最为活跃、对新词语接受度最高的群体，因此对此类字词的使用，更多限于活跃于网络的都市青少年群体。

随着语言本身的发展，以及网络影响的扩大，今后复活古字的使用领域和群体会渐渐扩大。

2.3 口语中使用的限制

复活古字一般用于书面交流，而很少用于口语，针对“囧、槑、烎”三个字，本文对70名15~30岁之间的网民进行了调查，结果如下：

	不认识此字		认识此字，知其意义		
	不能正确推测意义	能正确推测意义	不知其读音	知其读音，不用于口语	知其读音，并用于口语
囧	4	0	17	35	14
槑	2	14	25	27	2
烎	0	26	18	26	0

根据调查情况，本文认为，造成复活古字在口语中使用受到限制的原因有以下几个方面。第一，复活古字多在网络上使用，而网络交流具有独特的形式，网聊事实上是“手聊”，它只具备形和义，没有声音形式。第二，复活古字的现代网络意义来自于其形象或构成，离开了书面的形体，这种意义就难以传达。另外，人们可以通过复活古字的形象或构成推知其意义，而读音则需要查询掌握，这为复活古字进入口语造成了障碍。

3. 从符号学视角看古字复活现象

3.1 所指的增长

语言符号联结的是具有心理性质的声音和现象事实的概念，语言符号是任意的，能指与所指之间无必然联系。在网络语言的传播中，网友重新使用一些早已弃用的汉字，并根据其字形创造了新的意义。也就是说，符号的原能指被赋予新所指，新所指和原所指没有意义上的理据关系,旧能指和新所指一起构成了一个新的符号,形成了符号的增长。以“囧”字为例,它的旧能指是古代汉语的囧这个字,有一个语音外壳和书写形体,它的新所指是“失落、无语的表情”,它们结合起来构成了现代网络用语中的“囧”。后来囧随着人们越来越多的使用,意义也渐渐更加丰富,形成了意义在量上的增长。也就是说,把能指和所指结合成符号时,最初生成的意义讯息量是不大的,随着网络传播的发展,网民对于符号对象的理解越来越宽泛,于是符号的意义就逐渐丰富起来,形成了意义在量上的增长。

3.2　符号的流失

社会规约是符号生命的来源,一旦社会停止规约,符号就会失去表征,造成解码困惑。网络语言一直在迅速地发生变化,如果网民终止了约定,符号的意义就会流失。“汗、晕、倒”等表示“惊讶、受不了”的汉字也曾经风靡一时,而最近更多地为“囧”所替代。

造成这种现象的原因,是由于网络语言中新字新词不断涌现,旧有形式被赋予新的意义,导致一个所指往往有多个能指,如前述“受不了”义可以用“汗、晕、倒、囧”等字表示,“愚蠢”可以用“笨、傻、呆、槑”等字表示。而在网络语言符号不断产生发展变化的同时,网民更乐意使用新奇的符号,因此最近“囧、槑”等“新宠”的使用频率要大大高于其他字。

4. 影响古字复活现象产生的因素

词汇是语言中最为活跃的部分,新词的产生和发展多与一定的社会现象相联系,并且具有丰富的文化内涵。

4.1　网络推动

网络作为新兴媒体,有传播速度快、传播范围广等传统媒体不可及的优势。语言借助网络能更有效地发挥传播信息的功能,网络语言最能反映语言的最新发展。新词语借助网络这一传播工具,得到大量复现,迅速流行起来。有网友发现了“”之后,影响了其他网民,一传一、十传百,复活古字很快就风靡网络,并且在传播过程扩大了外延、丰富了内涵。

4.2　视觉化的时代背景

在这个信息高速发展的时代,文本与图画有机地结合,图文并茂,能够更加高效、生动地传递信息。随着大众媒体和晚期资本主义的发展,我们进入了视觉化的 ACG(动画、漫画、游戏)产业时代,对语言造成了很大的影响。“现代象形字”的出现和流行就是其中一个突出的方面。如上文所述,“囧、槑”等字通过字形得到意义,其形象性使得能和各种符号结合或绘制成图。

4.3　计算机输入法的影响

代计算机输入法中包含许多古字、生僻字,通过知其读音或笔画结构,人们就可以在电脑中输入这些字,而不需要进行音形意的学习。输入法为人们认识和使用复活古字提供了方便。

4.4　汉字造字的独特机制

汉字内在的生成机制,以及人们对汉字的结构和使用情况的认知,都是以六书造字法为基础的。汉字有很强的能产性,这给旧字的复活、新义的产生提供了可能性。

4.5 求新求异心理促成潮流

人们在使用语言时的求新求异心理是促成古字复活潮流的重要因素。在现代人尤其是年轻人、网民眼里,新的语言现象、新词汇也是一种时尚和潮流,这种求新求异的心理,也促成了古字复活现象的形成。

5. 网络对汉字的影响

5.1　丰富的变化

由于网民追求新奇和个性,网络语言不断涌现新的文字现象,原能指不断被赋予新所指,导致一个能指往往可能有数个所指,一个所指也往往可以有数个能指。网友根据能指符号任意的创造出所指,然后在一定的交际使用并得到模仿,就产生了规约性。网络使得文字的各种变化能够迅速得到传播,并促成潮流,产生了许多新的语言现象。

5.2　文字符号和其他符号的结合

网络语言在形式上以文字符号为主,与现实世界中面对面的人际传播相比,传受双方均无法看到对方的面部表情等非语言传播符号的沟通形式,非常单调。针对这样的情况,网民们通过使用各种丰富的符号键盘符号、文字符号、特殊字符、数字符号、标点符号与字符画等等,对网络语言进行改造,以更有效地传情达意。例如,囧 rz,O(∩_∩)O 哈哈,╮(╯▽╰)╭哎(两手一摊,叹气)等等。

5.3　提笔忘字

计算机、网络的普遍使用,使得现代人用笔书写的机会越来越少,邮件、博客等等取代了传统的信件、日记。许多汉字往往会认不会写,要想让汉字依旧充满魅力、保持活力,语言文字工作者应该引导、提倡提笔写字。

6. 结语

古字复活是时代发展的产物,是一种当代的文字现象。网络流行语有一定的实效性,一些新的语言现象往往不符合语言文字的规范和总趋势,因此很容易为时代淘汰。这些古字是会流行一时,还是会最终为公众集体接受,成为现代汉语的一部分,还很难说。

另外,不少人对这些网络怪字持质疑态度,担心这些网络用语会影响到日常语言的规范,甚至误导青少年对语言的使用。事实上,语言是在不断地发展变化的,网络语言的发展更是日新月异。语言工作者可作适当的引导，提倡在适当的环境中使用语言，在一些正规交际场合、标准出版物、正规媒体中应采用规范的现代汉语，避免使用这些古字，而在日常交流，尤其是网络交际中则无需苛求。

参考文献：

曹　进.《符号学视域下的汉语网络语言传播研究》[J]. 现代传播 2009.6

郭　鸿. 现代西方符号学纲要[M]. 上海：复旦大学出版社，2008

李福印. 认知语言学概论[M]. 北京：北京大学出版社，2009

索绪尔.《索绪尔第三次普通语言学教程》[M]. 上海人民出版社 2007

徐中舒. 汉语大字典［K］. 成都：四川辞书出版社，1995

王　寅. 论语言符号象似性[J]. 外语与外语教学，1999

王铭玉. 符号语言学：迈向 21 世纪的语言[M]. 上海：上海外语教育出版社，2005

王铭玉. 语言符号学[M]. 北京：高等教育出版社，2005

许　慎(汉).《说文解字》[M]. 中华书局 2004

张玉书，陈廷敬. 康熙字典[K]. 上海：汉语大词典出版社，2006

周根飞. "刀"、"雷"、"囧"、"槑"：网络翻新词语个案研究. 安徽大学[D]，汉语言文字学硕士，2010

中国社会科学院. 现代汉语词典[K]. 北京：商务印书馆，2005

曾　智. 网络词汇"槑"及其陌生化效果分析. 四川教育学院学报 2009.6

大学生日常言语交际中汉英混杂现象的语用原因探究

丛红丽

Gumperz(1982)把“语码转换”定义为“在一次语言交流中出现了属于两个不同的语法体系或亚体系的言语片段”,即当说话者是双语或多语者的时候,会话中他们常会从一种语言转换到另一种语言。语言是社会中的语言,社会性是语言的一大属性,对语言的研究,特别是对语言使用的研究离不开对社会因素的考虑。言语交际中出现的语码转换是社会语言学研究的重要领域。语言是一种能动的产物,语码转换虽然受当时情境等社会因素的影响和制约,但主要取决于语言使用者对语境的认知和意愿。不同的语言或语言变体的使用是说话人社交心理的一种反映。在言语交际中,说话人选择的语码表达了说话者的动机、感情和态度。可以说,语码转换和语码混用在一定程度上是说话人社交心理的折射。同时,选择一种语码或者转换一种语码从而进行语码混用都可能会对交际双方的心理距离产生影响。也就是说，语码转换的过程伴随着心理认知和思维活动。因此，语码转换既是一种语言现象，也是一种社会现象，反映着社会心理活动。

言语交际中的汉英混杂是语码转换的结果。在汉语母语者中，汉英混杂的最大使用人群是外企白领和在校大学生（包括专科生、本科生和研究生）。大学生作为一个特殊的社会群体，具有社会心理上的群体特征。探究大学生汉英混杂的语言使用情况，有助于我们更好地认识青年大学生的语言态度和价值观，同时更好地认识社会对语言选择、语言使用的作用方式和作用力。本文立足于前期通过参与观察法和隐蔽观察法搜集的语料，着重对语料进行归类分析，以此为基础，配合问卷调查、访问式调查进行语用方面原因的推究。

一、语言表达的经济性原则

有语料如下：

（1）人家是这家银行的 VIP，当然不用排队啦。

（2）南洋理工大学录取我去读 PhD。

（3）周末我们要去那家糕点店 DIY。

（4）他收到 offer 了吗？

（5）他来上海才半年，说上海话就说得很 native。

（6）我昨天什么也没买，window - shopping 了。

我们将上面语料中的英语翻译成汉语，发现：

（1）VIP——英语“Very Important Person”的简称。汉语中，“贵宾”与其对应。

（2）PhD——英语“Phylosophy Doctor”的简称，汉语翻译为“哲学博士”（谷歌金山词霸）

（3）DIY——英语“Do It by Yourself”的简称，汉语翻译为“自己手工制作”。

(4) offer——汉语翻译为“录用通知”。

(5) native——汉语翻译为“本地人,或本地人的”,这里“native”是一个形容词,在“本地人的”的意义基础上增加语义内容,指像本地人说话那样,暗指“话”说得很地道。

(6) window - shopping——汉语中没有与之对应的词或短语,大体意思指逛街的时候,只看不买或只看没买。

话语使用遵循经济性原则。法国语言学家 A. Martiner 指出了言语交际的“简洁性”原则,认为交际和表达始终处于动态变化之中,更多、更新、更具特色的语言单位将会不断涌现。而人在各方面表现出来的惰性则要求人们在言语中尽可能减少消耗,使用较为省力、熟悉、习惯和少量的语言单位。(萨丕尔. 语言论[M]. 北京:商务印书馆,1985.)我国著名语言学家吕叔湘(1980)也认为,人们“能用三个字表示的意思,不用五个字,一句话能了事的时候不说两句。”也就是说,构建话语的过程中,话语使用者寻求省力,尽可能以最少的语言单位表情达意。

语料(1)(2)(3)(4)就很有代表性,这些在汉语交际中混用的英文从形式上看非常简单,都是几个缩写的英文字母或单个英语词;从意义上看都是具有某些特性的事件、事物或动作,也就是说,几个简单的英文字母或单个英语词表达一个事件或具有某些特性的一个事物或者一个动作。掌握英语的话语使用者倾向使用简易的语言形式,体现了他们对语言表达的经济性的追求。

如果说(1)(2)(3)(4)还可以用语义基本无差别的汉语词来完成表达的话,那么(5)(6)中英语词的混用似乎有些“迫不得已”。在汉英转换的过程中,存在着词汇的可及性程度问题。也就是说,由于英语和汉语分别属于两种不同的文化体系,受客观条件或主观因素的影响,在互相接触时,总有一些术语、专有名词等无法在对方语言中找到对应语言单位，这时我们说两种语言的转换中存在语言空缺。不同语言对同一概念的表达不同。同一概念，有的语言用单个词来表示，有的语言却要用词组或句子来完成表达。语料(5)(6)就体现了这一点。同样的概念，英语中由单个词独立表达，而在汉语中，由于不存在对应的词汇，为了更好地表情达意，在表达上就需要不断增加语言单位，超出词的范畴，用汉语词组或句子来完成表达的需要。掌握英语的话语者在省力原则的驱使下，往往直接选用英语词来完成表达。

二、语言使用的社会因素

1. 思维惯性

通过前期的问卷调查，我们得知，抛开交际场景，最容易汉英混杂或者汉英混杂最频繁阶段为英语学习的密集期。从语言和思维的关系来看，语言是思维的工具，不同语言之间的转换实际上是不同思维之间的转换。学习外语的最高要求是用这门外语进行思维。一般情况下，汉语母语者在进行汉语交际时用汉语进行思维，熟练掌握英语的汉语母语者，在密集习得英语的阶段，也能更多地或完全用英语进行思维，并形成一定的思维惯性。当从英语思维转向汉语思维进行汉语交际时，在思维惯性的影响下，在语码转换往往会出现思维转换的滞后或者中断，表现在语言上就是语码混杂。

2. 心理因素

社会语言学家 Brown 和 Levinson(1978/1987)将“面子”分为两种，一种是积极面子，又称亲近面子(solidarity - face)，指希望获得赞同或喜爱；另一种是消极面子，又称权力面子(power - face)，指希望得到尊重，不受干扰。中国人用母语交流是为了维护其消极面子，因为母语表达更流畅；而用英语交流则是对积极面子的追求,希望能获得他人的赞赏。我们知道,即使是熟练掌握英语的汉语母语者,其对语言的使用也应该是汉语更得心应手(不排除极个别的特殊情况)。而其汉语交际中不断混用英语词(这里主要指没有必要用英语词来代替语义几乎无差异的汉语词),则更多的是社会心理因素在起作用,也就是在心理上希望得到对方的赞赏而通过语言使用来追求积极面子。

伴随着英语国家经济、科技等各方面的领先发展,英语的国际影响力也越来越大。英语在中国教育中有着重要地位,学生从小学就开始学习英语,学好英语是每个中国学生的愿望,也是评判成绩好坏的一大指标。大学是连接学生和社会的纽带,学生之间往往不再表现为分数高低的差异,而更多地转向个人能力的较量。而英语水平特别是口语能力,其作为个人能力的一大指标,自然受到大学生的重视。这时,如果你在日常交际中"很自然"地混用英语词,容易使对方产生与个人能力等相关的联想,而这也就给足了汉英混杂交际者面子。所以,当不存在词汇可及性差异和省力要求时,"面子"是影响汉英混杂的一大重要因素。

大学生群体作为新新人类,有着强烈的猎奇和求新求异的需求。为了展示不拘陈规,与众不同,他们采用汉英语码混用来彰显个性和新颖独特的创造思维、文化心态和美学追求。同时,大学生群体极易探索接受新事物,对新事物有着极高的热情和宽容度。汉英混杂,在汉语交际中混入英语词,即使不出于任何语用交际的目的考虑,只为给平淡的表达增添新意,大学生也乐于尝试创新。可以说,有些汉英混杂的运用是大学生求新求异心理的反映,同时也是大学生借助混用英语词来追求标新立异的自我身份和地位的需要。

3. 言语顺应论

归纳语料发现,很多汉英混杂现象一般同时出现在交际双方的语言使用中,也就是说,如果交际的一方出现汉英混杂,那么交际的另一方也很有可能存在着这样的话语情况。Giles 等人提出了“言语顺应论”,认为如果说话人将自己的言语风格(包括语言类型、发音、语速、语调、副语言特征等)调节到适应对方的风格,那么其目的是为了表示与对方友好一致,即趋同。

言语使用的目的是完成交际,从信息的角度上讲完成信息的交换。一次成功的言语交际需要交际双方的共同努力,一致的言语风格拉近了交际双方的心理距离,增添了积极的情感润滑剂,有助于交际的成功。因此,在言语交际中,本着“言语顺应”的基本原则,如果一方频繁地出现汉英混杂,那么交际的另一方也极有可能“趋同”出现汉英混杂。有些汉英混杂是有意识的,有些汉英混杂是无意识的。当频繁使用汉英混杂构建话语的交际一方意识到对方在交际中和自己一样汉英混杂,会获得心理上的回应,有助于推动交际向深广方向发展。不管是否有意识,交际的另一方针对交际一方的话语情况进行积极的回应,属于正向的努力,是促进交际顺利进行的可行措施。为完成交际而适应对方话语风格是汉英混杂的另一重要原因。

4. 会话合作原则

会话合作原则指交际双方为使会话、合作顺利进行,以达到共同的沟通目的而必须相互配合,共同遵循的某些准则。包括质的准则——保证会话内容是真实可靠的信息;量的准则——保证会话的量充分但不多余;关系准则——方式明白易懂、为对方接受和理解以及方式准则——话语围绕目的,紧扣主题。

在汉语交际中混用英语词,不符合会话合作原则中的方式准则,违背了“讲话要清楚明白,避免隐晦,避免歧义,简洁明了,条理清晰”的要求。然而正是通过这种有意的违背,可达到特定的交际目的。在日常交际中,我们无法保证每一次交际的场景都是无多余状态,相反交际场景中常常有不相干的人共现。这时,如果有交际内容的排他要求,则需要交际者采用一定的会话策略。语码混合就是这样的一个会话策略。通过汉英语码混合,说话人可以有意识地选择听众,让不懂英语或不习惯使用英语的人不参与交谈。通过违背会话合作原则,于无形中扩大同不相干听众的社会距离,从而完成特定交际要求。

社会语言学家 Giles 认为:“使用者在使用语言时,因受其文化价值等主观心理因素影响,会做出不同选择——趋异心理和趋同心理”。“言语顺应论”的两个核心概念是语言靠拢(convergence)和语言偏离(divergence)。前者是指说话人对自己的语言或语体进行调整,使之接近对方的语言或语体,以表示与对方的团结一致关系;后者是指说话人有意突出与对方在语体或语言风格上的差别,以表示想扩大同对方的社会距离。一般而言,在言语交际中,本着会话合作原则,交际双方都希望自己的语言与对方相似,这样能拉近彼此在心理上的距离,使谈话变得更加轻松、自然,而顺利完成交际任务。但是,当说话一方想表达自己的不满或者愤怒的情绪时,就会故意把语码偏离对方。这时的“语言偏离”虽然违背了会话合作原则,但却遵循了礼貌原则,尽可能降低了由语言带来的风险,避免了直接说出自己的意思可能带来的影响交流或造成交际障碍的不良后果。采用英语词来代替一些消极汉语词,英汉语码混杂滞后了信息的转化和获得,从而在一定程度上隐蔽交际者的主观情感或态度,有助于最好交际效果的实现。从“面子论”的角度看,拉长了接收者的心理接受过程,减轻了面子的损失。如:

(7) 听说明天的面试官非常 critical,你可要做足功课再去。

(8) 你这样做也未免太 stupid 了吧。

(9) 美国人普遍长得有点 big.

大学生日常言语交际中汉英混杂现象有着复杂的语言学、社会学以及心理学方面的原因。从语用的角度讲,有时语码转换、汉英混用是交际者为了制造某种效果或实施某种交际目的而故意实施的语言行为。汉英混杂语用目的各异,或是为了追求话语交际的经济原则,或是为了维护交际双方的"面子",或是为了选择交际情景中的目标听众群,或是为了回避隐含义,共同目的都是保证交际的顺利进行,完成语言的社会功能。

参考文献:

[1] Giles, H. &Powesland. AccomodationTheory [J]. Sociolinguistics. NewYork:MacmillanPress,1997.

[2] Gumperz,J. J. Discourse Strategies[M]. Cambridge:CambridgeUniversity Press, 1982.

[3] 胡宝华. 语码转换与跨文化交际[J]. 徐州师范大学学报. 2004,7.

[4] 罗晓阳. 汉英双语者交际中的语码转换现象研究[J]. 外语艺术教育研究. 2009,9.

[5] 吕叔湘. 语文常谈[M]. 北京:生活·读书·新知三联书店,1980.

[6] 王楚安,徐美彦. 浅析语码转换的社会及心理动因[J]. 广东外语外贸大学学报. 2005,4.

[7] 吴舸. 语码转换在英语词汇教学中的应用[J]. 重庆文理学院学报. 2006.

[8] 杨峰. 汉英混用的成因及语用价值探析[J]. 河北科技师范学院学报(社会科学版). 2008,6.

[9] 于国栋. 语码转换的语用学研究[J]. 外国语. 2000,(6).

[10] 赵爱萍. 大学生群体汉英语码混用现象心理透视[J].《华章》第45页.

[11] 郑静. 从语用学角度浅析大学校园语码转换现象的动因[J]. 文学语言学研究. 2009,2.

[12] 祝畹瑾. 社会语言学概论[M]. 湖南教育出版社. 1994.

论余华先锋小说的冷漠叙事风格

田雪隽

[摘要] 冷漠的叙事风格是余华先锋期小说(1986－1989)的一个重要特征,本文立足于文本细读,从对残酷事件的细节具体性描写、对人类命运的冷静谛视、对情感因素的无情中断等三个方面总结了冷漠的叙事风格在余华作品中的具体表现,并进一步分析了此种风格产生的原因,即为特定的写作目的服务,受文坛冷漠风气的引导以及卡夫卡的重要影响。

[关键词] 余华　先锋小说　冷漠叙事风格

余华是中国当代文坛一名星光闪耀的小说家。截止到目前,余华的整个小说创作大致可以分为三个阶段,分别是:1983－1986 年的早期小说创作;1986－1989 年的先锋小说创作以及 90 年代之后的长篇小说创作。创作于 80 年代中后期的一批先锋小说给余华带来了很高的声誉,同时也让余华走到了中国文坛的最前沿。

从《十八岁出门远行》开始，余华以其独特的创作视角和创作手法为读者建构了一个奇特、荒诞、混乱的世界。80 年代的先锋余华热衷于表现人类的破坏本能和杀戮冲动，执着于对世界的非理性状态的揭露以及对人类的本性之恶的发掘。冷酷的叙事笔调是余华先锋小说的一个重要的文本特征，如同手术刀一般冰冷平静的叙事语调令人不寒而栗，某些作品更因为对鲜血淋漓的杀戮或自残场面的大肆渲染而让读者难以坚持读完。此处略举一例：中篇小说《一九八六年》中有这样一段描述——在文革中被折磨致疯的中学历史教师激情充沛地在街头自戕：

他嘴里大喊一声："劓！"然后将钢锯放在了鼻子下面，锯齿对准鼻子。那如手臂一样黑乎乎的嘴唇抖动了起来，像是在笑。接着两条手臂有力地摆动了，每摆动一下他都要拚命地喊上一声："劓！"钢锯开始锯进去，鲜血开始渗出来。于是黑乎乎的嘴唇开始红润了。不一会钢锯锯在了鼻骨上，发出沙沙的轻微摩擦声。于是他不像刚才那样喊叫，而是微微地摇头晃脑，嘴里相应地发出沙沙的声音。那锯子锯着鼻骨时的样子，让人感到他此刻正怡然自乐地吹着口琴。①

这是典型的余华先锋小说——用无关痛痒的冷漠语调叙述残酷血腥的场景。如果对余华的整个创作历程没有完整的把握，读者可能会认为残酷冷漠是余华一以贯之的写作风格，然而实际上，余华的早期作品是以一种截然相反的风格进行创作的。

一、迥然相异的早期小说创作风格

余华于 1983 年登上文坛，从发表处女作《第一宿舍》开始，余华迅速地步入文学创作的正轨，并在接下来的三年时间中发

① 余华：《余华作品集》，中国社会科学出版社，1994 版

表了一系列较为优秀的作品,包括《星星》、《竹女》、《月亮照着你,月亮照着我》等等。1983 - 1986 年是余华小说创作的第一个阶段,作家在精神导师川端康成和汪曾祺的引导下,抒写着清丽感伤的篇章。作品风格唯美感伤,富于生动细腻的心理描摹,小说的主旨多为歌颂美好的人性和情感。

1. 唯美感伤的的叙事语调

由于受到川端康成及汪曾祺等作家作品风格的影响,余华的早期作品带有淡淡的感伤意味以及唯美化的叙事语调。小说《月亮照着你,月亮照着我》描写了唯美、酸涩的初恋情怀:单纯的少女蓝蓝对住在对面窗口里的男孩暗生情愫,心中充满了相识相知的渴望。然而,朦胧的爱情终究在一次次擦肩而过之后黯然消逝。小说的字里行间充满了淡淡的感伤意味。"他就那么悄悄地走了。走时,他用一支神奇的笔将忧郁描在了她的脸上。什么时候他会重新出现呢?再用一块神奇的橡皮擦擦去她脸上的忧郁呢?"①《鸽子,鸽子》同样是写萌动的情愫,多情的大海,在海边放飞鸽子的少女和驻足远观的少年构成了一幅唯美的画面:"这里的海则不同了,这里有岛屿,有帆影,还有海鸥,……她每天傍晚到海边来,提着一只笼子,低着头悄悄走来,……鸽子的主人低头坐在石头上,那娴静的样子仿佛是画中的人物。"②

2. 对美好人性的歌颂

余华早期的一系列小说,多写人性的真善美,其早期的小说世界中,民风淳朴、人性纯良。小说《竹女》展现了静水湖质朴的民风:"静水湖上的捕鱼人家,平时没有往来的习惯。像天上

① 余华:《月亮照着你,月亮照着我》,《北京文学》,1984 年第 4 期

② 余华:《鸽子,鸽子》,《青春》,1983 年第 12 期

的星星，虽然同存于一个空间，却各有自己的运行轨道。这儿的捕鱼人家也有自己的捕鱼区域，无论怎么样都不该、也不会到别人的区域里去捕鱼。”[①]小说《“威尼斯”牙齿店》中同样有着对纯朴民风和美好人性的赞美。余华早期的这几部小说，用清丽的笔调抒写着人性的美好，让人联想起汪曾祺的《受戒》及沈从文的《边城》这类赞扬人性美，突显健康人性、和谐人性的篇章。

余华的早期作品中流淌着浓郁的亲情、坚韧的友情和唯美的爱情。《竹女》是余华对亲情之美的歌颂，其中婆婆与媳妇之间关爱体贴、亲如母女的关系令人感到非常温暖。“她醒了，她站起，拿着鱼儿的外衣，躬身走出船舱，来到岸上，进了茅棚。她将外衣轻轻盖在蜷缩躺着的婆婆身上，然后紧挨着她躺下，身体刚好给婆婆挡住了从门缝里溜进来的风。”清澈的文字包裹着浓浓的情意，淡淡地叙述着人性的美好和亲情的温暖。《第一宿舍》展现了友情的可贵，《月亮照着你，月亮照着我》、《鸽子，鸽子》描写了羞涩美好的初恋情怀，是对美好爱情的礼赞。

由上述可见，余华早期小说与先锋小说的风格是迥然相异的。读者往往很难相信，像《竹女》、《月亮照着你，月亮照着我》这类清丽唯美的篇章与《现实一种》、《一九八六年》这些冷酷血腥的作品是出自同一人的手笔。余华从早期到先锋期的创作风格突变是令人瞠目结舌的。由于篇幅的原因，本文对第一次创作转型的成因不作分析，下文将着重探讨转型后的余华如何用全新的创作手法来建构笔下的小说世界。

二、先锋小说的冷漠叙事风格

与早期小说抒写世界与人性的美好不同，在先锋叙事期，余华所热衷的是揭露世界荒诞的真相，并挖掘人性黑暗的本质。

---

① 余华:《竹女》,《北京文学》,1984 年第 3 期

与写作目的相一致,此时余华的小说世界里充斥着阴谋、争斗与杀戮,血淋淋的残杀场景随处可见。不过面对这些喧嚣的场面,小说中的叙事者却是平静淡漠、不动声色的,对于自己所叙述的那些令正常人毛骨悚然的故事,那些令人作呕的场景,叙事者均持一种见怪不怪、无关痛痒的态度,这种置身事外般的叙事态度与被叙述事件本身的残酷程度形成巨大的反差,从而给读者造成更大的心理冲击。具体来说,冷漠叙事风格在余华的作品中主要有三个层面的表现。

1. 对残酷事件的细节具体性描写

余华的小说给读者震动最大的无疑是其中残酷行为的细节具体性。暴力的迫害与残酷的杀戮在余华的先锋小说中几乎是一个必不可少的因素,张颐武说那个时候的余华“好像迷上了暴力”。而余华冷酷的笔调、冷静的描绘使得这些暴力的场景更具心理冲击力。例子举不胜举。在《古典爱情》中,饥荒岁月使得昔日繁华的市镇变成了人肉市场,接下来作者描述了一个幼女作为肉人被肉店老板肢解出售的场景:

店主答应一声,便抓起幼女的手臂,拖入棚内。……幼女被拖入棚内后,伙计捉住她的身子,将其手臂放在树桩上。幼女两眼瞟出窗外,看那妇人,所以没见店主已举起利斧。妇人并不看幼女。柳生看着店主的利斧猛劈下去,听得“咔嚓”一声,骨头被砍断了,一股血四溅开来,溅得店主一脸都是。幼女在“咔嚓”声里身子晃动了一下,然后她才扭回头来看个究竟,看到自己的手臂躺在树桩上,一时间目瞪口呆。半晌,才长嚎几声,身子便倒在了地上。倒在地上后哭喊不止,声音十分刺耳。……这当儿妇人奔入棚内,拿起一把放在地上的利刃,朝幼女胸口猛刺。[①]

① 余华(著).《河边的错误》[M].长江文艺出版社,1992.P158-159

整个屠宰肉人的过程中有妇人的央求声，有幼女撕心裂肺的长嚎声，甚至还有利斧猛劈下去时那令人揪心的“咔嚓”声。然而此段读来却让人感到静的可怕、阴森可怖。在先锋叙事期，余华所建构的小说世界里充斥着杀戮、争斗与喊叫，不过由于叙事者的平静淡漠、不动声色，这些喧嚣的场面往往令读者感到一种冷酷的安静。余华先锋小说的叙事者对于自己所叙述的那些令正常人毛骨悚然的故事，那些令人作呕的场景，均持一种见怪不怪、无关痛痒的态度，他平静地、有板有眼地述说着这一切，制造了一种可怕的静的效果。这种静的感觉与余华小说世界内部的喧闹形成巨大的反差，从而给读者造成更大的心理冲击。

余华赋予其小说中的叙事者以铁石般的心肠和无比坚强的神经，即使面对肢解幼童这样惨绝人寰的场景，依旧保持着足够的平静和漠然，用一种见怪不怪、无关痛痒的语调叙述着眼前的一切。难怪有评论者会说，余华的血管里流动着的，一定是冰渣子。除《古典爱情》中所描述的人肉市场之外，《一九八六年》中中学历史教师慢条斯理的自残，《难逃劫数》中广佛活活踢死偷窥孩童的场面以及《现实一种》结尾处一群医生在闲聊笑闹中分割被枪毙的山岗的身体时的场景，同样因为其对残酷事件的细节具体性描写而有着极大的视觉冲击力和心理震撼力，这也是余华先锋期作品的一大特色。

2. 对人类命运的冷静谛视

命运永远是一个会让所有人心生敬畏乃至恐惧的话题。它无法触及，让人捉摸不透，却令人信服地存在于冥冥之中。没有人能够预见未来，人们只知道自己拥有一个固定的起点和一个必然存在的终点，至于这个终点何时到来以及这其间的过程会是怎样，没有人能说得清楚。无法预知和把握自己人生轨迹的现实使人们不得不相信能够掌握一切的命运之神的存在。面对命运,人显得渺小而无助;面对命运,人只能顺从而无法违抗。乐观主义者一直在向人们灌输一个信念,即通过顽强的努力和不屈的拼搏,人能够改变乃至征服自己的命运。许多作家也在作品中树立了这样的典型形象,给面对命运毫无自信的人们带来温暖和希望。然而余华并不属于这类作家。

余华对命运持有一种近乎悲观的理解:人始终生活在自己无法摆脱的命运之中,永远在属于自己的命运迷宫中打转,找不到出口,无论他如何反抗,最终还是会跌入命运张开的血盆大口之中。不过对人类在命运面前的弱小和无助,余华丝毫没有流露出同情和悲悯的情怀,在其先锋创作中,余华仿佛一位跳出人类世界,居高临下的旁观者,他冷静而细致地观察着芸芸众生如何力不从心地与命运抗争,并且带着一丝平静的微笑看着这群人最终陷入命运的漩涡。余华的作品因之蒙上了另一层冷漠残酷的色彩。

《命中注定》这个题目本身就已经表明,如果人就是宿命的话,那么无论你走多远,都不可能摆脱命运对你的安排。而可怕的是,命运有时并非一声不吭,它甚至会向人们发出预警,只不过很少有人能听懂命运的提醒,即使听懂了也未必能逃脱。小说中,30 年前,作为一个孩子的陈雷收到了命运准确无误的信号:在神秘的汪家旧宅中听到一个和自己一样的声音在喊“救命”。30 年后,已成为土财主的陈雷在汪家旧宅被人用铁榔头砸死。30 年前的预警的兑现让人清楚地感受到命运的顽固可怕和个人的渺小无能。而余华丝毫不流露个人感情色彩的叙事语调让读者面对命运的故事更加不寒而栗。

余华对命运的理解在《难逃劫数》中进一步得到体现。在这篇小说里,每个人都有自己无法摆脱的宿命,每个人都生活在自己的命运阴影之中。作为旁观者,他们能够对他人的命运预知一二:“森林在这个男孩的脸上看到了死亡的美丽红晕。”①;“在男孩出门的一瞬间,森林看到男孩的后脑勺上出现了一点可怕的光亮。”②然而他们却永远无法看清自己的命运,只能在命运指定的轨道里行走,并且只能在事后的回忆中捕捉到命运降临的轨迹。“……当他(东山)此刻重新回顾那一天的经历时,他才知道彩蝶和男孩其实是命运为他安排的两个阴谋,他还知道自己只要避开其中一个,那他也就避开了两个。可是由于他缺乏对以后的预见,所以他迟早也将在劫难逃。”③

余华这样一种对命运的体认无疑是唱响了存在的一曲哀歌。在命运面前,人如同被线绳操纵的木偶,所有的行为和动作都源于掌握着那根细线的命运之手。这实在是令人感到悲哀和无助的。然而余华既未流露悲伤无奈,也没有表达对人类的同情,他仅仅是居高临下地看着、说着,让读者在他平静漠然的叙述中感知命运的力量。即使到了 90 年代创作转型(变得温情)之后,余华依然热衷于冷静地叙述命运对人的侵袭,《活着》就是最好的例子。

3. 对情感线索的无情中断

余华不仅赋予小说叙述者以冷酷的心肠,同时还抽去了笔下世界中所有可能存在的情感因素。相当一部分读者无法忍受 80 年代后期余华作品的原因在于书中人物之间缺乏最基本的情感联系。在余华此时的小说世界里,读者无法感知亲情、友情以及美好爱情的存在,人物之间的交往关系是非理性的,欲望和惯性是维持所谓家庭或朋友关系的唯一纽带。

---

① 余华:《难逃劫数》,《世事如烟》,新世界出版社,1999 版,P69

② 同上,P72

③ 同上,P83

《现实一种》是余华小说世界中亲情沦丧的最好案例。在一个由祖辈、父辈和孙辈组成的,看似平静正常的七口之家中,亲情早已名存实亡。母子之间、兄弟之间、夫妻之间、妯娌之间、婆媳之间以及祖孙之间均看不出任何情感联系,这个奇怪的家庭仿佛是由路人随机拼凑而成,只是徒有一个脆弱而松散的家庭形式而已。在一个无意的死亡事件出现之后,复仇的本能冲动很快冲垮了兄弟间尚存的和平共处,也将他们之间表面化的血缘关系冲得无影无踪。小说的主体部分叙述了兄弟二人之间噩梦般的轮回残杀。在四岁的孩子皮皮无意之中将堂弟摔死之后,两个孩子的父亲(兄弟二人)开始了蓄意的相互残杀。先是弟弟山峰佯装答应只要皮皮把自己儿子的一滩血舔干净,以后就不再做追究,结果却趁着皮皮趴在地上舔舐之时,飞起一脚踢进皮皮的胯里,导致其当场毙命;而哥哥山岗面对儿子的死表现得相当冷静,他没有理睬妻子的羞辱与激战,没有立刻采取报复手段,而是进行了细致的构思与谋划。他将弟弟山峰绑在树下,固定住腿脚,然后往山峰的脚心涂抹烧烂了的肉骨头,让一只小狗来舔,结果弟弟不堪脚底之痒,活活笑死。小说表达了作者对亲情存在的怀疑和否定,同时淋漓尽致地展现了人内心强烈的报复冲动和杀戮意志,揭露了人性本恶的真相。

亲人之间尚且如此,朋友之间更是可想而知了。事实上,在余华20世纪80年代的先锋小说中,很少能看到人与人之间存在所谓的友谊。从《十八岁出门远行》开始,人与人之间的关系就是荒诞、非理性的,根本没有什么友谊可言:出门远行的“我”把偶遇的卡车司机当作朋友,为了保护车上的苹果不被抢劫而被打伤,结果卡车司机非但不领情,居然还伙同抢劫者抢走了我的背包;在《世事如烟》中,沙子与森林的所谓“友情”纯粹建立在二人阴暗的求同心理(变态的性欲)及竞争上,两个人一个热衷于剪女孩子的辫子，一个着迷于剪女孩子的裤脚。在余华此时的小说世界里，人与人之间的联系只存在本能的冲动与莫名其妙的心理需求，而丝毫没有信任、友谊可言。

小说中情感线索的中断使余华的作品读来令人备感寒意袭人。在这个混乱、荒芜的世界里，没有宁静的港湾，没有心灵的庇护所，人们只能在命运的强势安排下，在欲望和惯性地推动下，不自觉地一步步走向毁灭。余华在叙事时不融入个人的一丝一毫情感，还抽出了他笔下的世界中可能存在的温情因素，这种近乎残酷的冷漠叙事风格使余华的小说变得有些可怕。而当余华在《细雨与呼喊》及之后的一系列长篇中转换了写作风格，融入了浓浓的亲情之后，读者在长舒一口气之余似乎还有些不习惯的感觉。

三、余华先锋创作冷漠风格的成因

上文从三个方面列举了余华先锋小说的冷漠风格在作品中的具体表现。那么余华为什么放弃了早期的写作风格，而热衷于去写如此冷漠与残酷的作品？

1. 为特定的写作目的服务

任何一种写作手法的运用总是为了表达一定的主旨和思想。余华先锋小说的冷漠的叙述笔调也是如此。可以说，残酷是余华的风格和习惯，但残酷绝不是余华的目的。余华冷漠的叙事风格是为了特定的写作目的服务并与所叙述的内容相吻合的。

例如，余华在多部小说中写到了残酷的刑罚，有对他人施刑，也有用刑罚自戕，不过余华写酷刑的目的不在于对刑罚进行表面化的展示，而是为了借以表达和彰显深层的含义。鲁迅在中国现代第一篇白话小说《狂人日记》中揭示出整个中国历史就是一部吃人的历史的真相，余华同样认识到了这一点。在余华的眼中,残暴行为是历史的最主要组成部分,历史只是残暴行为的重复。历史在余华的小说中成为被颠覆和解构的对象。因此,在小说《往事与刑罚》中,余华用连串残酷的刑罚来表达他对历史的认识和感受:“他是怎样对一九五八年一月九日进行车裂的,他将一九五八年一月九日撕得像冬天的雪片一样纷纷扬扬。对一九六七年十二月一日,他施以宫刑,他割下了一九六七年十二月一日的两只沉甸甸的睾丸,……而一九六零年八月七日同样在劫难逃,他用一把锈迹斑斑的钢锯锯断了一九六零年八月七日的腰……”①余华将历史拟人化,他毫不怜悯地将历史从昔日权威的宝座上拉下来施行车裂、宫刑、腰斩及点天灯。在余华的眼中,历史不是轰轰烈烈的改朝换代,不是帝王将相的丰功伟绩、文韬武略,也不像中国传统文化价值体系所宣扬的那样神圣不可动摇的,人类的历史就是暴力的历史,暴力是对历史的一种提纯,一种总结方式,是历史的前进动力,同时也是余华颠覆历史的有力手段。在小说《一九八六年》中,余华让发疯的中学历史教师在马路边面对围观的众人激情洋溢地进行着自残的表演,目的是用血淋淋的现实告诫人们不要轻易忘记黑暗的文革时代,而应该时时保持清醒与警惕。

同样,小说《现实一种》描写亲兄弟之间噩梦般的相互残杀,目的是颠覆中国传统的家庭伦理,撕破温情脉脉的亲情的伪装面具。也就是说,残酷描写不是余华小说的目的所在,而是代表着作家的某种写作意图,是余华的一种写作手段。

2. 文坛风气引导下的创作转型

如同上文所述,余华早年发表的一系列作品,如《星星》、《竹女》等是与先锋作品迥然相异的清丽唯美的风格。《星星》

① 余华:《往事与刑罚》,《鲜血梅花》,新世界出版社,1999版

等作品写得柔和美好,读者很难相信早年的作家余华和三年之后残酷、冷峻的余华是同一个人。那么,余华的创作风格何以发生如此之大的变化? 这里涉及到余华小说创作的第一次转型问题。

余华的第一次创作转型发生在1986年,余华一改之前唯美忧伤的川端康成式的风格,转而改用冷漠残酷的语调来写小说,这一风格的转化几乎为"突变"式的,让人难以理解和接受,我们甚至找不出一部带有过渡性质的作品,余华几乎是一夜之间由温情作家变身为先锋作家。

在先锋创作期,余华不愿意遵循以往小说中的那种唯美情调和感伤姿态,放弃了对人性的真善美的讴歌,而是转而发掘并揭露人性本恶的真相以及世界本质的荒诞。早年那个温柔多情、细腻感伤的余华早已不见踪影,取而代之的是一个丝毫不流露个人情感,站在高处冷静地谛视着人类暴力与杀戮的冷酷的余华。从《十八岁出门远行》到《现实一种》,余华一步步将异常冷漠、绝对超然的叙述笔调和风格推向了极致。

文坛风气或者说创作环境对余华的这次转型起到了至关重要的引导作用。回顾20世纪80年代的中国文坛可以发现,1985年以前,在伤痕文学、反思文学、改革文学、寻根文学之外,一批类似抒情散文的作品在文坛留下了美好的足迹,如王安忆的《雨,沙沙沙》,史铁生的《我的遥远的清平湾》,莫言的《民间音乐》等等。余华在这个时期也写出了《竹女》、《月亮照着你,月亮照着我》等温馨之作,却并未引起文坛的轰动。

然而1985年之后,冷漠之雾在中国文坛弥漫开来,刘索拉、徐星、残雪、马原一夜崛起,写出过温馨之作的小说家们也纷纷写出了充斥着寒意的作品,例如:王安忆的《好姆妈、谢伯伯、小妹阿姨和妮妮》,莫言的《枯河》,贾平凹的《商州世事》、《古堡》,王蒙的《活动变人形》等等。一时间,情感淡漠甚至颇具残酷色彩的作品遍布文坛。以王安忆的作品为例。其早期的小说《雨,沙沙沙》写出了人性的真诚善良与美好。小伙子在雨夜骑自行车送雯雯回家的一段文字美好、动人,人与人之间的帮助和信任让冰冷的雨夜变得温暖、让人留恋,整篇小说是干净的、光明的,是给人以希望和力量的。王安忆五年之后发表的另一篇名作《好姆妈、谢伯伯、小妹阿姨和妮妮》则完全是另外一种风格了。小说中,原本有着安宁幸福的家庭生活的好姆妈和谢伯伯在邻居们议论纷纷的压力下不得不抱养了一个女孩,而养女妮妮的到来却将本来和谐的生活一步步推向绝境。小说色调灰暗,气氛压抑,人性中的妒嫉、虚伪、贪婪、幸灾乐祸一览无余,这部小说读来甚至令人有些绝望。从王安忆前后两部作品风格的变化可以窥见1985年的中国文坛整个创作风向的转变。

在这种风气的影响下,余华在1986年下半年写出了冷漠到残酷程度的小说《十八岁出门远行》和《一九八六年》。此后,余华一发而不可收拾,从1986年到1989年共写出了十五部充斥着暴力、鲜血和死亡的中短篇先锋小说。从某种角度来说,余华的成功得益于文坛新风气的引导,余华的意义在于将这股冷漠之风推到了冷酷的深度。

3. 卡夫卡的决定性影响

余华早期小说创作的精神导师是川端康成和汪曾祺,这两位作家的写作风格都是温情脉脉、唯美清丽的。在二人的影响下,余华抒写着自己淡淡的甜蜜与忧伤,并且一写就是三年。直到1986年的一次偶然的阅读经历为余华打开了全新的写作思路。余华"遭遇"的这位作家就是卡夫卡。卡夫卡的作品带给了余华极大的冲击和影响,它甚至直接改变了余华的创作态度和写作手法。

1）以微笑面对残酷的写作态度

余华读到的卡夫卡的第一篇作品是《乡村医生》。这是一部让余华大吃一惊的短篇小说。《乡村医生》中，当医生检查到少年身上溃烂的伤口时，有一段这样的描述：

在他右侧靠近大腿处有一个跟我巴掌般大的没有包扎的伤口。玫瑰红色，有许多暗点，深处呈黑色，周边泛浅，如同嫩软的颗粒，不均匀地出现淤血，像露天煤矿一样张开着。这是远看的情况，近看则更为严重。谁会见此而不惊叫呢？在伤口深处，有许多和我小手指一样大小的虫蛹，身体紫红，同时又沾满血污，它们正用白色的小头和无数小腿蠕动着爬向亮处。可怜的小伙子，你已经无可救药。我找到了你硕大的伤口，你身上这朵鲜花送你走向死亡。①

这种耐心细致、冷静客观地对血淋淋事实的描写，尤其是以一种近乎鉴赏的态度用“鲜花”来形容伤口，使余华大开眼界。《在流放地》亦是一篇微笑着叙述残酷细节的作品，这部作品也对余华的小说创作产生了深远的影响，下文将进行详述。

习得了卡夫卡的这一写作态度，余华开始如鱼得水般地构建自己的冷漠世界。余华在 1986 年之后创作了一系列涉及暴力的作品，仔细观察不难发现，其中《一九八六年》一篇在文本形态上与卡夫卡的《在流放地》有着惊人的相似。

《在流放地》和《一九八六年》都以浓墨重彩的笔触刻画了一场惊心动魄的刑罚表演。前者围绕的中心是一架设计精密的杀人机器，军官向旅行家详细介绍它的结构和各部件的功能，以及行刑时的具体细节。机器包括三个部分，底下的部分叫做

---

① 汤永宽（编选）：《卡夫卡作品精粹》，河北教育出版社，1993 版，P77－78（个别地方参照叶廷芳编《卡夫卡全集》第一卷 P161）

"床",最高的部分叫做"设计师",中间的部分叫做"耙子"。犯人躺在床上,他的双手、脚和脖子被紧紧捆住。随着"床"的震动,"耙子"向他的身体降落下来,针尖变成坚硬的钢条,刚刚刺破犯人的皮肤。每根长针旁边搭配一根短针。长针用于刺字,短针喷出水来把血洗掉,使刺的字清清楚楚,字的周围雕上许许多多的花,身体其他地方都用来雕刻装饰性的图案。先刻上草稿,然后慢慢把刺上的字加深,行刑要整整十二个小时。

《一九八六年》中也有刑罚的盛大场面,历史教师在春天的街头激情充沛地以各式各样的酷刑进行着自戕。下面是割膝盖骨的一段:

最后他将钢锯搁在膝盖上,仰起脑袋朝四周看看,随即大喊一声:"刖!"皮肤在狂叫声里被锯开,被锯开的皮肤先是苍白地翻了开来,然后慢慢红润起来,接着血往外渗了。锯开皮肤后锯齿又搁在骨头上了。他停住手,得意地笑了笑。然后双手优美地摆动起来了,沙沙声又响了起来。可是不久后他的脸又歪了过去,嘴里又狂喊了起来。汗水从额上滴滴答答往下掉,并且大口呼哧呼哧地喘气。他双手的摆动越来越缓慢,嘴里的喊叫已经转化成一种呜呜声,而且声音越来越轻。随后两手一松耷拉了下去,钢锯掉在地上发出清脆的声响。①

在这两部作品中,面对残酷的行刑场面,讲述者和亲历者都表现得从容淡定、兴致勃勃。不过相比之下,卡夫卡的叙述较为冷静和有分寸,而余华的字里行间则充斥着难以掩饰的感官快意,对行刑过程慢镜头的描述和对血腥场面浓墨重彩的渲染使得小说达到残酷的极端。可以说,余华在这种充满血腥味的、残酷无情的叙述中将卡夫卡式的客观冷漠、绝对超然的叙述笔调

---

① 余华:《余华作品集》第2卷,中国社会科学出版社,1994版

和风格推向了极致。

2）对暴力快感的宣泄

余华对卡夫卡的作品，还包括他的书信、日记都进行了认真的研读，并加以细细体会。而卡夫卡在其日记中暴露出的内心深处的暴力思想让余华印象深刻。余华写过一篇题为《卡夫卡和K》的文章，文中特意提及卡夫卡的两则日记。第一篇是卡夫卡写于1911年11月2日的日记："今天早晨许久以来第一次尝到了想象一把刀在我心中转动的快乐。"①其二是1913年5月4日的日记："不停地想象着一把宽阔的熏肉切刀，它极迅速地以机械的均匀从一边切入我体内，切出很薄的片，它们在迅速的切削动作中几乎呈卷状一片片飞出去。"②这两段日记都在想象中展示了针对自我的暴力，"卡夫卡让句子完成了一个自我凌迟的过程，然后他又给予自我难以言传的快乐。"③而余华的《一九八六年》所表现的正是一个陶醉于用酷刑自残的历史教师的形象，卡夫卡的影响是显而易见的。卡夫卡在日记中流露出暴力思想不止上文所引这两处。其在1917年8月3日的日记中这样写道："然后他们塞住了我的嘴，捆住了我的手和脚，在我的眼前蒙了一块布。我被好几次翻过来又折过去，我被拽着坐直了，又被放倒，这又有好几回，他们一下一下狠狠地揪着我的腿，疼得我挺直了身子，他们让我在地上静静地躺了一会儿，然后用什么尖的东西深深地扎在我的身上，一会儿扎这儿，一会儿扎那儿。"④

卡夫卡对内心深处暴力快感的表露无疑会在余华那里得到

① 卡夫卡：《卡夫卡书信日记选》，百花文艺出版社，1991版，P14

② 卡夫卡：《卡夫卡书信日记选》，百花文艺出版社，1991版，P37

③ 余华：《卡夫卡和K》，《温暖和百感交集的旅程》，作家出版社，2008版，P88

④ 卡夫卡：《卡夫卡书信日记选》，百花文艺出版社，1991版，P53

了共鸣。余华对卡夫卡的叙述手法推崇备至:“卡夫卡的描述是如此的细致和精确”,“又充满了美感”,“叙述如同深渊的召唤”。

卡夫卡对中国当代的不少作家都有着或多或少的影响,甚至被引以为“知音”,然而不同的作家对卡夫卡的接受和效仿不尽相同。余华习得了以鉴赏的态度和极致的耐心面对残酷场景的能力;宗璞学到了“变形”的形式并灌注社会化的内容;蒋子丹则迷恋于荒诞手法的运用。不同的作家从不同的角度去寻找灵魂与卡夫卡的契合点,这也是与作家的人生经历、性格特征以及此前创作经验的积累相关的。由于篇幅的原因,这一点不再做详细的阐释。

四、结语

本文以余华早期小说的风格做对比,突显了其先锋作品的冷酷无情,而这一特色是与小说冷漠的叙述风格密不可分的。本文从对残酷事件的细节具体性描写、对人类命运的冷静谛视以及对情感因素的无情中断三个层面总结了余华前期小说冷漠风格于文本中的具体表现,并进一步分析了这种冷漠风格的成因:为特定目的服务的需要,文坛风气的引导以及卡夫卡的重要影响。

参考文献:

弗洛伊德:《达·芬奇的童年记忆》,新星出版社,2010 版

弗洛伊德:《弗洛伊德自传》,东方出版社,2005 版

洪治纲:《余华评传》,郑州大学出版社,2005 版

卡夫卡:《卡夫卡书信日记选》,百花文艺出版社,1991 版

汤永宽(编选):《卡夫卡作品精粹》,河北教育出版社,1993 版

吴义勤:《余华研究资料》,山东文艺出版社,2006 版

王世诚:《向死而生:余华》,上海人民出版社,2005 版
《余华精选集——世纪文学 60 家》,北京燕山出版社,2006 版
余华:《河边的错误》,长江文艺出版社,1992 版
余华:《没有一条道路是重复的》,作家出版社,2008 版
余华:《温暖和百感交集的旅程》,作家出版社,2008 版
余华:《第一宿舍》,《西湖》,1983 年第 1 期
余华:《"威尼斯"牙齿店》,《西湖》,1983 年第 8 期
余华:《星星》,《北京文学》,1984 年第 1 期
余华:《竹女》,《北京文学》,1984 年第 3 期
余华:《月亮照着你,月亮照着我》,《北京文学》,1984 年第 4 期
余华:《甜甜的葡萄》,《小说天地》,1984 年第 4 期
余华:《男儿有泪不轻弹》,《东海》,1984 年第 5 期
余华:《老师》,《北京文学》,1986 年第 3 期
余华:《看海去》,《北京文学》,1986 年第 5 期

对鲁迅小说《弟兄》的解读

成振鹏

[摘要] 《弟兄》赞颂了兄弟之间的情谊，但同时还揭示了维护兄弟情谊的艰难以及对“兄弟怡怡”的景象里蕴含着危机的忧虑。小说中蕴含着鲁迅对其兄弟关系的重新审视，他借助对张沛君梦境的描述进行了对自我的解剖和批评

[关键词] 鲁迅 《弟兄》 兄弟情谊

鲁迅的小说集《彷徨》中有一篇叫《弟兄》的小说，写的是有关兄弟情谊的，它讲述了小职员张沛君因弟弟染病而为之担虑与延医的故事。这篇小说中有着鲁迅“自身经历的事实”（许寿裳语），取材自 1917 年春末夏初周作人发高烧出疹子之事。不过，就小说创作来说，题材虽源于生活，但又高于生活，小说家往往会按照自己的创作意图对所选择的材料进行加工和改造。“一部小说表现的现实，即它对现实的幻觉，它那使读者产生一

种仿佛在阅读生活本身的效果，并不必然是，也不主要是环境上的、细节上的或日常事务上的现实。”①所以，小说中的张沛君并不可以和鲁迅本人等同起来，小说中张沛君的经历也并非完全是鲁迅的亲身经历。本文将通过对《弟兄》文本的分析，来探究鲁迅的创作意图。

《弟兄》中的空间场景较为封闭，在公益局和同兴公寓之间进行了两次转换，据此可以将这篇小说的内容大致分为三个部分。第一部分是在公益局的办公室里，因无事可做，张沛君与同事闲聊，大谈兄弟之谊；汪月生的一句提醒引发了他对弟弟靖甫病情的担忧，电话延请名医后急忙回家探望。第二部分是张沛君回到同兴公寓的家中，看到弟弟病状后焦虑不安，在名医未到之时，先去请同寓中医为弟弟看病，中医的诊断加重了他的焦虑，之后因苦等倦乏而思绪纷乱；名医到来之后，迅速确诊，原来只是小恙而非恶疾，他旋即转忧为喜、内心释然；第二天，张沛君醒来去探视弟弟，在其书桌旁沉入梦境。第三部分是下午张沛君去公益局上班，感觉那里的人与物一夜之间皆已生疏，他再也无心大谈兄弟之谊，转而埋头办事。整个故事起讫的时间前后只是两天，不过主人公张沛君的内心世界却随着弟弟的病情历经了一番跌宕起伏。

小说的前两部分，从对张沛君的语言、动作、神态、心理这几个角度的描写出发，生动细致地描绘了张沛君为弟弟病情而担虑的情形，将他对弟弟的融融情谊渲染得淋漓尽致。第一部分侧重对张沛君外部动作的描绘：先是在张沛君的自夸和汪月生的恭维中，确立了张沛君与弟弟和谐相处、为人楷模的基调。不

① 勒内·韦勒克，奥斯汀·沃伦著，刘象愚、邢培明、陈圣生、李哲明译，《文学理论》，江苏教育出版社，2009 年，第 248 页

过口说无凭,于是由汪月生一句"郑重"的提醒引发了张沛君的一系列举动,印证了他对弟弟的关心:他"迈开步就奔向阅报室去";不久办公室便被他的"步声和叫听差的声音震破了";"他仿佛已经有了什么大难临头似的,说话有些口吃了,声音也发着抖";"他脸色青青的站在外面听听差打电话",电话一打完"便奔进办公室,取了帽子";交代汪月生替他请假后就"奔出去了"。张沛君的这些举动迅速而连贯,令人目不暇接,甚至到了有些夸张的地步。第二部分则开始转向对张沛君内心世界的展示:他走进弟弟的卧室时"觉得心跳得更利害",看到弟弟的病状后更为"不安";听说名医没找到,"焦急"万分;问诊同寓的中医,听到诊断结果后他不禁"愁苦";名医迟迟不来,他在内心"阴郁"与"紧张"的交织中苦苦翘望。张沛君在家中因担心弟弟的疾病和等待医生的到来而饱受了精神上的折磨。此部分还适时地穿插了景物的描写以深化对张沛君内心的描绘,如古槐的影子"森森然"、乌鸦的叫声令人"心惊肉跳"、闹钟"札札地作响"、银白色的月光"强烈",这些景与物张沛君平日不会过于留意,一但和弟弟的病情联系起来,他在听到这些声音、看到这些景物时内心中会产生一些不祥之感,这无意加深了他对弟弟的担心和忧虑。

鲁迅在小说中精心设置了汪月生这个人物,虽然他只是在小说的首尾出场了两次,不过他的出现对情节的发展起到了的重要作用,所以不容忽视。在小说的开头,由于汪月生对张沛君"恭敬"的夸赞,使张沛君成了人所钦慕的楷模;由于汪月生热心的询问,张沛君才提及了弟弟的病情;由于汪月生对张沛君"郑重"的提醒,才使张沛君开始在意弟弟的病情,因为他原本以为弟弟只是"受了一点寒"而已。通过汪月生的视角,向读者展示了张沛君对弟弟病情的高度紧张和深切关爱。汪月生在这里实际上起到了牵引情节展开的作用，他既是张沛君兄弟之间友爱的见证人，还是张沛君跌入精神烦恼的推手。张沛君因汪月生的提醒而紧张弟弟的病情，归家目睹后弟弟病情产生焦虑，精神疲惫中显现出异常的梦境。可以说，没有汪月生就没有后面发生的一切。在小说的末尾，当历经了内心世界大波动的张沛君回到公益局后，汪月生的赞语如"兄弟怡怡"、"鹡鸰在原"等，是对张沛君兄弟情谊的再次强调，虽在张沛君听来已与前一天的感受有所不同，但对汪月生来说完成了与他自己前一天夸赞行为的呼应，同时他所说的一番话也是给小说的情节发展作了收束。

对《弟兄》创作意图的分析和对张沛君这个人的评判，历来就存在着分歧。张沛君的梦境一直是鲁迅研究者们解读这篇小说主题的重要切入点，因为其梦境中不寻常的内容，向人们呈现出了一个和之前表现迥异的张沛君，有的研究者便据此认为张沛君是个伪善者，小说便是对他的自私和伪善的揭露。"作品通过对张沛君为其弟延医治病过程中极端自私的心理活动的细腻描写，指出建立在私有制上的所谓"兄弟怡怡"，实际上浸透着金钱利害关系，揭露了孔孟之道的"孝悌"观念的虚伪性。这在当时对"尊孔读经"的逆流是有力的回击。"①当然，也是不少研究者更关注张沛君的种种行为和表现，由此断定张沛君的"性格是不坏的"（许寿裳语），是个"慈爱仁义的兄长"（孔昭琪语），小说是"一篇以赞颂兄弟的友情为主题，以塑造仁爱兄长为核心的作品"。② 而张沛君的梦境则被看作是"曲折地反映了

① 鲁迅，《彷徨》，人民文学出版社，1976 年北京版，第 168 页。

② 孔昭琪，《为张沛君一辩——兼论 < 弟兄 > 的主题》，《泰安师专学报》，1994 年第 4 期，第 390 页

在以私有制为基础的社会里,私有观念对包括弟兄关系在内的家庭关系的影响,即便张沛君这样的高尚人物也不例外,也表现了作者对张沛君因遭受‘梦迹’袭击而承受的精神折磨的深切同情。”①这些分析都有一定的道理,但是缺陷也显而易见。

我个人的看法是,《弟兄》的确是赞颂了兄弟之间的情谊,但同时还揭示了着维护兄弟情谊的艰难以及对“兄弟怡怡”的景象里蕴含着危机的忧虑。张沛君的梦境在紧张的精神松弛后涌现,根源是由于经济状况的变化而带来的内心世界情感变化的触动。张沛君的家庭原本是“很平安”的,他们兄弟二人在彼此容让中努力地维持着这种生活的“寂静”。张沛君是个小职员,工作清闲但“进款不多”,平时很节省;弟弟靖甫是学校的教员,工作虽忙但收入也比较微薄。在兄弟二人的共同支撑下,他们两家的日子过得虽然比较清苦,但也勉强能够支撑。弟弟靖甫的染病后,种种迹象表明他很有可能不治,这个家庭的“平安”和“寂静”便被遽然打破,这种变化即发生在外部,也发生在张沛君的内心之中。由于少了一个能挣钱的人,家中经济状况必将发生变化,整个家庭将可能要由张沛君一个人来支撑,这对于收入不高的张沛君来说无疑是个巨大的打击。张沛君的梦境不是凭空而来,其引子是一段“凌乱的思绪”,它是梦境出现的前奏。这段“思绪”展现出了张沛君面对突如其来的状况内心中产生一连串的思考和烦恼:今后将如何支持家计?自己孩子和弟弟孩子的上学问题怎么解决?弟弟的丧事该怎么处理?由于今后的生活必将充满了苦楚和艰辛,联想到将来的情形,张沛君内心世界中原有的“平安”和“寂静”感觉便不复存在。

① 孔昭琪,《为张沛君一辩——兼论<弟兄>的主题》,《泰安师专学报》,1994年第4期,第391-392页

这篇小说中有一个住在张沛君家对面的寓客，他无名无姓，在小说中一闪而过，看似与情节毫无关联，其实是别有意义。如果说汪月生在这篇小说起到了牵引整个大情节发展的作用，那么这个寓客则是在第二部分中牵引着小情节的发展。他的重要性就体现在他那句“先帝爷，在白帝城……”的戏词，虽然只是一句，却为我们预告了小说后面内容的侧重点。稍有历史常识的人都明白这部戏里讲的故事，即三国时期白帝城刘备临终托孤。作者其实是在借用这句戏词在做文章，由刘备白帝城托孤之事引到张沛君弟弟的托孤。从张沛君后面的梦境来看，在突发的状况面前，他更关心的是如何解决眼前的问题。小说的情节按照作者的意图往后发展，自名医走后，小说的重点便落在了张沛君如何处理两家子女的入学问题和对待弟弟子女的态度上。可以说，刘备白帝城托孤是成功的，那么张沛君弟弟托孤成功了么？我们在张沛君的梦境来中并未看到令人满意的答案。

《弟兄》这篇小说中蕴含着鲁迅对其兄弟关系的重新审视。在《弟兄》创作的两年之前，周作人与鲁迅绝交，兄弟二人从此形同陌路，这给鲁迅以极大打击。他发现自己原来是在一厢情愿地去维护兄弟之间的关系，兄弟之间的融融情谊原来只不过是一场“蔷薇色的梦”（周作人语）罢了，他的这种感受可以在这篇小说中找到影子。通过小说里的外部描述，我们可以发现，兄弟之间好像只有张沛君一直在单方面地付出，无论是在物质上还是在精神上，他都是一个人在竭力维持着“兄弟怡怡”的那种亲密关系。张沛君对弟弟的爱积极施与并未得到他弟弟的有效回应，弟弟靖甫对于他哥哥的热情与关心的反应是近乎冷漠的，他至始至终只是个被动的接受者。兄弟情谊“兄弟怡怡”的背后似乎隐藏着兄弟之间情感的隔膜与危机，这便使小说稍稍笼罩了略显伤感的色彩。不过，从这篇小说中我们可以感受到的是,鲁迅并未完全沉浸在兄弟绝裂的痛苦之中,并进而使之放弃对兄弟情谊的珍惜和渴望。纵使兄弟绝交,多年以来的兄弟情谊仍在鲁迅的心中闪耀光芒,而这正是一种发自内心的关爱。

鲁迅借助这篇小说中对张沛君梦境的描述进行了对自我的解剖和批评。他曾说,“我的确时时解剖别人,然而更多的是更无情面地解剖我自己”(《写在 < 坟 > 后面》),而“我解剖自己并不比解剖别人留情面”(《答有恒先生》)。这种勇于自我解剖和自我批评的态度在对兄弟之情的审视时,表现得十分突出。《弟兄》中看不到弟弟靖甫的任何内心活动,有的只是张沛君内心世界的种种展示,使人们即看到了他慈爱的一面,又看到了他自私的一面。张沛君的慈爱浮显在外部世界,众人皆见;而他的自私则是隐潜于内心深处,甚至他自己都不知晓。不过,因一场虚惊使张沛君开始认识了自己,原来看似高尚、为人楷模的自己居然也有着如此自私和狠毒的一面,自己的灵魂也绝非纯净无尘。张沛君对自己内心中自私念头的发现,更新了他对自己的认识和评判,并由此生发出了另一种不安。他再去公益局上班时已不再如前一天一样安然接受同事的赞誉,而是以投入实干来寻求内心的平衡与宁静。“原来的信念轰毁了,他得重新测量人与人之间的人际关系 ,他觉得世界异样了,他要重新认识世界。”[①]小说中张沛君对自我认识的变化,可以说也正是鲁迅在经历了兄弟失和事件后对自我认识的变化,他力求在对自我的解剖和批评中拷问自己的灵魂,以重新发现最全面和最真实的自己。

① 范伯群、曾华鹏,《慈爱者的隐潜的自私——〈弟兄〉》,《南京师大学报(社会科学版)》, 1986 年第 3 期,第 74 页

图书在版编目(CIP)数据

对外汉语论丛.第8集/陈慧忠主编.—上海:学林出版社,2011.12
ISBN 978-7-5486-0256-9

Ⅰ.①对... Ⅱ.①陈... Ⅲ.①对外汉语教学—文集 Ⅳ.①H195-53

中国版本图书馆CIP数据核字(2011)第228886号

对外汉语论丛(第八集)

主　　编——陈慧忠
责任编辑——曹坚平
封面设计——鲁继德

出　　版——上海世纪出版股份有限公司
学林出版社(上海钦州南路81号3楼)
电话:64515005　传真:64515005
发　　行——新华书店上海发行所
学林图书发行部(钦州南路81号1楼)
电话:64515012　传真:64844088
印　　刷——上海展强印刷有限公司
开　　本——850×1168　1/32
印　　张——12.75
字　　数——30万
版　　次——2011年12月第1版
2011年12月第1次印刷
书　　号——ISBN 978-7-5486-0256-9/H·20
定　　价——30.00元